本书是福建省社科研究基地重大项目"'大智移云'背景下的主动财务报告模式研究"（FJ2018JDZ014）的研究成果。

　　项目组衷心感谢上述基金对本书出版的资助。

福建省社会科学研究基地财务与会计研究中心系列丛书

Series Books of Fujian Province Philosophy Social Science Research Base Finance and Accounting Research Center

"大智移云"背景下的 主动财务报告模式研究

甘健胜 / 著

RESEARCH ON ACTIVE FINANCIAL REPORTING MODEL UNDER THE BACKGROUND OF NEXT-GENERATION INFORMATION TECHNOLOGY

中国财经出版传媒集团

经济科学出版社

Economic Science Press

前言

　　证券市场是一个信息市场。财务报告是公司管理层与外部信息使用者之间信息沟通的桥梁和纽带。在信息时代，以工业经济为背景产生与发展起来的通用财务报告模式信息披露局限性日益凸显，出现越来越多要求改革的呼声。21世纪初，国内外证券市场出现的一系列上市公司财务舞弊案件，虽然有公司管理者的主观因素，但是现行通用财务报告模式信息披露时效性滞后等局限性使其难以有效发挥信息沟通的桥梁与纽带作用，客观上也为公司财务舞弊提供了一定条件。

　　上市公司出现的系列财务舞弊案件进一步引发全球范围内对改革公司报告模式的广泛关注。公司财务报告模式改革成为人们讨论与研究的热点问题。一方面，人们从制度层面更为严格规范公司财务报告的信息披露要求，且大幅提高财务舞弊的违法成本；另一方面，从技术层面运用新一代信息技术在公司财务与非财务数据的收集、存储、传播、处理与应用方面的优势，探索公司财务报告模式改革，以期更好满足用户信息需求，有效抑制财务舞弊产生，提高证券市场资源配置效率。

　　现有通用财务报告模式改革的讨论主要包括提升报告及时性、扩展信息披露内容、满足个性化需求等方面。然而，迄今为止所提出的报告模式改革构想更多体现的是公司被动信息服务的理念，缺乏对报告模式改革进行基本的理论分析与技术可行性论证，也缺少对个性化报告定制、财务风险监控等方面的系统讨论。新一代信息技术实现了财务报告环境网络化、财务信息标准化、应用系统集成化和信息处理智能化。"大智移云"技术以及财务共享服务中心（Financal Shared Service Center，FSSC）、可扩展商业报告语音（eXtensible Business Reporting Language，XBRL）与Web服务等综合集成从技术上为通用财务报告模式改革提供了新的契机。

　　一是运用智能计算从公司海量财务数据中持续地归纳并提取动态演化规则，及时发现或推断公司财务异常状况，为公司报告财务风险智能监控功能扩充奠定基础。二是人工智能技术能够跟踪用户信息使用的特点，依据用户行为推荐相关的信息与建议，更好满足用户个性化需求，提高用户的决策能力。三是移动智能终端的强大功能已实现集文字、声音、图像和视频的低成本、高效率、不受时间与地点限制的信息通信。用户对公司报告的实时性、互动性、个性化与财务风险监控等方面改革提出新的要求。四是云计算SaaS、PaaS、IaaS 服务模式日益成熟且成本降低，给予公司多种选择，有助于推进公司财务信息化进程。五是 FSSC 实现公司财务数据集成，有助于解决财务数据"同源分流"过程的规范、标准、业务流程等基础问题。六是基于 XBRL 的财务数据具有标准化、结构化、可扩展与跨平台应用等优势，能够实现信息共享和互操作目标。基于 XBRL 的财务报告已成为主流。七是基于 Web 工具的柔性使其更加易于适应不同应用系统集成，完成公司报告供应链从产生到使用各个环节的有效整合。

本书围绕知识经济时代公司财务报告模式改革这一问题进行研究。在借鉴已有公司财务报告模式改革研究成果的基础上，从公司主动信息服务的理念出发，以信息观为导向，探讨公司财务报告模式的改革问题。在"大智移云"背景下结合 XBRL 等技术提出主动公司报告模式，重点讨论：（1）主动报告模式的基本理论问题，即基于委托代理理论、信息不对称理论和动态博弈理论视角进行分析；（2）公司个性化报告按需定制问题，即基于财务信息"源头审计"与"同源分流"思想讨论；（3）公司财务风险智能预警问题，即基于智能数据挖掘与信息实时推送讨论。通过这些研究以期为公司报告模式改革提供新的思路。

囿于作者水平，本书中的疏漏与不足之处在所难免，敬请同行专家与读者批评指正。

甘健胜

2019 年 5 月

目录

Contents

第1章

绪　　论

证券市场是一个信息市场。信息披露能够降低公司与投资者之间的信息不对称程度，有助于投资者保护，对于证券市场发展具有重要的意义。知识经济时代以工业经济为背景发展起来的通用财务报告模式的局限性日益凸显，出现了越来越多要求改革的呼声。公司财务报告模式改革不仅涉及信息披露制度的变革、公司与利益相关者的博弈，而且与信息技术的发展也密切相关。大数据、智能化、移动互联网、云计算和可扩展商业报告语言等为公司财务报告模式改革提供了新契机。

1.1　问题提出

1.1.1　计量观与信息观

葛家澍（1998）指出，作为一个特殊的经济信息系统，财务会计和财务报告总是随着经济环境的变化而变化，随着用户需要的改变而改变。知识经济时代，上市公司的通用财务报告面向过去（looking back）的局限性越来越凸显，改革的倡议或呼声一直不断（葛家澍，1999）。20 世纪60 年代后期，以美国芝加哥大学比弗（Beaver）教授提出的"会计革命"（accounting revolution）为开端，财务报告计量观（measurement perspective）和信息观（informational perspective）两种观点的争论持续不断。比弗认为计量观关注公司过去，注重衡量公司已经发生的行为，而信息观面向未来

（looking forward），关注公司前景，注重前瞻公司可能发生的情形。"会计革命"促使公司报告的目标从受托责任观①向决策有用观②转变，它要求财务报告能为使用者提供决策有用的信息。1978年发布的《美国会计准则委员会财务会计概念》第1号指出，财务呈报应该为现实或潜在的投资者和债权人提供帮助他们评估企业未来现金流的金额、时间和不确定性的信息。公司财务报告是公司向投资者传递信息的桥梁，其提供的公司财务信息是投资者进行投资决策的重要依据。知识经济时代通用财务报告模式或称通用报告模式（general reporting model，GRM）存在的缺陷使其难以有效向投资者传递公司信息，对证券市场资源配置的作用下降。有鉴于此，国内外学者和研究机构提出GR模式的改革构想。这些研究成果为进一步探讨公司财务报告模式改革提供了有益借鉴。然而迄今为止所提出的财务报告模式改革构想更多体现的是公司被动信息服务的理念，缺乏对构想的报告模式进行基本理论分析与技术可行性论证，也缺少对个性化报告定制、财务风险监控、报告有效性改进与价值增值等方面的系统讨论。本书以知识经济时代新一代信息技术为背景，针对公司财务报告模式改革这一问题进行研究。借鉴公司财务报告模式改革构想的研究成果，从公司主动信息服务的理念出发，以信息观为导向，探讨公司财务报告模式的改革问题。在"大智移云"③背景下，结合可扩展商业报告语言④（XBRL）提出主动财务报告模式或称主动报告模式（active reporting model，ARM）并对所构建新型报告模式的基本理论问题、个性化报告定制、财务风险预警等方面展开系统讨论。

---

① 现代企业所有权与经营权的分离产生委托代理问题。受托责任是公司经营者（受托方）接受公司股东等（委托方）委托经营管理公司所承担的责任。通用财务报告向委托方报告公司的经营管理情况，能够实现受托责任解脱的目标。

② 决策有用观或信息观指财务呈报的重要目标是为使用者提供决策有用的信息。

③ "大智移云"是指大数据（big data）、智能化（intelligent）、移动互联网（mobile internet）和云计算（cloud computing）。

④ 1998年美国注册会计师霍夫曼（Hoffman）从可扩展标记语言（eXtensible Markup Language，XML）标准的最新研究中得到启发，开始研究使用XML记录财务数据、解决财务数据共享、编制电子报表原型的可行性。美国注册会计师协会（1999）创建以XML为基础的财务报告框架标准，命名为可扩展财务报告标记语言（eXtensible Financial Reporting Markup Language，XFRML），2000年正式更名为可扩展商业报告语言（XBRL）。XBRL是一种用于电子商业报告的国际开放标准。XBRL基本框架主要由技术规范（specification）、分类标准（taxonomy）和实例文档（instance documental）三部分组成。

1.1.2 主动财务报告模式的含义

"大智移云"背景下主动财务报告模式的含义是，在市场经济条件下，上市公司从用户的需求出发，一方面，运用"大智移云"技术建立公司实时财务信息系统，自动集成公司全面业务事项数据，自动生成并主动及时向信息用户发送定期公司报告或满足个性需求定制的公司其他报告与信息；另一方面，拓展公司报告的财务风险监控功能，自动发现或推断对用户决策具有重要影响的事件（如财务异常）并主动及时向用户发送预警信息的报告模式。

AR 模式的主动性体现在两个方面。(1) 公司利他主义与利己主义相结合的自我服务行为。公司主动向用户提供信息服务，表现出公司自觉通过信息披露服务其经营战略的意识，达到提升公司竞争力的目的，同时主动信息服务能够降低公司与投资者之间信息不对称，减少用户搜寻与获取公司信息的成本，提高证券市场资源配置效率，从而促进证券市场信息披露帕累托改进。(2) 利用人工智能（artificial intelligence，AI）拓展人们自然智能的功能去实现公司主动信息服务的目标。一是主动识别用户需求。自动记录且跟踪不同用户信息需求偏好并对用户行为进行归纳和分类，主动为用户提供信息服务。二是主动发现财务风险。自治与持续进行公司财务风险监控，自动构建公司财务数据仓库，并从中发现财务异常，及时向用户报告财务风险信息。三是主动发送公司报告或信息。自动生成并实时发送用户定制的满足其个性化需求的公司报告或信息。因此主动性体现为公司主动信息服务的理念，体现在公司运用"大智移云"技术手段实现主动识别用户需求、发现财务风险、发送公司报告或信息等主动信息服务的功能。

1.1.3 主动财务报告模式的特点

与 GR 模式比较，AR 模式的特点主要表现在九个方面。(1) 在服务理念上，从信息观出发，以投资者信息需求为中心的主动信息服务，目标是为投资者提供决策有用信息。(2) 在报告行为上，采取在线报告或实时向投资者发送个性定制的财务报告或信息，提高投资者获取公司报告或信息的便捷性与针对性。(3) 在报告内容上，将通用财务报告作为其定期推送报告集合中的一个特例，同时扩展自愿信息披露①（voluntary information disclosure，VID），注重提供对投资者决策有用的财务与非财务信息、前瞻信息与公司风险信息等。(4) 在报告时效上，基于事项法构建实时财务信息系统，利用 XBRL 支持财务事项的表达、集成和传送，实现公司财务信息供应链各个环节的无缝衔接，采用实时审计等方式，提高公司报告的时效性。(5) 在供需互动上，改变由公司单方面向投资者传送财务信息的方式，建立投资者随时获取公司财务信息的动态机制，实时响应投资者反馈，实现供需双方的互动。(6) 在个性需求上，对公司财务数据进行统一封装与存储，利用同源财务数据实现多维重组，为财务数据分类、重组、再分类与再重组提供自由空间。采用柔性方式提供菜单及其组合的个性化信息服务，投资者可按需定制公司信息。同时采用智能技术及时收集与跟踪分析投资者个性信息，根据其需求偏好向投资者推荐公司信息。(7) 在信源追溯上，采用网络链接可追溯汇总财务数据的来源，便于审计与信息使用者检验或判断报告的可靠性。(8) 在功能拓展上，建立公司财务风险智能监控机制，采用数据挖掘技术持续监控公司财务状况并及时向报告使用者提供风险信息，有助于投资者规避财务风险。(9) 在信息共享上，采用标准化财务信息构建公司信息集成平台，通过财务共享服务中心等实现个性化财务报告"数出同源"。财务会计与管理会计实现"数据同源分流"协同发展，行业管理部门可共享公司财务数据并实施监管。可见，AR 模式能够为投资者提供更加及时和全面的公司财务与非财务信息，如公司经营管理、财务风险、社会责任与发展战略等信息，从而更好实现公司报告决策有用的目标。

1.2　研究背景

信息是证券市场进行资源配置的核心要素。公司与投资者之间存在的信息不对称是导致证券市场资源配置低效率的根本原因。解决信息不对称的关键是：一方面要建立与不断完善证券市场的信息披露制度；另一方面要严厉

---

① 自愿信息披露是指公司在强制性信息披露之外，主动有意识地披露一些有关公司的信息，它包括公司的财务信息、非财务信息与公司发展战略信息等。自愿信息披露在时间、内容与渠道等方面的选择上具有较大的灵活性。

处罚违反信息披露制度的上市公司，确保信息披露制度得到严格执行。王雄元（2008）指出，信息披露制度犹如一把"尚方宝剑"，有效地维持资本市场的公平与效率，并逐步赢得所有资本市场与证券法规的认可。然而 21 世纪初国内外证券市场出现的一系列上市公司财务舞弊案件，如 2000 年郑百文公司、2001 年银广厦公司、2001 年安然公司和 2002 年世通公司的舞弊案件等。这些上市公司的财务欺诈与舞弊损害了投资者的利益，严重打击了投资者对资本市场的信心，破坏了市场秩序，阻碍了证券市场的健康发展。

上市公司舞弊案件引发全球范围对于提高公司透明度的强烈要求以及改革公司报告系统的广泛讨论（潘琰、林琳，2011）。GR 模式时效性严重滞后等缺陷客观上也给一些公司的财务舞弊提供了条件。为维护证券市场秩序与保护投资者利益，美国政府出台更加严格的管理制度，颁布了萨班斯－奥克斯利法案。该法案对美国 1933 年《证券法》，1934 年《证券交易法》做出大幅修订，在公司治理、会计职业监管和证券市场监管等方面作出了许多新的规定，试图提振投资者对资本市场的信心。萨班斯－奥克斯利法案目的是依法保护证券市场投资者与其他利益相关者的投资利益。改革公司报告模式提升信息披露的质量，能够降低公司与投资者的信息不对称程度，从而降低投资者的投资风险，提高投资者参与证券市场的积极性，推进证券市场健康有序发展。"大智移云"背景下，智能数据挖掘（intelligent data mining，IDM）、商务智能（business intelligence，BI）、智能代理（intelligent agent，IA），Web 服务[①]（Web services）和 XBRL 等技术促成公司财务报告环境网络化、财务信息标准化、应用系统集成化和信息处理智能化，从而有力推进公司财务报告模式的改革。

1.2.1 公司报告环境网络化

互联网在公司信息披露上能够发挥巨大的作用，它会引起公司报告模式的深刻变革。移动互联网在技术上实现了公司信息披露和用户获取公司报告不受地点与时间限制的可能。在网络环境下公司可以在网上便捷地进行信息披露，受众可以不受限制，用户可以通过网络随时获取公司财务报告或信息，因此公司财务报告方式逐步从纸质报告向网络报告转变。1995 年

---

① Web 服务是指一种跨编程语言和跨操作系统平台的远程调用技术。

美国证券交易委员会（Securities and Exchange Commission，SEC）要求上市公司向与互联网连接的电子化数据收集、分析及检索系统（electronic data gathering analysis and retrieval system，EDGAR）提交通用报告的电子文档，揭开了网上财务报告的序幕（Wallman，1995）。阿什博等（Ashbaugh et al.，1999）将公司通过网站披露财务信息的报告称为网络财务报告（internet financial reporting，IFR）。1999年国际会计准则委员会（The International Accounting Standards Committee，IASC）发布的《因特网上企业报告》中把企业通过万维网（World Wide Web）或相关的基于互联网通信技术来披露公司财务信息的报告称为网络财务报告（Lymer，1999）。IFR实现了财务报告从传统的纸质载体向电子信息载体转变，它对公司财务报告模式的变革产生革命性的影响。肖和琼斯（Xiao and Jones，2002）指出，互联网是有能力彻底改革外部报告并增加财务报告重要性的一种技术。云计算降低公司网络财务报告的成本。公司可以选择采用 SaaS①、PaaS②、IaaS③ 模式推进公司财会信息化。互联网信息能够到达全球所有潜在的投资者，基于互联网的信息披露具有灵活性、实时性、交互性与多媒体传输等特点，使其成为公司与投资者信息交流的主要工具。

1. 国外网络财务报告调查

佩特拉维克和吉勒特（Petravick and Gillett，1996）的研究报告表明，美国《财富》150家公司中，2/3以上的公司建立了自己的网站，其中公司主页上披露包含财务信息的达到81%。1999年IASC在《因特网上企业报告》资料上公布了对欧洲、亚太地区和南美洲22个国家（地区）的660家企业进行的调查结果，其中86%的企业在网上进行信息披露，而大约2/3的企业在其网站上披露财务报告。根据美国财务会计准则委员会（Financial Accounting Standards Board，FASB）（2000）的调查，美国《财富》500强的前100家公司中有99%的公司已建立了自己的公司网站，其中93%的公司在网站上进行财务信息披露。2003年世界交易所联合会（World Federation of Exchanges，WFE）调查显示，43家交易所中有29家通过实时系统或

---

① SaaS（Software as a Service）软件即服务。
② PaaS（Platform as a Service）平台即服务。
③ IaaS（Infrastructure as a Service）基础设施即服务。

互联网站披露公告信息，占交易所总数的 67%。奥勒姆和莱默（Allam and Lymer，2003）对美国、英国、加拿大、澳大利亚四个发达国家以及中国香港地区互联网财务报告进行调查，发现这些国家与地区在公司信息披露方面较为领先。余和日佳（Yu and Rijia，2009）研究了监管原则不一致下不同国家的 IFR 在内容、表格、指南、网页设计和技术标准方面的不同，并将美国与中国的互联网财务报告进行比较。西西里和鲁伊斯（Sicilia and Ruiz，2010）通过建立三个不同网站实证分析不同网站信息披露对用户的影响。波桑和弗洛雷斯（Bonsón and Flores，2011）通过调查全球 132 家主要金融机构网站，其中欧洲 54 家、亚太地区 55 家和美国 23 家，表明全球金融机构正在使用 Web 2.0 主动进行公司信息披露。盖科尔（Gakhar，2012）通过问卷调查 255 位受访者，分析表明基于 Web 的公司报告已经成为一个新的公司和利益相关者之间的通信模式。

2. 国内网络财务报告调查

1999 年 12 月 28 日中国证监会发布《关于做好上市公司 1999 年年度报告的通知》，要求所有上市公司在互联网上公开披露年度财务报告。上海证券交易所（以下简称"上交所"）和深圳证券交易所（以下简称"深交所"）已在 2000 年 4 月 30 日首次成功地实现了 959 家上市公司 1999 年年报网上披露。潘琰（2000）对国内 IFR 的应用状况进行调查，主要从使用条件与水平、重视程度、披露财务信息的形式和数量、披露财务信息的内容和质量、审计信息的披露和信息利用六个方面着手，发现已有一半以上的公司网站披露信息包含财务信息，其中，沪市最佳组 56%，上证 30 指数组 80%，大陆百强组 50%。张天西等（2003）对上交所上市公司 2000～2002 年网上电子财务信息披露进行了调查，结果表明大约 77% 的公司在互联网上建立自己的主页，可以有效进入的网站为 57% 左右。目前，我国上市公司信息披露指定网站上不仅公布最近三年的定期报告，还要随时更新临时公告及公司概况等部分非财务信息。随着 IT 的发展，越来越多的公司通过建立网站进行信息披露。2011 年 5 月对上交所与深交所上市公司网站披露财务信息的情况进行调查表明：上交所 923 家公司中提供网址链接公司网站的为 883 家，占比 95.67%；深交所 1263 家公司中提供网址链接公司网站的为 1224 家，占比 96.91%。与 2000 年、2003 年的调查结果比较，2011 年上市公司运用网站进行信息披露的公司比例提高。2019 年 2 月对在上交所与深交所上市公司采用网站披露信息的情况进行调查表明：上交所1454家公司中提供网址链接公司网站的1405家，占比96.63%；深交所2134家公司中提供网址链接公司网站的2105家，占比98.64%。这表明公司越来越认识到通过互联网进行信息披露的重要性。

3. 网络财务报告的特点

互联网传播信息具有实时性、多样性、交互性、持久性与无限可利用性的特点。鲁宾和鲁宾（Rubin and Rubin，2010）指出，越来越多的公司使用Web进行信息披露，给投资者发布公司最新信息。何玉（2010）指出，IFR可以提高会计信息质量特征。IFR具有不受时间与空间限制的优点使得公司与用户都会收益。(1) 公司方面，通过网站开展信息披露能够提升公司财务报告时效性与信息披露灵活性，降低财务报告成本。同时借助网站更好开展公司形象宣传、加强投资者关系管理。(2) 用户方面，通过IFR更好满足用户个性化信息需求，提升用户获取公司财务信息的时效性与公平性，增加用户再利用公司财务数据的便利性。互联网已经成为投资者获取公司信息的主要手段，基于互联网的新媒体已经成为信息传播的重要途径。微博、微信、博客、论坛和播客等互联网社交媒体正在不断拓宽公司信息披露的渠道。

网络化环境使得公司财务数据从收集、处理、传输到使用的全过程实现"不落地与零延迟"在网络的虚拟空间中流动，大大提升了公司信息披露的及时性。Web2.0网站及服务，如博客、集体智库、混搭网站模式、播客、简易信息聚合、社交网站等越来越被用于当今公司的业务管理与信息传播。Web2.0出现之前互联网上XBRL网络报告的功能无法充分发挥，只允许用户读取和查阅公司的财务资料、而基于Web 2.0能够充分实现XBRL个性化报告实时生成，为用户大规模定制模式提供技术支持。艾博思和克鲁斯（Eccles and Krzus，2010）指出，Web 2.0用于公司报告体系的真正价值在于由它促成的更高透明度。随着IT的发展，IFR从早期Word、PDF等静态文档形式，向动态交互方式发展，进一步与新型信息技术相结合不断提升功能，其影响力将得到提升。

中国移动互联网发展报告调查资料表明：2014年我国手机网民数量首次超过传统个人电脑端网民数量。2014年12月，网民上网设备中手机使用率达到85.8%。手机网民数量持续增长，为移动应用提供了巨大的市场，

86%的即时通信工具使用手机。[①] 2016 年 1 月，中国互联网信息中心（China Internet Network Information Center，CNNIC）《第 37 次中国互联网发展状况统计报告》资料表明：截至 2015 年 12 月，我国手机网民规模达 6.20 亿，较 2014 年增长 11%，而网民使用手机上网的人群占比由 2014 年的 85.8% 提升至 90.1%。据工业和信息化部统计，2016 年我国移动互联网用户的总数达 9.8 亿户，较 2015 年 1 月增长 11.4%，其中移动宽带用户总数达到 7.59 亿户，占比达 59.3%。[②] 基于移动互联网的智能终端（smart terminal）如智能手机、PAD 等强大功能已实现集文字、声音、图像和视频的低成本高效率的信息通信，用户具备不受时间与地点限制，便捷与公司进行实时互动并获取公司报告的能力。移动互联网的发展使投资者对公司报告的实时性、互动性、个性化与财务风险监控等方面改革提出新的要求。

1.2.2 公司财务信息标准化

互联网在信息披露方面的优势使得 IFR 在各个国家和地区得到广泛的应用，然而国家之间、地区之间、公司之间的信息分类标准差异影响 IFR 的可比性和可理解性。XBRL 为公司财务信息标准化提供了契机。霍夫曼和斯特兰德（Hoffman and Strand，2001）指出，XBRL 以一种新方法管理和处理财务数据成为推进公司报告改革不可或缺的一个基础工具。《未来学家》（*THE FUTURIST*，2003）通过对信息技术高端顾问、未来学家和财务人员调查结果表明 XBRL 是对公司业务有重大影响和改变公司业绩的七个尖端技术之一。基于 XBRL 财务信息标准化会对传统财务报告模式改革产生重大的影响。运用 XBRL 技术进行公司报告改革的研究已经从概念模型到原型实验与数据实证分析。普里查德和鲁哈尼（Prichard and Roohani，2004）讨论 XBRL 文档公共文件库原型实验，以及 XBRL 面临的挑战和机会。平斯克尔和惠勒（Pinsker and Wheeler，2009）指出，鉴于 XBRL 允许财务报表进行传输和电子分析，国际商业界展示了对 XBRL 的强大支持，一些国家强制使用 XBRL 财务报告。简弗林等（Janvrin et al.，2011）认为，使用 XBRL 创

[①] 官建文、唐胜宏、许丹丹：《中国移动互联网发展报告（2015）》，社会科学文献出版社 2015 年版，第 3 页。

[②] 官建文、唐胜宏、许丹丹：《中国移动互联网发展报告（2016）》，社会科学文献出版社 2016 年版，第 2 页。

建的财务报表将为用户提供更透明的数据，从而简化分析任务，并允许用户更快地集中在他们认为重要的财务信息上。德布雷森尼等（Debreceny et al.，2011）指出，SEC 已通过 XBRL 应用项目以提高 EDGAR 数据库的功能。由于 XBRL 继承了 XML 的优点，且对财务数据采用统一分类标准，因此在公司财务报告信息供应链中，财务数据能够直接在不同的信息系统中无障碍流动，便于计算机自动检索数据标签，进行数据的归类汇总，提高报告的编制效率。公司财务数据标准化优势表现为以下五个方面。（1）便于公司财务数据统一管理，构建公司的"财务数据超市"以实现资源共享。（2）便于监管部门直接对公司的财务数据进行自动检验，及时发现公司财务异常情况，提高监管效率。（3）便于外部审计师通过软件直接对公司财务报告进行审计，提高外部审计的效率。（4）便于公司向用户提供具有相同基础数据的定制报告，实现个性化报告"数出同源"，提升决策参考价值。（5）便于公司财务数据的再利用，运用财务软件用户可便捷获取公司财务数据，进行数据挖掘与决策分析。

目前，越来越多的国家（地区）、国际组织及商业机构实施了 XBRL 应用项目，并取得了良好的成效，凸显了 XBRL 在财务报告中的应用价值。XBRL 国际组织的会员超过 500 家，覆盖了 50 多个国家（地区）。XBRL 在国际上得到普及应用，进一步推进了公司报告模式的改革，基于 XBRL 的公司报告在各个国家（地区）不断发展，已成为公司网上信息披露的主流，势必会成为未来电子财务报告的国际通行标准。

1. XBRL 在国外财务报告中的应用

2005 年 2 月，美国首先开始了 XBRL 在公司财务报告中的应用。SEC 要求注册的美国上市公司在报送 2004 年年报时实施 XBRL 格式的财务报告自愿报送计划，将其作为 EDGAR 公共数据库的补充数据。2005 年 8 月，SEC 宣布对基于 XBRL 格式的财务报告自愿报送计划进行拓展，允许共同基金自愿报送 XBRL 格式的年报和季度投资组合情况报告。2006 年 9 月，SEC 利用 XBRL 将其 20 世纪 80 年代建立的公共信息电子披露系统 EDGAR 改造为一套强大的基于 XBRL 收集和储存数据、交互式数据电子化应用系统，其目的是为了更好地发挥互动数据的作用，便于投资者实时获取公司信息。EDGAR Online 为解决 XBRL 财务报告提供了一个示范性平台，包含在线产品、数据和文件，XBRL 解决方法等。新的 EDGAR 系统标志着 SEC 从传统的以收集报表与文件为目的，向为投资者提供更多最新的公司财务信息，便于用户决策使用的目的转变。SEC 开发下一代 EDGAR 系统使得基于 XBRL 的财务报表立即能够被需求财务信息的股东、投资者、财务分析师、监管者、债权人、审计师、媒体分析师与评论员等使用。

在美国，SEC 要求上市公司运用所批准的分类标准完成 XBRL 报送财务报表历经三个阶段：规模最大的一批上市公司于 2009 年起运用 XBRL 报送，第二批上市公司于 2010 年起运用 XBRL 进行报送，而规模最小的一批上市公司于 2011 年起运用 XBRL 进行报送。2012 年 3 月，SEC 已经批准了 FASB 所更新的《2012 版美国 GAAP 财务报告分类标准》[①]，因此上市公司能够运用此分类标准履行 XBRL 财务报表的报送义务。国际上许多交易所、会计师事务所、金融信息服务与财务信息供应商等机构已采用或准备采用 XBRL 标准和技术，如东京交易所的 TD net 系统采用了 XBRL 技术报送财务数据，德国德意志银行将 XBRL 用于处理贷款信息并使其信用分析过程更加流畅。微软、纳斯达克和普华永道合作开发的 XBRL 项目已在美国纳斯达克证券交易所中应用。为了提高信息披露的透明度，德国证券交易所从尝试和获取经验的角度出发，与 Software AG 合作开始启动 XBRL 项目。韩国创业板和证券交易所已经开发了 XBRL 信息披露系统，在韩国创业板上市的多数企业已经采用 XBRL 发布相关的信息。

2. XBRL 在国内财务报告中的应用

潘琰（2002）对 XBRL 进行了系统研究与应用探讨。2004 年中国证监会信息中心成立了 XBRL 工作小组。2006 年财政部启动了 XBRL 项目的前期研究，促进中国 XBRL 的进程日益加快并逐渐与国际接轨。2008 年财政部等九部委成立会计信息化委员会和 XBRL 中国地区组织。2010 年 XBRL 中国地区组织成为正式地区组织成员。2010 年第 21 届国际 XBRL 大会在中国召开，财政部发布了企业会计准则通用分类标准，国家标准化管理委员会发布了 XBRL 技术规范系列国家标准，对中国推广应用 XBRL 提出要求。针对企业会计准则 XBRL 通用分类标准在上市公司的实施情况，2011 年财政部和中国证券监督管理委员会（以下简称"证监会"）联合发布《关于企业会计准则通用分类标准实施若干事项的通知》，财政部在北京召开企业会计

[①]　GAAP 指美国提出的一般公认会计原则（Generally Accepted Accounting Principles）。

准则通用分类标准贯彻实施会议，启动 XBRL 通用分类标准首批实施工作。

目前，上交所和深交所均为 XBRL 国际组织直接会员，在应用方面已达到国际领先水平。在深交所上市公司信息服务平台上，提供了上市公司 XBRL 定期报告实例文档数据查询和展示、年报历史数据对比的折线图或柱状图等直观揭示公司财务状况走势，实现信息的生成、提取、分析、交换和共享。深交所平台提供了上市公司的基本信息、股本结构、资产负债表、利润表和现金流量表等数据，还提供比率类指标，包括偿债能力指标、盈利能力指标、经营能力指标及资本构成指标等。上交所完成了公司信息披露规则的 XBRL 分类标准，取得了国际 XBRL 组织的"Approved"认证。上交所 XBRL online 公布了 XBRL 数据查询功能，投资者能够在线查询上市公司的基本情况、主要财务数据、资产负债表、利润分配表和现金流量表等明细数据，而且可以直接从交易所网站下载相关的 XBRL 财务报告数据文件，投资者利用一些工具软件就可以将文件中的数据提取出来进行分析。

1.2.3 报告应用系统集成化

全面及时收集公司财务数据与非财务数据是提升公司报告时效性的基础。由于数据源于不同的信息系统，而这些数据在格式与语义上并不统一，因此公司必须对数据进行整合集成，形成统一、规范的基础数据。Web 服务为公司不同信息系统实现数据共享和业务集成提供了技术支持。Web 服务是基于可扩展标记语言 XML，简单对象访问协议（simple object access protocol，SOAP）、网络服务描述语言（web services description language，WSDL）以及统一描述、发现和集成（universal description，discovery，and integration，UDDI）的开放标准。汉森等（Hansen et al.，2003）指出，基于 XML、SOAP、WSDL、UDDI 开放标准的 Web 服务是通过提供界面标准能被作为提取和集成异构信息系统数据的编程规范。Web 服务简化了内外部集成难度、模块化业务流程的应用、促进了程序互动整合，使公司应用系统和财务数据库之间连接更加便捷。基于 Web 工具的柔性使其更加易于适应不同应用系统集成，完成公司报告供应链从产生到使用的各个环节的有效整合。本塔哈尔等（Bentahar et al.，2012）指出，Web 服务被部署到松散耦合的应用程序之间，维持连续相互作用。Web 服务增加业务处理过程灵活性而达到更有效的业务活动管理（Jeng et al.，2004；Moitra and Ganesh，

2005）；采用一个集成的本体支持 Web 服务组合框架，它提供了组织知识管理的一个新的解决方案（Chen et al.，2006）；主动的基于 XML Web 数据集成（Rashed et al.，2013）；等等。面向服务体系结构（service oriented architecture，SOA）的 Web 服务为公司财务信息供应链提供技术支持，达到资源利用效率的最大化，成为公司财务信息集成的关键。Web 服务、XBRL、Web 智能预警系统和安全技术，可以提高会计信息的质量。一些讨论包括：基于 SOA 的数据挖掘与 Web 服务整合（Li and Song，2010）；eChain 银行会计系统的集成框架（Lin et al.，2005）；公司采用 SOA 的 Web 服务能提高资源利用（Chou et al.，2009），如美国联邦金融机构检查委员会已采用 SOA 与 Web 服务实现敏捷财务信息供应的商业模式；FSSC 已逐步成为公司财务数据整合集成的基础平台，标准化的财务数据使得业财数据的积累和扩展整合将变得更加容易；FSSC 解决了数据"同源分流"过程的规范、标准、业务流程等基础问题。

1.2.4 财务信息处理智能化

智能技术不仅使财务信息处理的自动化水平大大提高，而且通过程序控制实现更加强大、高效和便利的财务信息服务。它提升财务作业的自动化和智能化程度、提高准确性、提升效率。应用 IDM 技术对公司财务异常进行实时监控，发现财务风险并实时报告是报告模式功能扩展的重要方面。韩家炜和堪博（2007）指出，IDM 能够从大量数据中提取或"挖掘"知识。它能从大型数据集中获得隐含在数据后面的模式或规则，使其成为预测与决策的重要辅助工具。运用智能计算的数据挖掘技术具备强大的归纳和推理能力，能从公司海量财务数据中持续地归纳并提取动态演化规则，及时发现或推断公司财务异常状况，在公司财务分析、预测与监控等方面已得到了应用。具体内容包括：（1）在公司财务报告分析方面。借助软件工具投资者可以对公司数据进行挖掘与分析，从公司财务报告文本资料中抽取有价值的信息，结合数据和文本挖掘方法分析财务报告的定量与定性数据，克洛普琴科等（Kloptchenko et al.，2004）采用 IDM 技术分析财务报告隐含的信息。（2）在公司财务业绩预测方面。拉姆（Lam，2004）运用反向传播神经网络算法进行财务绩效预测。（3）在公司财务风险预警方面。科云库吉尔和奥祖格巴斯（Koyuncugil and Ozgulbas，2009）采用数据挖掘卡方自动交互检测的决策树算法建立企业智能财务系统预警模型。拉扎和海德尔（Raza and Haider，2011）提出金融交易可疑活动报告，当交易偏离客户的正常行为时就被认为金融交易是可疑的并进行风险预警。（4）在公司财务危机预测方面。李晓峰和徐玖平（2004）提出基于粗糙集理论和人工神经网络方法建立企业财务危机预警的 Rough-ANN 模型并进行实证分析。张华伦和孙毅（2006）提出基于粗糙—模糊神经网络的企业财务危机建模和预测方法。

公司财务数据仓库嵌入 IDM 工具能够对公司财务异常持续监控并提供实时报告。如 Good Data 公司提供的商业智能软件工具能够进行财务监控，使人们实时获得公司运营状况财务报告以便作出更好的商业决策。大型商务智能软件公司 SAP Business Objects 提供一个分析和报告功能的托管点播平台，其产品组合能为公司提供商务智能、信息管理及风险分析解决方案，有助于企业深入地跟踪和了解业务，改善决策。LogiXML 提供一个基于 Web 的数据集成环境专业报告与分析。LityxIQ 提供集成托管在云计算环境的一个适合非技术人员使用的数据挖掘软件，包括优化工具建模分析解决方案集成套件。国际商业机器公司 IBM 提供智能分析系统，包括数据挖掘和非结构化信息分析。Anteater、Grid Miner 等软件为专业数据挖掘者构建数据库知识发现提供用户的图形界面。左利亚和迭戈（Zorrilla and Diego，2013）提出建立软件体系架构满足非专业用户运用 IDM 技术获得有用的和新颖的知识用于商务决策。

基于 Web 的 IDM 知识发现工具应用已逐步从专业用户向普通用户推广，成为投资者决策的重要辅助工具。网络环境的综合决策支持系统智能化趋势正在持续。智能决策支持系统在实践中已得到成功应用，有助于更充分地运用人类的知识，通过逻辑推理来辅助决策，实现对公司财务自我诊断和结果预测，为用户提供决策有用信息。特班等（2009）指出，商务智能工具能够用于实时分析网站绩效，使用浏览器的用户可以在实时环境下登录到系统进行查询并取得报告。蒙塔纳等（Montaner et al.，2003）认为智能推荐系统为网络智能系统的应用开辟了一个崭新的舞台。

AI 能够帮助用户处理大量互联网信息，在搜索、整理、分类、过滤和共享等方面富有效率。用户广泛运用 AI 在个性化搜索引擎、智能软件代理、推荐系统等方面。AI 能够观察与跟踪用户行为活动，按照用户行为推荐相关的建议，更好满足个性化需求，提高用户的决策能力。如 Micro Strategy 公司提供决策支持系统代理和基于 Web 的决策支持系统以帮助进行细节信息的下钻操作、提供视图、向用户桌面"推送"信息等功能。施耐德

（Schneider，2012）指出，IT 可以很容易为投资者提供实时或接近实时的财务信息。埃芬迪等（Efendi et al.，2006）认为 IT 和会计系统是会计研究的一个重要组成部分。"大智移云"技术在公司财务报告改革中将发挥关键性作用。因此，运用它克服 GR 模式的局限性，实现公司报告模式再造，提升报告的决策有用性，将使公司财务报告信息链的利益相关方都受益。

1.3 研究目的和意义

1.3.1 研究目的

20 世纪初，国内外上市公司的一系列财务舞弊丑闻破坏了市场秩序，严重打击了投资者对证券市场的信心。GR 模式难以有效发挥公司与投资者之间的信息沟通桥梁作用，客观上也为公司财务舞弊提供了条件。改革 GR 模式、提升公司信息披露质量、降低公司与投资者之间信息不对称程度，有助于加强投资者保护，有利于证券市场健康发展。有鉴于此，本书从公司报告决策有用性的视角出发，体现公司主动信息服务的理念，借鉴公司报告模式改革的研究成果，构建"大智移云"背景下的新型财务报告模式——AR模式。研究主要回答以下几个问题：（1）AR 模式的相关基本理论；（2）用户个性化报告定制与实时推送的可行性；（3）公司财务异常智能监控与实时预警的可行性；（4）AR 模式的有效性改进；（5）AR 模式的信息服务增值。通过这些问题的研究揭示 AR 模式能够提升公司信息披露质量，提高证券市场资源配置效率，更好满足投资者个性化信息需求，实现公司财务风险智能监控，达到保护投资者的目的，从而促进证券市场的健康发展。

1.3.2 研究意义

1. 为公司报告改革提供新模式

以工业经济为背景产生与发展的 GR 模式局限性日益凸显，人们不断探索运用 IT 手段克服 GR 模式不足，然而迄今为止，所提出的报告模式改革构想更多体现被动信息服务理念。移动互联网、大数据、云计算、人工智能、Web 服务和 XBRL 等技术及集成为公司报告模式改革提供了新契机。

AR 模式在借鉴现有报告改革构想研究的基础上，综合集成新型信息技术，从主动信息服务的理念出发，以信息观视角探讨公司报告改革，为知识经济时代公司报告改革提供新模式。

2. 有助于降低公司与投资者之间信息不对称程度

AR 模式更好实现证券市场投资者保护。主动向投资者披露更多对决策有用信息，增进投资者对公司的了解，降低公司与投资者之间的信息不对称程度。实时向投资者推送信息，提升信息披露的及时性，减少投资者搜索公司信息的成本。通过财务风险智能监控能及时发现公司财务异常情形，从而降低公司财务欺诈与内幕交易的几率，提高投资者风险规避能力，有助于保护投资者，有利于证券市场有序、稳定与健康发展。

3. 有助于降低投资者之间的信息不对称程度

AR 模式能够更好地实现投资者之间的信息公平，强化中小投资者保护。公司信息在不同投资者之间分布并不均衡，机构投资者或控股股东获取公司信息的能力比中小投资者强，因此能够利用其信息优势进行信息寻租，损害中小投资者的利益。AR 模式能够实现同步、实时、均衡地向所有投资者披露公司信息，降低投资者之间的信息不对称程度，有利于证券市场的公平竞争。

4. 有助于提升证券市场资源配置效率

AR 模式实现报告过程的自动化与智能化，减少或避免手工编制差错或人为舞弊因素的影响，提升公司信息披露质量。通过提供按需定制的个性化报告或信息，更好满足投资者的个性信息需求，有助于投资者决策。AR 模式使得公司与投资者之间建立良好关系，提升公司的市场竞争力。因此 AR 模式能够提升证券市场的资源配置效率，达到信息披露的帕累托改进。

1.4 研究思路与框架

1.4.1 研究思路

首先，讨论知识经济时代 GR 模式的不足与改革问题，提出"大智移云"

背景下的 AR 模式并对其含义进行界定。其次，对 AR 模式的研究背景进行分析，包括报告环境网络化、财务信息标准化、应用系统集成化与信息处理智能化等方面，对国内外有关公司报告模式改革的相关文献进行梳理与评述，为进一步探讨奠定基础。再其次，对 AR 模式展开讨论，分析与解决问题。主要包括：（1）运用积极代理理论、信息寻租理论与动态博弈理论讨论 AR 模式的基本理论问题；（2）基于"大智移云"等技术综合集成进行 AR 模式个性化报告定制讨论、定制报告或信息实时推送的原型实验；（3）采用 IDM 技术进行 AR 模式财务风险智能监控实证研究。最后，构造报告模式透明度评价指数，比较 GR 模式与 AR 模式有效性差异，通过调查用户偏好检验 AR 模式有效性改进的显著性、讨论 AR 模式透明度与公司价值关系；讨论主观信念、投资理性、不确定性与投资选择问题，采用贝叶斯模型比较 AR 模式与 GR 模式信息服务的差异，讨论 AR 模式的信息服务增值。最终得出研究结论。

1.4.2　逻辑结构框架

本书采用的逻辑结构如图 1 - 1 所示。

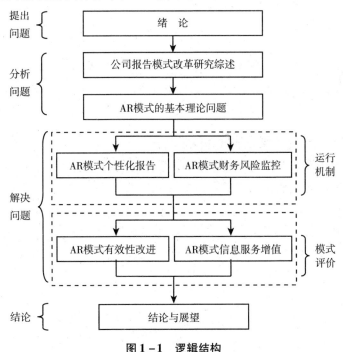

图 1 - 1　逻辑结构

1.5　研究目标、内容和方法

1.5.1　研究目标

在对国内外有关公司报告模式改革构想的相关研究文献的梳理与评述的基础上，结合 XBRL 与新型信息技术从公司主动信息服务的理念出发构建 AR 模式，为公司报告模式改革提出一个新的解决方案。本书对 AR 模式基本理论、技术可行性、个性化报告定制、财务风险监控、有效性改进和价值增值等方面进行系统讨论。研究目标主要包括：（1）从主动信息服务理念出发提出知识经济时代 AR 模式；（2）采用积极代理理论、信息寻租理论与动态博弈理论讨论 AR 模式的基本理论问题；（3）探讨 AR 模式的个性化报告实现机制，并进行定制报告或信息实时推送的原型实验；（4）构建 AR 模式的公司财务风险智能监控模型及其遗传神经网络（genetic algorithms neural network，GANN）算法，以深交所与上交所上市公司为样本进行财务监控模型的实证研究；（5）采用调查法讨论 AR 模式有效性改进的显著性；（6）构建贝叶斯模型讨论 AR 模式实现公司报告的价值增值。

1.5.2　研究内容

1. 提出主动财务报告模式并界定其含义

公司报告模式改革研究综述对 GR 模式的局限性进行讨论，对国内外有关公司报告模式改革构想的研究文献进行梳理与评述。讨论知识经济时代报告环境网络化、财务信息标准化、应用系统集成化、信息处理智能化对公司财务报告模式改革的影响。以公司报告决策有用为导向，从主动信息服务理念出发提出 AR 模式，比较 GR 模式与 AR 模式的差异，给出 AR 模式的研究思路与逻辑结构框架。

2. AR 模式的基本理论问题研究

证券市场是公司与投资者（以及其他利益相关者）共同构成的一个相

互依存的整体，只有市场中的各个主体协同发展才能促进证券市场的稳定有序发展。公司与投资者之间的信息不对称会导致逆向选择与道德风险，造成证券市场资源配置低效率，采用积极代理理论分析 AR 模式能够降低代理成本问题；采用信息寻租理论分析绩优公司能够利用 AR 模式进行信息寻租获得信息租金问题；基于动态博弈理论分析 AR 模式信息披露的信号传递能够实现证券市场不同类型公司的分离均衡，从而提高资源配置效率，达到信息披露的帕累托改进问题。

3. AR 模式的个性化报告定制问题研究

构建 AR 模式公司数据集成平台。基于 XBRL 解决公司财务数据统一模型及财务数据的统一分类、统一封装集成，标准化财务数据便于个性化报告的源头审计。针对用户定制信息需求提供个性信息的推荐服务，具有可自行选择柔性定制个性化报告的服务功能，能够与用户实时互动，及时发送用户定制报告或信息。基于 Web 服务的集成平台、财务数据共享，实现不同报告的"同源分流"。分析个性化报告的需求与实现机制，构建个性化报告定制流程框架与信息发布系统框架，进行信息发送的原型实验。

4. AR 模式的财务风险监控问题研究

从公司财务状况偏离公司财务目标的视角界定公司财务异常概念，构建财务异常评价的指标体系、公司财务风险监控的智能数据挖掘模块、财务风险智能监控增量数据挖掘过程模型及其遗传神经网络 GANN 算法。以深交所与上交所上市公司为样本进行财务风险智能监控模型的实证研究。基于 IDM 技术对公司财务数据仓库施行自治与持续增量数据挖掘，及时向用户发送公司财务风险信息，实现公司财务风险实时监控。

5. AR 模式的有效性改进问题研究

讨论会计信息透明度、公司报告模式透明度与公司报告信息披露透明度指数。从可靠性、相关性、及时性、可比性与充分性五个方面构建报告模式透明度评价指标，并对这些指标的特点进行讨论。通过用户选择偏好的调查结果，采用符号检验法比较 AR 模式与 GR 模式透明度差异的显著性。运用资产定价模型讨论公司报告模式透明度与公司价值之间的相关性。

6. AR 模式的信息服务增值问题研究

分析投资者主观信念、投资理性与不确定性对决策选择的影响，引入期望效用讨论投资者在不确定性投资环境下的理性选择问题。采用简化贝叶斯分析模型评价公司报告模式信息服务价值。运用期望效用分析不同公司报告模式存在的信息服务差异对投资者决策效用的影响。比较 GR 模式与 AR 模式信息服务价值差异，讨论 AR 模式的价值增值问题。

1.5.3 研究方法

本书采用的研究方法主要包括文献研究法、问卷调查法、统计分析法、实证研究法与实验研究法。

1. 文献研究法

对国内外有关 GR 模式不足的文献进行梳理，对公司报告模式改革构想的文献进行归纳总结与评述，对公司财务预警研究文献进行梳理与评述。分析海量数据情况下运用传统计量经济方法进行公司财务预警的不足，构建公司财务风险智能监控的增量数据挖掘模型。

2. 问卷调查法

从可靠性、相关性、及时性、可比性与充分性五个方面构建报告模式透明度评价指标，对不同报告模式投资者选择偏好差异进行问卷调查，根据问卷统计结果采用符号检验比较 GR 模式与 AR 模式透明度差异的显著性。

3. 统计分析法

以深交所与上交所上市公司为样本，采用统计分析法对 ST 公司与非 ST 公司财务比率指标差异显著性进行检验，选择财务指标存在显著差异的比率指标进行建模分析。针对财务风险监控指标体系中的财务比率指标，逐一进行显著性 t 检验，选择具有显著影响的指标进行财务风险智能监控讨论。

4. 实证研究法

以深交所与上交所 ST 公司与非 ST 公司的样本数据进行 AR 模式财务风

险智能监控效果的实证研究。实证分析中的 ST 公司与非 ST 公司选择采用配
对样品设计。

5. 实验法

基于信息推送发布系统的基本框架，以 Java 语言为基础构建信息推送
发布系统原型实验平台，以智能手机为信息接收终端，进行公司信息实时推
送发布系统的原型实验，为公司信息推送提供了一种技术可行性验证。

第 2 章

公司报告模式改革研究综述

　　"大智移云"改变了人们在信息资源使用上的时间与空间观念，它所带来的不仅是信息获取、处理、传输与使用方式的革命，而且已引起生产与经营方式、人们生活方式、组织架构和社会制度等方面的变革。在新型信息技术环境下以工业经济背景产生的 GR 模式面临巨大的挑战。"大智移云"背景下公司业务与财务数据同步实时采集、信息加工与传输全过程"不落地"，在虚拟的网络空间上连续进行，实现公司信息由静态管理向实时互动的动态管理方式转变，为在线报告与实时报告提供技术支持。基于新一代信息技术的用户可在任何时间、任何地点获取公司最新信息。IDM 技术能够从公司海量数据中挖掘潜在有用信息为公司报告功能扩充奠定基础。XBRL具有标准化、结构化、可扩展与跨平台等特征，对财务报告模式改革产生巨大影响。用户对公司报告个性化与智能化提出更高的要求。AR 模式是在借鉴已有公司报告模式改革研究成果的基础上进一步探讨，为此，本章对国内外有关公司报告模式改革构想研究成果进行梳理与评述。

2.1　国内外相关研究文献

2.1.1　GR 模式的局限性

　　知识经济时代 GR 模式缺乏个性、时效性滞后、非财务信息不足等局限性日益凸显。互联网技术、智能信息技术（intelligent information technology，

IIT)，IDM 技术、XBRL 技术等为 GR 模式改革提供新的契机。一些研究机构与学者针对 GR 模式在报告内容、报告时效与报告个性化等方面的不足进行了讨论，如美国会计学会会计与审计计量委员会（1991）；英格兰和威尔士特许会计师协会（The Institute of Chartered Accountants in England and Wales，ICAEW）（1991）；美国注册会计师协会（American Institute of Certified Public Accountants，AICPA）（1994）；普华永道（2001）；等等。张天西等（2006）指出，以决策有用观和受托责任观为目标的会计信息系统的供求矛盾在这一变革背景下将进一步激化，会计信息呈报的环境也势必会发生重大变革。GR 模式已经越来越不适应这一新的环境，以投资者、信息中介、管理当局、审计师和其他信息使用者为主体的利益团体在网络环境下对公司财务呈报的内容和方式有了新的要求。延森和肖泽忠（2004）指出，通用财务报告模式向不同的使用者提供相同的财务报告无法满足报告使用者多种多样的信息需求。虽然通用财务报告向不同使用者提供相同的报告，并将不同企业的财务报表予以标准化，具有规模效益与信息可比性的优点，但是知识经济时代通用财务报告模式难以满足投资者的信息需求。因此利用互联网技术、IIT、XBRL 技术等改革 GR 模式不足，使公司报告更好满足投资者的决策需求成为报告模式改革研究的热点问题。

国内外学者与研究机构对 GR 模式在报告内容、报告时效和报告缺乏个性等方面的不足进行了分析。葛家澍和杜兴强（2004，2004a，2004b）、魏海丽（2005）、张天西（2006）、刘永泽等（2009）分别对 20 世纪 90 年代以来有关 GR 模式不足的主要观点进行梳理与归纳，在此基础上笔者进一步补充整理，结果如表 2 - 1 所示。

表 2 - 1　　　　　　　　通用财务报告模式的局限性

研究机构或学者及时间	通用财务报告模式不足的主要观点
英格兰和威尔士特许会计师协会（1991）	企业业绩和财务状况过于侧重成本计量，与业绩预测和充分计量不相关；重利润而轻现金流量；重法律形式而轻经济实质；财务报告的向后看模式对使用者帮助不大
美国会计学会会计与审计计量委员会（1991）	报表信息不完整；不确认自创商誉及将确认的外购商誉分期摊销；资产负债表外项目披露不足；对子公司及准子公司的披露不充分；负债与权益的混淆；财务会计与报告忽略货币的时间价值；缺乏对企业社会业绩的反映

续表

研究机构或学者及时间	通用财务报告模式不足的主要观点
美国注册会计师协会 (1994)	不能面向未来；会计信息失去相关性；会计信息严重不完整；对使用者的信息需求关注不足
沃尔曼（Wallman, 1995, 1996, 1997）	未考虑会计主体外延的弹性；对软资产如人力资源、智力资本未能进行恰当地确认与计量；财务报告的及时性及预测性严重不足；会计信息传递渠道不畅通
卡普兰和诺顿 （Kaplan and Norton, 1992, 1996）	财务业绩计量是面向过去的；业绩计量具有短期性；无形资产无法在表内反映
纳什 （Nash, 1998）	传统会计未能对经济价值的主要部分进行确认，也未能对它所确认的价值进行适当的计量；传统的会计系统是不同方法、不同计量及结果的大杂烩
厄普顿 （Upton, 2001）	投资者需要的信息和企业提供的信息在新经济下存在巨大的鸿沟，财务报告中非财务信息、前瞻性信息和无形资产信息披露不足
徐国君和张丰艺 (2000)	过分地强调信息需求而忽略信息供给；注重法律形式而轻经济实质；强调历史信息而忽视未来信息；注重短期行为而轻历史长远发展；重视主体信息而轻相关信息；注重平面信息而轻视立体信息；重视静态信息而轻视动态信息
普华永道 (2001)	过于关注单一的盈余数字，没有提供更为广泛的业绩计量信息，导致公司陷入"盈余游戏"的陷阱
米勒和班森（Miller and Bahnson, 2002）	低估证券市场；模糊的表述；假设与虚构；利润平滑；最小限度的报告；最小限度的审计；报告成本上的缺乏远见
葛家澍和杜兴强 (2004a, 2004b)	财务会计信息的及时性不足；财务会计信息的内容不完整；财务报表项目的貌似确定性掩盖了其本质的不确定性；重法律形式而轻经济实质
延森和肖泽忠 (2004)	向不同的使用者提供相同的财务报告，无法满足报告使用者多种多样的信息需求
李端生和续慧泓 (2004)	仅采集、存储和处理了部分会计事项的数据；只记录了会计事项的货币化信息，而没有非货币化信息；是以事先知道使用者需求这一假设为前提；由基本数据向高度综合数据的推导过程会造成信息的丢失和扭曲
张天西等 (2006)	财务报告系统采用表格化的统一模式，将信息在不同的需求者之间进行统一和平均化，不能满足信息需求者对财务信息多元化的需求；只对货币化的资产、负债和权益关系进行披露，而对于非货币化的重要信息却不进行反映，造成信息"流失"，不利于报表使用者全面了解公司情况；财务信息定期编制造成信息滞后，不利于财务报告使用者及时了解信息

研究机构或学者及时间	通用财务报告模式不足的主要观点
沈颖玲 （2007）	报告定位企业导向；通用目的财务报告无法实现财务报告特定决策有用性的目标；信息与使用者的决策相关性较差；报告内容时滞；财务数据在各个供应链主体传递过程中存在重新解释、过滤及重新格式化等环节，编报流程成本高、效率低；因各个企业或部门的软件系统、数据格式不一致等导致报告信息使用不兼容、较复杂，会计数据交换和再利用效率低下
潘琰和林琳 （2007）	信息披露不足与信息超载的矛盾；越来越多的信息涌入报表附注却未能增强透明度；使用者对特定主题信息的查找困难；财务报告中数据的再利用需要重新输入，没有效率且可能影响准确性
任海芝和邵良杉 （2011）	偏重财务信息而忽视非财务信息，使企业的市场价值与财务报告中的资产价值严重背离，进而影响信息使用者对企业价值的合理判断；财务报表过于偏重过去的交易或事项产生的历史信息的披露，前瞻信息往往避而不谈；根据持续经营和会计分期假设定期编制和披露的信息时效性差；按照固定格式模式粗放、单一，缺乏个性化

2.1.2　互联网与公司报告模式改革

互联网的发展为公司报告模式改革提供了新契机。公司通过互联网可以实时收集、传输、存储与加工财务数据，能够低成本且及时向所有利益相关者提供更多的信息，从而更好实施公司报告策略，因此越来越多的公司借助互联网进行信息披露。与此同时，投资者通过互联网获取与加工处理公司信息的能力极大提高，互联网成为投资者获取公司信息的主要渠道，也有力推进了公司网上信息披露。在"互联网＋"时代①，经济与技术环境的变化使公司财务报告的产生与传播方式发生了重大变化，公司信息披露要满足投资者需求，就要进行会计业务流程再造与报告模式改革。为更好发挥互联网在公司信息披露中的作用，国内外学者与研究机构就互联网对公司报告改革的影响进行了一系列研究，提出运用 IT 改进通用财务报告模式的一些构想，

---

① "互联网＋"是创新 2.0 下的互联网发展的新业态，是知识社会创新 2.0 推动下的互联网形态演进及其催生的经济社会发展新形态。它是利用信息通信技术以及互联网平台，让互联网与传统行业进行深度融合，创造新的发展生态。它代表一种新的社会形态，即充分发挥互联网在社会资源配置中的优化和集成作用，将互联网的创新成果深度融合于经济、社会各领域之中，提升全社会的创新力和生产力，形成更广泛的以互联网为基础设施和实现工具的经济发展新形态。

其成果为后续进一步探讨奠定了重要基础。

1. 公司网上财务信息披露

肖等（Xiao et al., 1996）提出信息技术对公司财务报告影响评价的灵活和自适应框架。高索普（Gowthorpe, 2000）认为因特网仅作为一种额外的渠道来传递已有书面信息，还没有充分发挥因特网在公司财务信息传递中的作用，因此有必要研究如何创造性地将因特网应用于公司的财务报告。赫西和格利福德（Hussey and Gulliford, 1998）讨论了现行的财务报告监管制度是否足以处理企业在网上披露的财务信息问题。互联网信息披露以更有效的方式发布更多的企业信息，更少的时间延迟使得欧洲公司认识到，通过互联网传递企业信息正被许多公司视为解决现有财务报告局限性的必要方式。莱默（Lymer, 1999）阐述了企业电子报告的问题，分析公司、会计监管机构和标准制定者在确定这种企业电子报告未来应该如何发展。克雷文和马斯顿（Craven and Marston, 1999）分析了1998年英国最大的公司在互联网上的财务信息披露程度，调查该公司是否有一个网站，网站的财务信息是否可用，这些信息是否为摘要形式，或是否有完整的年度报告，结果表明该公司的规模与互联网上信息披露程度统计上呈现显著正相关关系。潘琰（2000）针对上交所36家最佳信息披露公司、上证30指数公司和中国大陆上市公司100强进行调查分析，揭示中国上市公司网上财务信息披露存在的问题。王松年和沈颖玲（2001）分析网络财务报告需要解决几个技术问题，指出开发全球统一的XBRL是解决这些技术问题的最好途径。沈颖玲（2002）认为XBRL解决了存取网络财务报告的两个主要问题：对财务信息供给方而言，无须按提供对象不同而编制不同格式的财务报表，降低了重新输入错误的风险与信息的生产成本；对信息需求方而言，可快速可靠地抽取所需的财务信息，并根据决策模型加以分析与再利用。

2. 改革报告模式，扩展自愿信息披露研究

向凯和陈胜蓝（2008）认为，财务信息作为一种特殊的商品具有外部性、公共物品性以及供给垄断性等特征，为了避免导致证券市场财务信息供给不足与资源配置低效率，需由政府管制部门规定公司对外发布报告进行信息披露。强制信息披露是上市公司依法必须履行的对外信息披露义务。米勒和巴恩森（Miller and Bahnson, 2002）指出，现有强制信息披露的通用财务

报告内容是公司最小限度的报告。张天西等（2006）认为，通用财务报告只对货币化的资产、负债和权益关系进行披露，而对于非货币化的重要信息却不进行反映，造成信息"流失"，不利于报表使用者全面了解公司状况。投资者希望公司在信息披露中能够体现其经营数据、经营业绩、数据分析、前瞻信息、公司无形资产、公司管理等方面的信息，以便能够更加全面了解公司的投资价值。自愿信息披露是公司根据自己的意愿主动向相关主体或公众披露信息的行为，其披露的信息是强制性披露信息之外的补充性、说明性和预测性信息（孙燕东，2009）。公司自愿信息披露的目的就是为了能够提升公司报告的相关性，更好帮助信息使用者理解公司的价值与存在的风险，降低公司与投资者之间的信息不对称程度，维护与投资者之间的良好关系，使公司更加有效地筹集资金。因此，改革 GR 模式的重要方面体现为扩展公司 VID，增加有助于投资决策的信息供给，增进投资者对公司投资价值与风险的了解，作出理性的投资决策。

潘琰（2002）指出，上市公司越来越多的 VID 显得与众不同，增进了投资者对公司的理解，同时也增加了公司的透明度。因此 VID 能够为公司获得良好的声誉，在资本稀缺的竞争性市场，有助于提高公司筹资能力；能够减轻经理人员与所有者之间的利益冲突，从而降低代理成本；能够让投资者更好地理解公司战略，从而改善与投资者的关系。互联网上 VID 具有扬长避短的、强大的吸引投资者的广告效应。它能让公司强调对自身经营发展的有利因素，而对公司发展不利的因素也能进行及时解释与危机处理，因此公司报告改革的重要方面是扩展 VID，发挥它的重要作用，提升信息披露的质量，使其成为公司提升资本市场竞争优势的利器。

2001 年 FASB 策划委员会鼓励公司扩展其自愿披露对投资者投资决策有用的信息，互联网成为公司扩展 VID 的重要工具。公司网站为 VID 提供了良好的平台，信息披露越来越便捷，多媒体呈现且边际成本不断下降。通过网站进行 VID 优越性十分明显。鉴于互联网在信息传播上的优势，投资者希望借助互联网及时获得更多对决策有用的信息。公司也开始意识到 VID 对提升信息相关性的重要作用，主动向市场披露有利于公司但又不在通用财务报告要求范围之内的一些信息。埃尔斯等（Aerts et al.，2007）研究表明，企业财务分析师的活动和企业信息披露透明度之间的显著关系，扩展财务信息披露有助于弥合越来越大的传统财务报表和市场估值需求的差距，向股东传达公司的价值增值。凯尔顿和杨（Kelton and Yang，2008）、阿卜杜勒萨拉姆等（Abdelsalam et al.，2007）认为，互联网提供了灵活、广泛与低廉的信息披露，是一种独特的实时向用户提供公司 VID 的工具。博瓦克尔等（Boubaker et al.，2011）通过制定一套披露指标，分析利用互联网传播企业信息和检查基于 Web 的企业信息披露程度。以 2005 年法国 529 个上市公司为样本，分析包含大型企业、大型审计公司、分散所有权结构的公司已经发行债券或股票和 IT 行业公司使用网络向股东披露信息情况，研究表明，与强制信息披露比较，互联网更适合公司的 VID。

在竞争性资本市场中，公司要想成功获得稀缺的资本资源，有效运用网络开展信息披露非常关键。VID 能更好展现公司特色与优势，为公司获得良好声誉，让投资者更好了解公司的发展前景，以增强公司对投资者的吸引力。VID 能够在资本稀缺的竞争性市场提高公司筹资能力，因此公司应发挥它的重要作用。FASB（2001）指出，改进 VID 可以使资本流动更富有效率、降低资本成本。朗和伦德霍尔姆（Lang and Lundholm，2000）研究表明，VID 与股票价值呈正相关。VID 可以将本公司的好消息及时传递到证券市场，以便吸引投资者，同时增加公司会计信息的可理解性，为以较小的代价筹集资本提供有利条件。因为投资者普遍认为，只有业绩良好的公司才会积极主动进行 VID。因此，公司做好 VID 能够更好展示自身形象，提高公司知名度，本身就是一种无形的广告。互联网也是投资者关系管理活动的重要工具。德尔等（Deller et al.，1999）对美国、英国和德国的公司利用网络改善与投资者关系管理进行实证研究，发现在美国通过互联网进行投资者关系管理比较常见，并提供比其他两个国家更多的功能。尽管互联网技术提供了各种与投资者沟通的可能性，但在这三个国家中，这种可能性只是得到部分使用。

VID 是公司按照自身利益最大化进行的主动信息披露，因此在信息披露的内容、时间、方式等方面具有较强的选择性。一些公司会利用其进行虚假披露、操纵性披露等，为此要进一步完善 VID 制度，增强监管并加大公司治理改革力度，促进 VID 不断规范化。特别要加大对公司在 VID 中违法行为的法律制裁与经济处罚力度，直接抑制公司违法信息披露的动机。自愿披露也应当遵循"充分披露"与"实质重于形式"两条原则，才能有效提升资本市场资源配置效率，达到信息披露的帕累托改进。公司 VID 应该遵循边际收益大于边际成本的原则。普伦奇佩（Prencipe，2004）指出，VID 也会造成竞争劣势。它也会存在成本超过收益，甚至出现泄露公司商业机密等不利情形，反而给竞争者提供了机会。

3. 改革报告模式，提升信息披露时效研究

信息及时性是其决策有用性的根本保证，互联网为提升公司报告时效性提供了技术支持。信息时代传统定期编制的纸质印刷财务报告模式时效滞后十分凸显，导致财务报告在正式公布之前，内涵就几乎被清空（葛家澍和杜兴强，2004a）。IFR 大大提升了信息披露的时效性，同时具有降低信息披露成本、提供更加多样化的展示、信息受众不受限制与信息无限可利用等优点。随着互联网在全球范围内的迅速普及和智能信息技术的发展，投资者能够在任何时间、任何地点获取公司财务信息。IFR 具有比纸质财务报告更明显的优势，因此它成为改进公司报告时效性的必然选择。

基于新型信息技术公司报告能够实现实时报告与在线报告的目标。葛家澍和杜兴强（2004）认为，随着以网络为基础的交易量的增长和以网络为基础的报告的增长，再考虑全球化与网络报告的前景及全球化和信息技术对管制市场的冲击，为了解决财务报告的及时性问题，事项会计及因特网上的财务报告（含多维报告模式、多种在线资料等）逐渐成为改进现行财务报告模式缺乏及时性的有力措施之一。

"互联网＋"时代公司的会计环境与会计依赖的技术手段发生了显著的改变，与其他介质相比，网络无论在形式上还是在实质上都大大拓宽了信息收集内容与传播速度。财务信息产生、传播与利用之间的时滞大大减少，财务信息的产生成本降低、传播十分高效、利用更加便捷。在动态的投资环境中，投资者及时获得公司价值信息、发展前瞻信息与财务风险信息等能够减少或避免投资决策失误的概率。互联网提供了及时披露公司信息的机会（Paisey and Paisey，2006；Gallhofer et al.，2006）。埃特杰等（Ettredge et al.，2001）探讨了企业网站的财务披露做法，评估和比较 17 个行业的网站披露水平，并总结各种财务披露项目频率，认为万维网为企业与当前和潜在的投资者实时的信息交流提供了一条新的途径。随着网站提供友好界面，在线信息披露得到了巨大的发展，公司能同时与大量信息用户同步进行在线交流，及时了解当前与潜在投资者的信息需求，并为他们提供个性化信息服务。

IT 驱动下的公司经营模式变化导致公司内部与外部对会计信息需求的时效性发生改变。埃利奥特（Elliott，1992）指出，IT 深刻改变了公司运作的方式，这种改变要求外部报告也有所变革。互联网可实现快速的多向传输

模式，使得个人能够更便捷地表述自己的观点。涂建明（1999）采用保真度、速度、覆盖面、接收成本、日常习惯、媒体语言、使用者分析信息便捷性、信息量等指标，就广播、电视、报纸杂志、交易网络、电话、传呼、邮寄几类媒体在公司信息披露性能方面存在的差异进行比较，认为公司采取网上披露方式最具优势。潘琰（2000）指出，互联网的迅速发展对会计形成前所未有的挑战，让信息使用者们感受最深的影响和变革之一是财务信息披露方式的变革。坎贝尔等（Campbell et al.，2003）指出，技术发展不可逆转地改变着公司财务报告的物理介质、报告范围以及发布和传播途径，长期以来为人们所熟悉的纸质报告正被因特网报告所补充或替代。信息时代互联网是公司传输战略信息不可或缺的且最为有效的媒介。因特网可能是提供针对性信息向利益相关者表述公司战略最有力的工具。同时，IT 使得公司财务信息数字化、标准化，处理过程实现了自动化与智能化，通过网络发布财务报告，中小投资者和机构投资者能够做到在时间上、内容上无差别获得这些信息，增加信息披露的公平性。互联网是便捷与低成本获取公司信息、搜寻投资机会、进行信息交流互动的重要工具。网络的信息传播能力使它成为改革现行公司报告的最主要工具，公司报告要有力并富有效率地传输公司信息，必须采用网络为传播媒介。

本斯顿（Benston，1973）认为，公平是资本市场的重大问题，所有投资者应当有获得相同水平的公司财务信息的机会。公司公平对待所有投资者是资本市场有序发展的关键，基于新型信息技术的大众传播媒介，具备高效、同步与同等向所有投资者提供公司财务信息的能力。随着互联网在公司财务报告应用方面的推广，印刷年度财务报告的作用将会逐渐下降，直至被IFR 所替代。戈特利布和斯塔夫罗夫斯基（Gottlieb and Stavrovski，2004）指出，交易的会计记录已由手工转向电脑，从而有可能缩短现有会计数据的延误，通过一个电子交流中心发布的财务报告，中小投资者和机构投资者能够同时获得这些信息，这使得不同投资者通过网络技术可以得到的财务信息更加均衡。伴随着公司信息化的发展，商业环境网络化的普及，网络成为提高现行公司报告及时性的最主要途径。因此，公司报告要实现 1991 年 AICPA 在《企业报告综合模式》中所提出的"果断传递影响公司的重要变化，有力地并富有效率地传输信息的呈报模式"，必须采用网络为传播媒介。拉特利奇（Rutledge，1998）指出，就财务服务而言，互联网是方便与便宜的经纪人联系、获取市场信息、搜寻投资机会、评估个人股票组合的重要工具。格兰特等（Grant et al.，2008）研究了财务报告的信息技术控制效果。甘迪娅（Gandia，2008）实证研究表明，透明度越高的公司同样也是那些越有效使用互联网作为公司治理信息披露渠道的公司。

4. 改革报告模式满足用户个性需求研究

虽然对信息使用者来说 GR 模式的统一格式有助于不同公司报告的横向比较，但是它也因此造成"形式单一和缺乏弹性"的不足。徐国君和张丰艺（2000）指出，整个社会信息使用者群体与供给者群体的复杂性、多变性，不同群体对利益追求的多样性，决定了会计信息需求与供给无法处于某一固定模式，而是在不断地变换调整之中。不同用户对财务信息需求存在巨大差异，统一格式难以满足投资者的个性化信息需求，因此降低了报告的决策有用性。肖泽忠（2000）认为，通用财务报告本质上是一种大批量生产型的报告模式，即大量生产一种标准产品。这种报告编制具有成本与可比性的优点，但通用财务报告不能满足使用者的个性信息需求。任海芝和邵良杉（2011）认为，通用财务报告模式粗放、单一，缺乏个性化。统一格式向不同投资者披露相同的信息，没有考虑投资者之间信息需求的差异性，导致信息供给不足与超载的矛盾。张天西（2006）认为，通用财务报告模式实际上是武断地将信息在不同的需求者之间统一和平均化了，不能满足信息需求者对财务信息的多层需求。潘琰和林琳研究（2007）认为，统一模式向不同用户披露相同的信息，不能满足信息使用者多样化的需求，导致信息披露不足与信息冗余的矛盾，如何解决这些矛盾成为企业报告改革的难点。因此，满足用户个性化需求是公司报告模式改革的关键问题之一，一些学者提出了满足用户个性化需求的公司报告模式改革构想。

索特（1969）提出采用事项报告模式解决 GR 模式无法满足投资者个性化信息需求问题。事项报告为用户提供原始数据，把公司财务信息加工的任务交给投资者自己完成，试图以"自产自消"的方式由用户自行解决财务信息的个性化需求问题。IT 的发展为事项报告提供越来越有力的技术支持，因此在事项报告之后提出的许多公司报告模式改革构想不同程度上都带有其烙印。科兰托尼等（Colantoni et al.，1971）提出数据库报告模式是基于事项法会计和在线直接存取存储与检索概念，公司着重于储存和维护"最原始的数据"，以便信息使用者从中提取不同明细程度的数据。黑斯曼和惠斯顿（Haseman and Whinston，1976）提出以开放数据库方式由用户根据自己设定的决策模型去获取信息，更好满足用户个性化需求。麦卡锡（McCarthy，1979，1982）提出 REA（resources、events、agents）报告模式，旨在整合数据库系统领域的思想与会计理论。它不建议使用特定类型的数据库系统，相反，它集中在一个整体的设计方法——实体关系模型，超越了特定的数据库理论结构。该模式旨在对企业的资源、事件、参与者及其相互关系建模，把一切与经营事项相关的内容按实际语义而非人为加工的分录形式输入数据库中存储，并按用户视图提供各种信息。实际上，对于公司的原始财务数据，只有具备一定财务专业知识的用户才能进行提炼，做到"自产自消"财务信息，而对缺乏财务专业知识的一般投资者而言难以做到"产消一体"。比蒂（Beattie，2000）提出分层报告模式，考虑到不同类型的信息用户对公司信息需求的差异，同时结合企业存在的商业信息保密问题，提出对公司信息进行分层打包，包含财务报表功能软件包，可以向不同类型用户发送预订打包信息的方法。内部的使用者可以获得公司数据库的大部分信息资料；外部使用的公司数据库信息被分层；使用模版包装信息向不同用户提供不同类型信息。分层报告模式为不同类型用户提供具有个性化需求的信息。

薛云奎（1999）提出会计频道模式，类似电视台提供多个电视频道供观众自行选择，以满足不同观众需求的方式解决投资者个性化信息需求问题。公司建立会计频道是会计在信息集成化环境中实现自我的重要途径。用多元化财务信息频道来满足不同用户的个性化需求，是把用户分为不同的群体，一定程度上解决了用户个性化需求多样性问题。徐国君和张丰艺（2000）提出互动式报告模式，通过信息需求者与供给者之间的直接沟通，增强会计信息披露的灵活性，生产出互动式会计报告为核心的报告体系及其相关信息。李端生和续慧泓（2004）提出需求决定模式，旨在实现信息处理环节权限的重新分配，将数据加工和信息报告的权限完全交给信息使用者，数据加工过程和加工规则分离，由信息使用者掌握加工规则的制定与维护。肖泽忠（2000）提出按需报告模式，它是基于"大规模按顾客需要组织生产"思想在财务报告中的应用，探讨大规模"量体裁衣"法是否能更好满足使用者的信息需求。针对不同使用者多样化的信息需求，这一模式旨在通过提供按需编制的报告来满足不同使用者多样化的信息需求。因此，公司报告系统必须充分灵活，并允许公司和信息使用者之间沟通互动。潘琰和林琳（2007）提出柔性报告模式，综合应用 XBRL 和 Web 服务等前沿技术，构建一个 X – W 柔性按需报告模式的理论框架，提出将 XBRL 拓展应用至公司报告供应链全程的技术方案。柔性模式为用户个性化报告提供了一种解决方法。任海芝和邵良杉（2011）提出智能化财务报告模式，它是利用数据挖掘技术，体现需求差异的个性化，全面提供财务和非财务信息，广泛应用数据库技术，注重未来信息的预测智能化。这些公司报告模式改革构想都涉及用户个性化需求方面的探讨。

XBRL 为解决个性化报告提供了技术支持（霍夫曼，1998）。德布雷森尼等（Debreceny et al.，2005a）指出，XBRL 与传统财务文件的显著差异是它支持财务与非财务数据内容。XBRL 格式数据无须从一种应用到另一种应用的转换，因为数据是独立的通过使用标准的标签（Farewell，2006）。XBRL 对公司财务数据统一封装，实现财务数据标准化，增强财务信息的流通性与应用灵活性，实现公司不同报告的同源分流。也就是说财务数据内容与显示格式分开，对同源基础的公司财务数据施行不同变换就能够形成满足投资者个性化需求的公司报告。

2.1.3　XBRL 与公司报告模式改革

XBRL 提出以来，国内外学者对 XBRL 这一影响公司财务报告的技术及应用进行了一系列的研究。希金斯和哈勒尔（Higgins and Harrell，2003）认为，XBRL 使公司报告不滞后于数字化信息革命。XBRL 传承 XML 的优点，适用于非结构化信息处理，在财务信息处理方面蕴含巨大的优势。在 XBRL 推出之前，电子财务报告有 TXT、Word、Excel、HTML 和 PDF 等格式，虽然都可以实现数据的电子交换功能，但是数据没有统一标准，不易进行公司财务数据的横向比较；同时，不同格式财务报告的数据难以实现自由转换，用户要进一步再利用其他格式的财务数据就需要重新进行数据录入，效率较低且容易出错。XBRL 为会计信息制定了一个统一的标准化格式，解决了财务数据重复使用与数据共享这一问题。在 XBRL 统一分类标准的基础上，可以实现会计数据"一次输入，重复使用"，真正实现财务数据共享。XBRL 是计算机非结构化信息处理技术在会计信息处理方面的应用，是推进信息披露模式变革的关键因素。

XBRL 为公司财务报告模式改革提供了新技术。它是一种用于企业财务报告的国际开放标准，其最根本的理念是按照统一的标准定义财务报告中的概念和概念的属性，概念之间和概念与外部资源之间的关系，从而实现 XBRL 格式和语义的标准化。赵选民和薛婷（2011）认为，XBRL 本质上是制定标准的过程。从信息的分类角度看，XBRL 主要是对财务报告披露的信息按照一定的规范要求进行整理、分级和分解，直至成为可以独立传达含义的信息单位。对信息使用者而言，XBRL 可以对会计信息元素进行自由组合，获取个性化的会计信息，提高会计信息的使用效率与决策有用性。XBRL 报告模式的特征就在于实现财务信息与非财务信息并重，将企业背景信息、经营业绩说明、管理部门的分析讨论、前瞻信息、社会责任及持续发展等纳入财务报告，为投资者提供更加丰富的公司信息，更好满足投资者的决策需求。基于 XBRL，财务报告能够更加有用、更加有效、更加准确，其电子版财务报告正在逐步替代传统的财务报告。

基于 XBRL，财务数据具有标准化、结构化、可扩展与跨平台应用等优势，能够实现信息共享和互操作目标，有助于上市公司财务报告模式的改革，推动证券市场发展。潘琰（2002）系统地讨论了 XBRL 技术对会计环境的冲击、IFR 可能获得的技术支持，对其主要功能、技术架构、特点及技术优势进行分析。沈颖玲（2004）讨论了 IFR 的基本理论，包括对它的界定、基本特征、体系重构、供给的行为分析、网络技术在财务报告中的运用、IFR 的国际比较和趋同等方面。张天西等（2006）对 XBRL 导致财务报告信息利用模式的改变进行了比较系统的探讨。

霍夫曼和斯特兰德（2001）对 XBRL 的应用进行了讨论。平斯克尔和李（Pinsker and Li，2008）指出，采用 XBRL 具有获得竞争优势、降低成本、展示组织致力于技术创新、提高财务报告透明度的优点，并有助于符合监管要求。鲍德温和特林克莱（Baldwin and Trinkle，2011）采用特尔斐法（Delphi method）分析认为，XBRL 最可能影响以下方面：增加财务报告访问便捷性、容易监管管理、增进报告有用性、有助于持续报告、改进投资与商业决策效率。亨德森等（Henderson et al.，2012）讨论导致公司采用 XBRL 的内部与外部决定因素，调查组织内部和组织外部采用 XBRL 的目的，结果表明内部采用与外部采用 XBRL 的决定因素不同，从实用的角度看会鼓励使用 XBRL。格拉布斯基等（Grabski et al.，2011）认为，组织内部使用 XBRL 技术是因其相对优势因素驱动。姚等（Yao et al.，2007）认为，组织之间使用 XBRL 技术源于行业竞争环境因素驱动。加尔贝洛托（Garbellotto，2009）认为，采用 XBRL 是为了组织之间的目的，采用 XBRL 格式表示财务数据，便于供应链末端的贸易伙伴得到财务报告。瓦沙尔海伊（Vasarhelyi et al.，2012）讨论了 XBRL 对财务数据有用性的影响，采用技术接受模型（technology acceptance model，TAM）的理论框架检验改进财务报告的信息有用性。XBRL GL（global ledger）是一个标准化全球总账，为公司财务数据提供标准的统一词汇，可表示财务与非财务数据，并具备综合数据下钻到详细数据的功能，有助于推进会计信息化。加尔贝洛托（2006a，2006b）指出，XBRL 提供一种方法表达语义和根据分类法定义的关系，一种按照语义验证实例文档内容的手段。皮赫斯基等（Piechocki et al.，2009）认为 XBRL 丰富的分类提供了一定的信息粒度让消费者受益。奥尔斯和德布雷森尼（Alles and Debreceny，2012）认为，目前对 XBRL 的研究主要关注其是否导致更有效的资本市场，减少分析师预测误差，提高会计核算质量标准和财务信息传输效率等。

一些学者就 XBRL 对公司报告影响进行了探讨，研究表明 XBRL 对公司报告改革具有以下优势：便于外部使用者获取公司信息（Coffin，2001）；为解决 IFR 的信息使用者能及时存取所需财务信息的技术问题提供最好途径（沈颖玲，2002）；使财务数据具有统一的标准格式，克服商业信息系统和软件不可兼容的障碍，使各种数据能通过互联网技术直接进行信息交换（Jones and Willis，2003）；降低了获取和传送与国际商务报告标准相关的商业信息成本费用（Weber，2003）；促进财务报告过程更加有效（Naumann，2004）；便于财务数据在不同系统之间传输（Willis and Hannon，2005）；有助于改进投资者决策（Baldwin et al.，2006）；能够改进财务信息的准确性（Strader，2007）；能够促进持续报告与持续审计，有助于证券市场的平稳运行（Debreceny and Rahman，2005b；McGuire et al.，2006；Pinsker，2007）；为投资者提供一个连续性的综合保障服务，有助于减少股价波动，降低公司的资本成本（Hunton et al.，2007）；增加 IFR 的透明度水平（杨海峰，2009）；能够降低财务报告成本（Bonsón et al.，2009）；便于不同规则财务报表之间的数据变换与改进内部控制，如一般公认会计原则 GAAP 与国际财务报告准则（International Financial Reporting Standards，IFRS）之间的财务报表数据变换（Baldwin and Trinkle，2011）；XBRL 与 REA 集成促进公司信息在现代商务动态环境的适应性与再利用（Amrhein，2011）；等等。

一些学者提出了基于 XBRL 的财务报告模式或理论框架。如基于 XBRL

和 Web 服务的投资整体框架（Huang et al.，2006）；XBRL 和 Web 服务集成的柔性报告模式（潘琰、林琳，2007）；平斯克尔（Pinsker，2007）采用 XBRL 构建持续披露技术的理论框架；安海因等（Amrhein et al.，2009）提出 XBRL GL 结合的 REA 模型；奥尔斯和彼郝斯基（Alles and Piechocki，2012）提出 XBRL 交互数据改进公司治理决策框架；张继德等（2014）分析了基于 REAL 和 XBRL、商业智能视角和 XBRL、云计算平台和 XBRL 技术实现网络财务报告的途径；西尔（Seele，2016）、普拉迪娅（Praditya，2016）采用 XBRL 构建统一概念模型；桑托斯（Santos，2016）基于 XBRL 和多维数据模型之间自动映射构建模型驱动体系结构范式；李（Li，2018）采用语义 Web 技术设计一个 XBRL 本体扩展模型和通过语义网络技术为会计信息集成提供财务服务匹配框架；周（Chou，2018）提出 XBRL 格式化报表中以主题为中心的信息集成主题链接模型；等等。

XBRL 编制和发布的财务信息可以很容易以电子方式进行内部或外部跨组织多技术平台传送，采用财务分析软件工具使财务数据能被自动提取和有效分析。XBRL 使得财务信息在报告供应链上更加顺畅与无差错地流动，便于所有用户获取和使用公司财务信息。与机构投资者比较而言，个人投资者在财务信息使用上处于劣势。克莱门茨等（Clements et al.，2011）指出，XBRL 财务软件工具强大的功能使个人投资者进行财务分析更加快捷与准确。它便于个人投资者及时处理与分析财务信息，从而减少个人投资者与机构投资者之间信息差异造成的劣势。沈颖玲（2007）指出，随着 XBRL 财务软件的成熟，传统财务报告编报模式终将退出历史舞台。XBRL 所具有的跨平台操作优势使得财务数据在不同应用系统之间能够无缝实时流动与处理，有效缩短公司报告编制时间，从技术上促成在线报告的实现。因此，XBRL 成为公司报告改革的关键技术之一。

2.1.4　国内外公司报告模式改革构想

1. 国内有关公司报告模式改革的主要构想

大众传播报告模式（肖泽忠，1996）。它运用大众传播理论把财务报告看成一种大众信息的传播活动。按照大众传播报告模式的构想，公司建立自己的数据库或外部公共数据库，用户利用网络和远程通信技术从该数据库获取财务信息。

会计频道模式（薛云奎，1999）。它考虑到会计信息用户的个性化需求，对信息用户简单分类，借用不同观众根据不同偏好选择电视频道的方式，采用多元化的会计频道来满足不同信息用户的需求。

互动式报告模式（徐国君、张丰艺，2000）。它旨在通过提供互动式会计报告协调供需双方利益，弱化供需矛盾，达到供需平衡。其基本框架包括三个部分：一是会计信息中心（Accounting Information Center，AIC）；二是信息供给者，向 AIC 输送原始信息的上市公司；三是信息使用者。其中，AIC 包括：（1）大型数据库，它被看作一个"信息超市"，供给方提供尽可能的"商品"，需求方可在超市中自由选择，搭配出想要的组合；（2）模块化了的会计程序，这一程序已经编制储存在信息系统中；（3）报告生成器，它是信息供给方与信息需求方交流的友好界面，通过生成器信息使用者可以选择已存在的各类报告或自行选择搭配生成互动式报告。

按需报告模式（肖泽忠，2000）。它是"大规模按顾客需求组织生产"思想在财务报告的应用，旨在通过采用 IT 提供的按需编制的公司报告来满足不同使用者多样化的信息需求，要求财务报告系统具有充分的灵活性，并允许报告单位与使用者之间相互沟通。

多层界面报告模式（张天西等，2003）。它构想通用报告具有多个功能层面，基本思想是以现行的通用财务报告为第一层，以信息组件为第二层，以信息元素为第三层。可进行逐层相互链接，使电子财务报告具有了伸缩性和扩展性，从平面报告过渡到立体的三维报告模式。

围绕标准报告的按需报告模式（延森、肖泽忠，2004）。它以通用财务报告为基准，保持了信息的可靠性、可比性，以满足使用者共同信息需求，而附加的按需报告则满足使用者的不同信息需求。

需求决定模式（李端生、续慧泓，2004）。它构想将传统财务报告信息处理和生成过程的数据采集、数据加工和信息生成与报告三个环节的全部权限交给信息使用者，由信息使用者掌握加工规则的制定与维护。

柔性报告模式（潘琰、林琳，2007）。它综合应用 XBRL 和 Web 服务等前沿技术，提出将 XBRL 应用由报告编制环节向前推至企业内部数据生成阶段，直指交易起点，并向后延伸至用户终端，形成完整的基于 X – W 服务的公司报告供应链。

双重计量模式（葛家澍等，2010）。它构想同时采用历史成本和公允价值两种属性进行计量，形成三栏式财务报告，将传统以历史成本为主的财务报告变革为历史成本与公允价值二者结合的新的财务报告。

智能化财务报告模式（任海芝、邵良杉，2011）。它构想利用数据挖掘技术体现需求差异的个性化，全面提供财务和非财务信息，广泛应用数据库技术，注重未来信息的预测智能化。

2. 国外有关公司报告模式改革的主要构想

事项报告模式（Sorter，1969）。事项报告模式指出在不了解信息使用者的需求和决策模型的情况下，由会计专业人员综合财务数据向投资者报告财务信息未必能够符合投资者的要求，主张数据综合的任务应该交给信息使用者，因此强调披露企业经济事项的细节，而不是综合的财务数据。约翰逊（Johnson，1970）、利伯曼和惠斯顿（Lieberman and Whinston，1975）、本巴斯特和德克斯特（Benbasat and Dexter，1979）等对此进行了进一步的研究。

数据库报告模式（Colantoni et al.，1971）。艾维斯特和韦伯（Everest and Weber，1977）认为，数据库报告模式是着重于储存和维护公司经营与管理过程"最原始的数据"。它提供一个开放数据库，便于信息使用者从中提取不同明细程度的数据，根据自己设定的决策模型去获取所需要的有用信息，以防止信息过量。

REA 会计模式（McCarthy，1979，1982）。REA 会计模式认为资源（resources）、事项（events）和参与方（agents）是经济业务的三个要素。REA 会计模式属于数据库会计模式的延续，旨在对企业的资源、事件、参与者及其相互关系建模，把一切企业经营事项相关的内容，按实际语义而非人为加工的分录形式输入数据库集中存储，并按用户视图提供各种信息。

色彩报告模式（Wallman，1996，1997）。该模式认为现行财务报告模式基于单一的确认标准，非黑即白，处理方法过于简单。因此，把 FASB 第 5 号概念公告所确定的四项确认标准逐项加以考虑，同时把相关性列为不可缺少的有用性来建立五个层面的色彩报告。

三级公司报告模式（Dipiazza and Eccles，2002）。该模式提出一个公司透明度三级模式，即基于全球公认会计原则、行业为基础的标准、公司报告的具体信息。公司向信息使用者提供全面分析。

分层报告模式（Beattie，2000）。该模式结合企业信息保密问题和向不同类型用户预订打包信息的方法，提出包含财务报表功能软件包；公司数据库信息被分层；外部的使用者可以获得公司数据库的非涉密信息资料；使用模版包装信息向不同的用户提供不同类型的信息。

增强型报告模式（AICPA，2003）。该模式旨在改进企业报告信息的质量和透明度，增强型报告（enhance business reporting，EBR）模式包括四个类别的财务报告信息，即商业前景、战略、竞争力和资源与业务表现。通过综合披露上述信息，更好向外界展示公司的形象。

统一报告模式（Eccles and Krzus，2010）[①]。该模式构想制作一份将一家公司年度报告中的财务及叙述性信息与该公司的社会责任报告或可持续发展报告中的非财务（如环境及公司治理问题）及叙述性信息整合起来的一份统一的报告。统一报告提供一个概念平台，这个平台在公司网站技术平台的辅助下可以并且也应当向公司的众多利益相关者提供更加详细的信息。

数字统一报告模式（Seele，2016）。该模式将财务和非财务披露内容集中在一个文档中，利用基于 XBRL 的数据分类法和存储库向监管者和投资者提交财务报告。该报告有一个公共数据存储库，因此可以直接从公共数据源实时获取报告数据。

主题链接模式（Chou et al.，2018）。该模式是基于链接分析和主题映射概念，将特定决策主题信息集成到以 XBRL 为格式的财务报告中，允许财务报表的用户和编制者获取通用链接库集成的以主题为中心的信息。

3. 公司报告模式改革的主要构想

在葛家澍和杜兴强（2004）、杨海峰（2009）等对公司报告模式改革构想进行归纳的基础上，笔者进一步补充整理，结果如表 2 - 2 所示。

表 2 - 2　　　　　　　　　　公司报告模式改革主要构想

报告模式 改革构想	学者（或机构） 及时间	报告模式改革构想的主要内容
经济事项报告 模式	索特 （Sorter，1969）	强调披露企业经济事项的细节，而不是综合的财务数据。提出在不了解信息使用者的需求和决策模型的情况下，主张数综合的任务应该交给信息使用者

---

① 艾博思和克鲁斯（2010）提出的统一报告有两层含义：狭义含义是指一份单一的纸质文档，或 PDF 格式的电子版本；广义含义是指以一种可以显示内在关系的方式来报告财务与非财务信息，如企业社会责任、可持续发展和企业公民精神等。

续表

报告模式改革构想	学者（或机构）及时间	报告模式改革构想的主要内容
数据库报告模式	克兰东尼等（Colantoni et al.，1971）	提供公司的财务数据库，以便信息使用者从中提取不同明细程度的数据，数据库会计模式着重于储存和维护"最原始的数据"
REA 报告模式	麦卡锡（McCarthy，1979，1982）	旨在对企业的资源、事件、参与者及其相互关系建模，把一切与经营事项相关的内容，按实际语义而非人为加工的分录形式输入数据库中存储，并按用户视图提供各种信息
大众传播报告模式	肖泽忠（1996）	把财务报告看成一种大众传播活动，更多地考虑信息使用者的需求
色彩报告模式	沃尔曼（Wallman，1996，1997）	认为通用财务报告模式基于单一的确认标准，"非黑即白模式"的处理方法过于简单，把 FASB 第 5 号概念公告所确定的四项确认标准逐项加以考虑，建立五个层面的色彩报告模式
按需报告模式	肖泽忠（2000）	是"大规模按顾客需要组织生产"思想在财务报告中的应用，满足不同使用者多样化的信息需求，财务报告具有充分的灵活性，并允许报告单位与使用者之间相互沟通
会计频道模式	薛云奎（1999）	建立会计频道是会计在信息集成化环境中实现自我的重要途径。用多元化频道来满足不同用户的需求是一种理想的呈报思想
分层报告模式	贝蒂（Beattie，2000）	结合企业信息保密问题和向不同类型用户预订打包信息的方法
互动式报告模式	徐国君和张丰艺（2000）	旨在通过提供互动式财务报告协调供需双方利益，弱化供需矛盾，达到供需平衡
三级公司报告模式	迪佩萨（Dipiazza，2002）	旨在提出一个公司透明度三级模式。基于全球公认会计原则、行业为基础的标准、公司报告的具体信息。公司向信息使用者提供全面分析
多层报告模式	张天西（2003）	使报告具有多层功能展开。以现行通用财务报告为第一层界面，以信息组件为第二层界面，以信息元素为第三层界面。信息元素是可以为决策提供有用信息的最小单位
增强型报告模式	AICPA（2003）	EBR 旨在改进企业报告信息的质量和透明度，其框架分为四个类别的财务报告信息，这些类别包括商业前景、战略、竞争力和资源与业务表现

报告模式 改革构想	学者（或机构） 及时间	报告模式改革构想的主要内容
按需报告模式 （围绕标准报告）	延森和 肖泽忠（2004）	以通用报告为基准，保持信息的可靠性、可比性，以满足使用者共同信息需求，而附加的按需报告则满足使用者的不同信息需求
需求决定模式	李端生、 续慧泓（2004）	旨在实现信息处理环节权限的重新分配，将数据加工和信息生成与报告的权限完全交给信息使用者，数据加工过程和加工规则的分离，由信息使用者掌握加工规则的制定与维护
柔性报告模式	潘琰、林琳 （2007）	综合应用 XBRL 和 Web 服务等前沿技术，构建一个 X - W 柔性按需报告模式的理论框架。提出将 XBRL 拓展应用至公司报告供应链全程的技术方案
统一报告模式	艾克尔斯和克劳斯 （Eccles and Krzus，2010）	将公司年度报告中的财务及叙述性信息与该公司的社会责任报告或可持续发展报告中的非财务（如环境及公司治理问题）及叙述性信息整合起来的一份统一的报告
决策驱动报告 模式	张加乐 （2010）	把信息使用者的需求确定为决策需求，把满足财务报告信息使用者的需求体现为对使用者决策的直接支持，把信息使用者的决策需求表示为可定义的决策模型，也可叫"决策模型驱动"报告模式
双重计量模式	葛家澍等 （2010）	同时采用历史成本和公允价值两种属性进行计量，形成三栏式财务报告，将传统以历史成本为主的财务报告变革为历史成本与公允价值二者结合的新的财务报告
智能化财务报告 模式	任海芝和 邵良杉（2011）	利用数据挖掘技术，体现需求差异的个性化，全面提供财务和非财务信息，广泛应用数据库技术，注重未来信息的预测智能化
数字统一报告 模式	西尔（Seele， 2016）	通过可持续发展报告和利用 XBRL 标准建立的基于统一数据的 XBRL 综合报告
主题链接模式	周等 （Chou et al.， 2018）	基于链接分析和主题映射概念，将特定决策主题信息集成到以 XBRL 为格式的财务报告中，允许 XBRL 格式财务报表的用户和编制者获取通用链接库集成的以主题为中心的信息

2.2　相关研究文献评述

国内外学者或研究机构从不同视角讨论通用财务报告模式的改革，这些研究成果为进一步探讨提供了有益的借鉴，现有报告模式改革构想的不足之处主要表现为以下八个方面。

2.2.1 倾向急剧式改革公司报告模式

急剧式改革观点认为需要立即采取全新的报告模式替代 GR 模式。虽然 GR 模式改革不可避免，但是目前尚无一种新的财务报告模式能直接取代它。急剧改革将会导致证券市场信息供求关系突变与混乱，因此报告模式改革应当有序推进。延森和肖泽忠（2004）认为使用者的信息需求多样化并不排除他们有一些共同的信息需求。另外，某些财务信息的需求至少在短期内是稳定的。因此，公司财务报告改革的任务并不是全盘抛弃通用财务报告，而是设计一种机制，使之能满足共同的和不同的、稳定的和变化的、已知的和未知的信息需求。现行财务报告模式改革构想在理论上或技术上可行，在实务中未必就能立即得到应用，因为它涉及方方面面的利益博弈。"急剧式"改革多由会计学术界支持与赞成，而会计实务界、准则机构往往比较温和，采取截然不同于学术界的做法，即渐进式改进（葛家澍、杜兴强，2004b；Jones and Xiao，2004）。通过运用新型信息技术手段、新的会计理论等对 GR 模式进行"量变最终达到质变"的改革更为可行与稳妥，因此逐步改革 GR 模式有利于证券市场的平稳发展。

2.2.2 报告模式改革的基础理论探讨不足

现有公司报告模式改革更多关注运用现代信息技术克服 GR 模式局限性的可行性讨论，如扩展报告内容、提升报告及时性、编制个性化报告等方面的问题。然而公司报告模式改革并不仅仅只是运用信息技术手段克服 GR 模式不足的技术可行性问题，更涉及证券市场信息披露制度改革，公司与其利益相关者之间的利益博弈问题。GR 模式源于工业经济时代并得到不断的演进，由此形成的资产、成本、利润等概念在资本市场中得到普遍认可，会计按照有关法律法规进行确认得到普遍的接受。GR 模式是证券市场各方长期博弈的结果，具有相对的稳定性。因此，不仅要加强公司报告模式改革的技术可行性讨论，也要加强现行公司报告模式改革的基础理论研究。

2.2.3　对投资者的财务专业知识要求较高

以投资者信息需求为中心的报告模式改革，凸显信息使用者的个性需求。主要借鉴事项会计理论观点：会计是为各种可能的决策模型提供相关的经济事项信息，会计人员可能对决策者如何使用信息一无所知，应由使用者自己从公司的财务数据中加工对决策有用的信息。因此，会计仅向信息使用者提供一种"最原始的财务数据资料"，而对财务数据的加工归集、提取决策有用信息的任务由使用者自行完成。此类公司报告模式改革对投资者的专业知识提出了较高的要求，对不具备一定财务专业知识的投资者而言，面对大量最原始财务数据资料，仅仅依靠投资者自己的财务专业知识进行加工归集、提取决策有用信息的做法，实际上可能会让投资者无所适从。

2.2.4　基于 XBRL 的财务报告模式研究有待深入

许多学者已经认识到了 XBRL 在改进财务报告方面的重要作用。鉴于 XBRL 所具备的异构平台数据交换、数据自动搜索等为财务报告提供新的技术，综合应用 XBRL 和 Web 服务等前沿技术，从财务报告供应链角度进行全程设计，思考报告模式改革，有助于改进财务信息质量。虽然已提出了基于 XBRL 的按需报告柔性化模式，但是该模式更多体现的是被动信息服务的理念，借助 IT 手段从公司财务数据库中按需"提取"财务报告，因此 XBRL 财务报告研究需要进一步深入。

2.2.5　缺乏报告模式改革所需的技术可行性验证

迄今为止提出的公司报告模式改革构想主要利用 IT 在收集、处理、传输与存储信息等方面的优势改革通用财务报告模式的不足，因此需要把握 IT 前沿知识，进行多学科知识的综合集成研究。现有的公司报告模式改革构想的可行性研究缺少结合最新信息技术发展，如大数据、智能化、移动互联网和云计算等技术及其综合集成，提出报告模式改革的解决方案。因此所提出的报告模式改革构想更多是一种理念或逻辑框架，鲜见提供报告模式改革所需的技术可行性验证。

2.2.6　过度从信息需求视角探讨模式改革

鉴于通用报告难以满足投资者个性化的信息需求，现有报告模式改革构想或多或少受到事项会计的启发，要求公司尽可能向投资者提供足够详细的事项信息。虽然从技术上讲通过互联网提供完整详细的公司原始数据具备可行性，但是有些数据会涉及公司的商业机密，要求公司全面提供这些数据难以得到公司的支持。过度从信息需求视角探讨报告模式改革缺乏对公司提供财务报告的成本效益、风险因素、法律制约、市场惯例、商业机密与网络财务信息安全等因素的综合考虑。公司报告模式改革既要考虑投资者利益也要考虑公司利益，体现各方利益诉求的报告模式改革能更好促进证券市场公司信息披露帕累托改进。

2.2.7　缺乏供求双方合作互利的报告理念

证券市场信息供求关系是矛盾的统一体，现有的报告模式改革构想主要体现供求双方对立的一面，更多体现公司被动的信息服务。信息供求关系的和谐是证券市场平稳发展与高效运行的基础。在证券市场，委托代理双方利益存在矛盾，同时双方也存在合作共生的关系，针对投资者可能需要主动的个性化关怀，通过IT手段主动适时向投资者"发送"满足其个性化需求的信息（如公司前瞻信息、财务风险信息等），有利于加强投资者关系管理，提升公司市场竞争力。

2.2.8　缺乏对公司财务风险监控机制的探讨

财务风险信息是用户决策重要的参考内容之一。然而现有公司报告模式改革并没有充分利用IT优势实现公司报告财务风险的监控功能。因此，拓展公司报告的功能，通过构建公司财务异常信息的监控机制，采用IDM技术发现蕴含在公司财务数据中对投资者决策有用的信息，及时主动向用户提供财务风险信息是公司报告模式改革的重要方面。公司财务实时监控并及时进行风险预警有利于用户规避财务风险，更好地保护投资者的利益。

2.3　本章小结

　　本章对 GR 模式的局限性进行归纳。对 GR 模式改革构想的国内外相关研究文献进行了梳理与评述，主要包括：在网络环境下运用网站扩展公司 VID，克服 GR 模式的内容不足；运用互联网提升信息披露时效性，克服 GR 模式定期信息披露及时性的不足；基于互联网进行公司与投资者之间信息交流互动，克服 GR 模式无法满足用户个性化信息需求的不足。讨论 XBRL 统一规范财务信息对公司报告模式改革的影响，以及国内外运用 XBRL 对公司报告模式进行改革的研究状况。讨论网络财务报告在增加自愿信息披露、提高时效性、满足用户个性需求等方面的优势。分别就国内外学者与专业机构提出的公司报告模式改革构想进行归纳总结，并对现有公司报告改革构想进行评述。

第3章

AR 模式的基本理论

上市公司所有权与经营权分离产生委托代理问题。与投资者比较，代理人作为公司的管理者必然拥有公司信息的优势。证券市场为降低委托代理双方的信息不对称程度，防止代理人利用信息优势产生机会主义行为，要求上市公司依法依规披露公司信息。GR 模式就是上市公司进行信息披露的制度安排。从受托责任观的角度，通用财务报告实现代理人受托责任的解脱，公司为什么还要进一步向证券市场披露更多的信息呢？第 2 章指出，虽然通用财务报告在一定程度上降低了公司与投资者之间的信息不对称程度，但是知识经济时代 GR 模式难以有效发挥公司与投资者之间信息沟通的桥梁作用，及时反映公司价值的变化，造成证券市场资源配置的低效率。因此，业绩良好的公司就有动力主动自愿通过进一步信息披露表明公司的投资价值来吸引投资者。公司报告模式改革的目的应当是有助于降低公司与投资者之间的信息不对称程度，提高证券市场资源配置效率。本章从积极代理理论、信息寻租理论与信号传递的动态博弈理论视角分析 AR 模式的基本理论问题。

3.1 积极代理理论

证券市场一方面为上市公司提供融资，另一方面为投资者提供投资机会。在公司经营成果分享与经营风险分担上，公司与投资者之间此消彼长，构成矛盾的统一体。由于公司股权分散，公司所有者（投资者）通常不参与公司的日常经营管理，与所有者比较，公司代理人对公司的经营状况更加了解，造成委托代理双方信息不对称。如果公司所有者不了解公司经营过程的有关信息，就无法对公司代理人进行有效监督，代理人利用信息优势采取机会主义行动的几率增加。委托代理双方信息不对称增加了所有者与代理人之间订立契约的成本。公司信息披露有助于降低委托代理双方的信息不对称程度。从委托人角度看，通用财务报告如同公司年度经营状况的事后总结，反映的是代理人前期经营业绩，难以做到对代理人消极代理与机会主义倾向的事中监督及事前防范。换句话说，所有者有理由担心在信息不对称的情况下，代理人在公司经营管理过程中更多是考虑个人利益的实现，即会利用其拥有的信息优势采取机会主义行为来损害所有者的利益。因此，所有者要求代理人能够充分及时报告公司经营过程的业绩与风险等信息，以便对代理人经营过程进行及时评价与监督。代理人要让委托人相信其在公司经营管理过程中会"履职尽责"而不会采取"机会主义"行为，积极主动向所有者披露公司信息是消除其疑虑的关键。张纯和吕伟（2007）指出，主动信息披露是解决信息不对称的有效方法。实际上，越来越多的公司意识到与投资者建立良好关系才能得到信任，而投资者的信任是公司宝贵的战略资源和无形资产。虽然公司与投资者利益存在矛盾，但是双方可以通过合作达到互利。延森和麦克林（Jensen and Meckling，1976）、法马（Fama，1980）指出，积极代理理论强调公司与投资者（含其他利益相关者）合作的重要性，揭示在证券市场激烈的竞争中公司与投资者之间合作的价值。

积极代理是以代理人的诚信为基础。证券市场公司披露"好消息"对代理人有利，披露"坏消息"对代理人不利，因此代理人就有主动积极披露公司"好消息"、减少或避免披露公司"坏消息"，以达到吸引投资者投资的目的。换句话说，代理人在信息披露上具有"报喜不报忧"的先天倾向。然而公司经营管理过程存在风险与波动是常态，只披露好消息而不披露坏消息的上市公司虽然能够阶段性迎合投资者，但是会引起理性投资者猜疑，从而降低投资者对公司的信任度。实际上，虽然投资者不愿意看到其投资公司的坏消息，但是其更担心的是公司隐瞒真相欺骗投资者。公司及时、充分、可靠的信息披露会使投资者了解公司价值与真实经营状况，更能够获得投资者的信任，促进委托代理之间建立良好关系。也就是说，代理人对投资者利益与风险越主动关切，越能获得投资者的信任，从而得到投资者更多的理解与支持。因此 AR 模式能更好体现代理人积极代理，增进委托代理之间的互信，增加双方合作的概率。

3.1.1 提升公司价值

AR 模式能够向外界有效传递信息，可以增加利益相关者对公司的了解，减少外界对公司经营状况与发展潜力误判的概率。证券市场公司不主动及时进行信息披露，往往会被外界认为公司业绩不佳而不愿意进行信息披露，这会导致公司股票下跌的压力增加。希利和帕利普（Healy and Palepu，2001）研究表明，有较多信息披露的公司也有较高的公众负债率，VID 降低了公司与投资者信息不对称程度，促进了投资者的理性选择。

席尔瓦和阿尔维斯（Silva and Alves，2004）通过构建 VID 指标来衡量公司信息披露程度，以托宾 Q 值计量公司价值，对拉美三个不同国家上市公司的信息披露状况和公司价值之间的关系进行实证研究，发现二者间存在显著的正相关性。即公司的信息披露程度越高，公司价值越高，并且这种相关性要受到公司所处行业和公司规模的影响。默顿（Merton，1987）研究表明，在其他情况相同的条件下，公司可通过自愿性呈报使证券市场更加了解公司，增加公司的透明度，进而增进公司的价值。王雄元（2008）借鉴不完全信息条件下资本市场均衡模型和公司治理成本关系模型，论述透明度与公司价值的关联性，分析表明较高的信息透明度能够促使公司价值提升。周中胜和陈汉文（2008）指出，高透明度的会计信息可以降低资本市场的信息不对称和投资者的预期风险，引导投资者进行价值判断和理性决策，从而实现资源的优化配置。杨德明（2009）指出，提高信息披露的质量，提高投资者信息解读能力，将有利于提高市场有效性。中小投资者往往缺乏足够的时间、精力和能力去全面收集和研究公司信息，AR 模式采用推送信息方式从而节约投资者信息搜寻成本，提升信息披露的及时性与用户获取信息的均衡性。AR 模式及时与充分的信息披露，提高了公司信息披露的水平，增加了投资者对公司的理解，达到更好"教育"投资者的目的。因此它能够提升投资者对公司价值的认同度，增加投资者对公司的心理安全感，从而提升公司的价值。

3.1.2 降低筹资成本

证券市场不断发展为投资者提供越来越多的投资机会，上市公司为融资进行的竞争强度不断增加。希利和帕利普（2001）指出，上市公司之间为了争夺投资者的资金，有动机自愿向投资群体提供财务信息，因为 VID 具有降低资本成本的经济后果。在复杂多变的市场环境中，投资充满风险与不确定因素，如果投资者无法及时获得公司经营管理过程的信息、缺乏知情权，会降低对公司的信任，要求公司更高的投资回报率，从而增加公司的筹资成本。如果公司能够及时披露可靠的经营管理信息，能够帮助投资者理解公司的发展前景，将被认为能降低投资风险。换言之，增加公司的信息披露减少了投资者对公司前景判断的不确定性，也就意味着投资者对公司前景可预见性增加。投资行为理论表明，理性投资者在相同收益情况下会选择较低风险的投资；在相同风险情况下会选择较高收益的投资。AR 模式能够增加公司信息披露，灵活向投资者展示公司经营能力与成果，及时与充分的信息披露增加投资者对公司价值的了解，减少投资者对公司发展前景判断的不确定性，降低投资风险，投资者随之降低对公司投资回报风险补偿要求，从而达到降低筹资成本的目的。这一过程如图 3－1 所示。

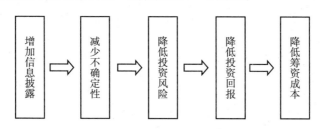

图 3－1　AR 模式与筹资成本之间关系

汪炜和蒋高峰（2004）实证分析表明，增加公司信息披露和信息透明度有利于降低资本成本。宋献中（2006）指出，如果企业能够揭示未来持续发展更有意义的核心能力信息，向外界展示其竞争优势，就能够在信息披露方面树立很好的声誉，那么企业筹集资本的能力就会提高，成本就会降低。曾颖和陆正飞（2006）从信息披露水平与再融资成本角度出发分析了信息披露质量与股权融资成本的负向相关关系。博托桑（Botosan，1997）提供了公司透明度与资本成本之间存在负相关关系的直接证据，认为公司披露水平持续、稳定的提高有助于公司股票的流动性，降低资本成本。为了更有效地筹集资本，更好地维护公司与投资者之间的良好关系，并向投资者阐述和解释公司的投资潜力，公司会有意识地主动向投资者披露公司信息。AR 模式可以及时传递公司经营业绩、经营风险与发展前景等信息，从而降低公司与投资者之间的信息不对称程度，也就降低了融资成本。

3.1.3 减少法律诉讼

公司发布好消息具有吸引投资者、提高公司声誉、降低筹资成本等作用，若无强制性要求，公司只会披露对其有利的信息，而隐匿对其不利的信息。同时，为吸引投资者，公司也倾向于乐观分析自身发展机会与前景、竞争优势等信息，甚至披露虚假信息误导投资者，从而导致严重的诚信危机。陈向民和陈斌（2002）研究表明，披露时间较晚的公告一般比披露时间较早的公告有相对较弱的市场反应，但由于投资者对坏消息的反映总是比对好消息的反应强烈，公司有延迟披露坏消息和及早披露好消息的倾向。戴伊（Dye，2001）研究发现，如果没有法律诉讼，公司只会披露对自己有利的信息而不会披露对自己不利的信息。如果公司报告造假或披露虚假信息的成本（受到处罚付出的代价）低于其可能获得的收益，公司仍然会选择提供虚假的财务报告或披露虚假信息。因此，应当依法严惩上市公司发布虚假财务报告或虚假信息的行为，保护投资者利益。AR模式及时将公司风险告知投资者，可以降低公司被法律诉讼的可能性。

法律诉讼会给公司带来许多负面影响，如分散代理人从事生产经营与管理的精力、增加律师代理费用、降低甚至破坏公司和代理人的声誉等。当公司盈余大大低于投资者预期时，公司的法律诉讼风险增加，此时公司就有动机采取措施降低法律风险。斯金纳（Skinner，1994）研究表明，公司在盈利公告前具有自愿性披露坏消息的动机，如抢先采取措施自愿发布盈余预警，能有效降低法律诉讼的可能，采用这一策略有助于降低诉讼成本。卡斯尼克和列弗（Kasznik and Lev，1995）研究表明，高科技行业或规模大的公司为避免诉讼，具有自愿性呈报的倾向。因此，诉讼成本的存在可能成为公司自愿性呈报的动力之一。巴金斯基等（Baginski et al.，1994）指出，管理者可能也有动机去披露不利信息以避免法律诉讼。虽然公司事先披露坏消息无法完全避免诉讼，但是AR模式可减少投资者风险，降低经济损失与诉讼费用，有助于维护公司的声誉。AR模式及时与充分披露公司信息使得内幕信息与虚假信息产生受到一定的制约，有助于投资者保护。

AR模式信息披露能够及时、充分地向用户反映公司的价值与经营状况。也就是说它能够"全面披露公司好消息与坏消息"。实际上，知识经济时代信息资讯十分发达，如果公司不披露坏消息的情况被分析师或投资者从其他渠道获得，则会对公司产生更大的负面影响。投资者与其他利益相关者等一旦发现公司故意延期（或隐瞒）披露公司不利消息，就会出现"用脚投票"或用法律保护自己的权利，这将会让公司付出更大的代价。

AR 模式基于 XBRL 实现公司财务信息标准化，财务数据便于用户再利用。公司财务数据具备可追溯性特征，投资者或分析师能够高效使用智能软件对公司财务报告的数据进行分析，从中可以判断公司财务数据是否真实可靠，这样公司不披露坏消息或进行财务造假被发现的概率增加。也就是说，AR 模式使得代理人在信息披露上隐瞒负面信息、造假欺骗投资者被发现的风险增加。通过建立健全信息披露制度，加强对信息披露事中和事后监管，加大对信息披露违法行为的处罚力度，加大经营者的声誉惩处成本，促进经营者自我声誉的建设和维护，营造一个制约机会主义行为的市场环境，从而减少经营者的机会主义行为。积极代理理论表明，以公司利益最大化为目标的积极代理能够达到提升公司价值、降低融资成本、减少法律诉讼等作用，因而积极代理理论成为 AR 模式的基本理论之一。

3.2　信息租金理论

3.2.1　信息不对称

若代理人与投资者的信息是完全对称的，在这种情况下投资者完全了解公司状况，就能够作出理性的选择，此时证券市场能够有效进行资源配置，股票价格能够反映公司价值。换句话说，在信息对称的条件下，股票价格与公司价值之间的变化能够表现为"高股价对应高价值"与"低股价对应低价值"，而不会出现"低股价对应高价值"与"高股价对应低价值"的情形。与投资者比较，代理人当然拥有公司经营状况与发展战略等方面的信息优势，双方信息不对称是必然的。阿克洛夫（Akerlof，1970）指出，信息不对称会导致逆向选择①与道德风险②的产生。逆向选择降低证券市场资源

---

① 逆向选择源于事前的（ex ante）信息不对称。
② 道德风险源于事后的（ex post）信息不对称。

配置的效率，为此证券管理部门要求上市公司依法依规进行信息披露，以降低公司与投资者之间的信息不对称程度，提升证券市场的资源配置效率。GR 模式就是工业经济时代为了证券市场降低信息不对称所采取的强制信息披露的制度安排，然而知识经济时代这一模式无法有效地解决证券市场信息不对称问题。

假设证券市场公司类型 θ 仅有 H 型与 L 型两类，其中，H 型公司表示业绩好且投资收益高的优质资产公司，V_H、ξ_H 分别表示 H 型公司价值与股价；L 型公司表示业绩差且投资收益低的劣质资产公司，V_L、ξ_L 分别表示 L 型公司价值与股价。在信息对称的情况下，投资者会以高股价购买 H 型公司股票，低股价购买 L 型公司股票。在信息不对称情况下，投资者无法对公司价值作出正确的判断。若投资者以低股价购买 H 型公司的股票，则 H 型公司价值被低估，投资者的收益高于预期；若投资者以高股价购买 L 型公司股票，则 L 型公司价值被高估，投资者的收益低于预期。

若投资者对证券市场 H 型公司与 L 型公司总体分布的先验概率为 $p(\theta = H) = \beta$，$p(\theta = L) = 1 - \beta$，$\beta \in [0, 1]$。基于投资收益最大化原则，在信息不对称的条件下，公司没有向证券市场发出增进类型显示的信息，投资者难以判别公司类型 θ，此时投资者对所有公司股票只愿意支付平均股票价格 $\bar{\xi} = \beta \xi_H + (1 - \beta) \xi_L$，满足 $\xi_L \leqslant \bar{\xi} \leqslant \xi_H$。那么 H 型公司价值被低估，L 型公司价值被高估，即 $V_L \leqslant \bar{V} \leqslant V_H$。这将导致证券市场 H 型公司股票份额逐步减少，L 型公司股票份额逐步增加，即 $\beta \to 0$，$1 - \beta \to 1$，最终 L 型公司的股票成为证券市场主体。信息不对称会使 L 型公司受益，H 型公司受损，造成证券市场"劣币驱逐良币"的局面，由此出现"柠檬市场"[①] 效应。"柠檬市场"会使绩优公司的市场价值被低估，长期持续会导致 H 型公司退出证券市场。为了避免公司价值被低估，业绩良好的公司就有意向在证券市场上通过一定的信号显示，表明其具有与众不同的特点与竞争优势，以期获得投资者的青睐。希利和帕利普（2001）指出，由于外部投资者与经理层之间的

---

① 柠檬市场也称次品市场。柠檬市场是指在信息不对称的市场条件下，卖方对商品的质量拥有比买方更多的信息，买方并不知道商品的真正价值，只愿意通过市场上的平均价格来判断商品的平均质量，因此也只愿意付出平均价格。这样提供好商品的卖方自然就要吃亏，提供坏商品的卖方反而得益。于是好商品便会逐步退出市场，久而久之，整个市场的商品质量不断下降，最后坏商品会逐渐占领市场。

信息不对称，可能导致"柠檬市场"效应，业绩良好的上市公司为避免出现价值被低估，就会提高信息披露水平，以强化与外部投资者的信息沟通。可见，向资本市场有效传递公司信息是解决信息不对称和逆向选择问题的关键。证券市场信息不对称引发逆向选择，格罗斯曼和哈特（Grossman and Hart，1980）认为逆向选择不利于公司资产估值，潜在的理性买者会对资产进行打折，如果没有相应的修正机制，就会形成"柠檬市场"效应。若业绩良好的公司采用 GR 模式难以充分、实时、有效地向投资者披露信息以显示公司价值，则会寻求其他信息披露方式降低与投资者之间的信息不对称程度。AR 模式增强公司与外部投资者的信息沟通，其目的是将公司信息充分及时传递给投资者，使投资者了解公司价值、竞争优势与投资风险，看好公司前景并作出投资决策。因此，AR 模式信息披露会成为绩优公司的理性选择。

3.2.2　信息寻租与租金

证券市场是一个信息市场，信息是其资源配置的核心要素。与外部投资者相比，代理人拥有公司的信息优势。与中小投资者相比，控股股东、机构投资者也拥有公司的信息优势。证券市场代理人与投资者之间信息不对称、投资者与投资者之间信息不对称为信息寻租提供了必要条件。安德森等（Anderson et al.，1988）认为，传统的寻租含义更强调寻租对社会经济造成的损失，追求个人利益而对社会经济增长无益的负面性。这是在假定市场制度具有有效的自动调节、自我完善功能的条件下，人为寻租阻碍经济增长。实际上证券市场现有的信息披露制度并不完善，代理人信息寻租未必都无益于社会经济增长。GR 模式无法及时与有效向投资者传递公司信息，导致证券市场资源配置的低效率。有鉴于此，绩优公司为了避免价值被低估，就有积极性自愿向证券市场披露信息以显示其价值，寻求资本更合理的流向，此时代理人进行信息寻租就具有提升证券市场资本配置效率的作用。换句话说，绩优公司利用自身信息优势进行的信息寻租增加了证券市场信息供给，使投资者更好理解公司价值，避免或降低投资风险，也就降低了对绩优公司投资的风险补偿要求，从而降低公司在证券市场上的筹资成本。可见，代理人为克服现行信息披露制度的局限性，利用私人信息进行寻租，能够改善证券市场的资源配置效率，从而提高整个社会经济效益，对促进经济发展有着积极的一面。

拥有信息之所以能成为一种信息权利，是因为信息租金的存在（王雄元，2008）。现代公司经营权与所有权两权分离，代理人是公司的经营管理者，必然拥有公司信息的绝对优势。以信息为核心要素的证券市场，信息的分布状况直接影响各个参与方的权力分配。阿吉翁和蒂罗尔（Aghion and Tirole，1997）认为信息是权力的来源，具有信息优势的个人掌握着实际有效的权力。投资者对公司的经营状况和公司未来价值判断受到公司信息的直接影响，因此代理人的私人信息对投资者的决策具有重要参考价值。张维迎（2001）指出，在资本市场，有私人信息的人必然享有一定的信息租金，不让他们享有信息租金，就有可能促使他们逆向选择并降低整个社会的福利。信息不对称使得代理人能够利用其拥有的信息优势损害委托人的利益，产生道德风险。格罗斯曼和哈特（1983）认为，代理人利用所拥有的信息资源优势获得信息租金，能够改进证券市场的资源配置效率。曹和平和翁翕（2005）认为，信息的不可剥夺性和私密性使得信息在合约供需过程中具有寻租的特质。同时，证券市场中公司信息在投资者之间分布不均匀，投资者之间也存在信息不对称，这也使具有信息优势的投资者可以利用所拥有的信息进行寻租。如与中小投资者相比，控股股东或机构投资者拥有公司信息优势，从而具备获得信息租金的能力。

如果 GR 模式无法实现代理人利用信息优势进行信息寻租，代理人就有动机采用其他信息披露方式进行信息寻租。朱军等（2012）认为，只有高效率的代理人才能得到正的信息租金，因为代理人信息租金的减少是以配置效率的损失为代价的。王雄元（2006）指出，对信息租金的追逐是资本市场信息披露的最本质特征，不同的信息披露形式和内容就在代理人和投资者之间进行财富分配。代理人通过采用主动信息披露方式，充分发挥自身拥有的信息优势进行寻租，这种信息寻租行为对改进证券市场资本配置效率是有益的。

1. 直接信息租金

比弗（2009）认为信息能影响投资者之间的财富分配，接触财务信息能力的不同，可能导致较多信息的投资者以较少信息投资者的代价来增加他们的财富。之所以证券市场能够进行信息寻租，是因为存在信息寻租的可能性。也就是说，如果公司信息在投资者之间分布是均匀的，那么投资者之间就没有利用公司信息进行寻租的空间。因为公司信息在投资者之间的分布不均匀，所以拥有信息优势的投资者就具备直接利用信息进行寻租的条件。投资者利用信息优势获取的信息租金为直接信息租金。鉴于公司信息直接关系不同投资者之间的财富分配，对财富的追求必然导致投资者对证券市场信息的需求。伊斯利和奥哈拉（Easley and O'hara，2004）研究表明，更多相关信息的投资者获得更多投资回报。GR 模式定期信息披露造成财务信息严重滞后，报告发布之时其信息的决策参考价值不高，因此投资者无法从 GR 模式信息披露中获得信息优势。如果投资者获取通用报告以外的代理人私人信息的收益大于成本，就有动机获取代理人的私人信息并利用该信息进行寻租，获得信息租金。如投资 H 型公司的收益率会高于投资 L 型公司的收益率，投资者从代理人处获得的私人信息能够有助于识别公司类型，就能够增加投资收益，也就获得了信息租金。可见，投资者对信息租金的追逐将导致其对通用报告之外公司信息的需求。直接信息租金是投资者获取公司代理人私人信息的内在动力，是证券市场投资者追求利益的驱动力之一。

一旦信息滞后，其参考价值就会下降，甚至对决策有害无益。如不同投资者在获得公司信息的时间上并不同步，对于先获得公司信息的投资者，会按照有利于自己的方式在证券市场进行股票交易；而对于后获得这些公司信息的投资者，在进行相同股票买卖中将处于不利情形，甚至只能面对经济损失。与中小投资者比较，控股股东或机构投资者拥有信息优势，从而存在信息寻租的可能性。AR 模式通过降低证券市场投资者之间的信息不对称程度，有助于投资者更加客观地评价公司的价值，使得公司股价更加接近公司的市场价值。它使不同投资者能够更加均衡的获得公司真实的经营状况、财务风险和公司未来发展前景的信息。这意味着公司信息在投资者之间分布的时效与内容上能够更加趋同，从而使得控股股东与机构投资者信息优势的几率减少，获得直接信息租金的概率也减少。

2. 间接信息租金

代理人利用信息优势获得的信息租金称为间接信息租金。如果代理人与投资者信息对称，则不存在间接信息租金。博德里（Beaudry，1994）指出，获取代理人的私人信息要通过给予代理人某种租金的方式来实现。郭彬和张世英（2004）认为，最优激励报酬的组成部分中包含信息租金。业绩良好的公司为了使自己与业绩较差的公司区分开来，就会采取相应措施主动、实时地向外部投资者披露超出通用财务报告要求之外的、投资者所关注的、体现公司价值的经营数据、业绩指标、风险评价、前景预测与社会责任等相应信息，更好地让投资者认识公司价值与发展潜力。由此可见，在证券市场，H 型公司希望通过更多有利自身的信号传递达到与 L 型公司区分，避免公司价值被投资者低估造成的损失。互联网为信息优势一方（如公司代理人、信息中介机构等）便捷、高效且低成本的进行信息披露提供了条件，为公司代理人采用信息优势获取信息租金提供新机会。如 H 型公司可采用网站信息披露方式向投资者传递显示类型的信号。信息租金诱使上市公司的私人信息不断流动，如果代理人披露通用报告以外的公司信息的收益大于成本，其将会利用信息进行寻租。代理人获得间接信息租金可以表现为降低公司筹资成本、减少公司诉讼成本、提高公司声誉等方面。

3.2.3 报告模式与信息寻租

1. 公司信息寻租的两面性

迄今为止，学术界对寻租的概念并没有一个统一的定义，其基本含义的表述更多体现为：寻租是利己的且造成社会财富浪费的负面特性。如布坎南（Buchanan，1980）、塔洛克（Tullock，1980）认为寻租对社会造成了损失，没有给社会带来好处的情况下却使寻租的个人获得益处。虽然寻租的自利行为得到较为普遍的认可，但是寻租是否都是对社会经济等产生负面效果却不能一概而论，它取决于寻租所处的特定环境与条件。代理人的信息寻租必然有自利的一面，人们更多是讨论代理人利用自身信息优势进行自利性信息寻租的行为对证券市场资源配置产生的负面效果。之所以会有这样的观点，是因为人们此时已经假设现行的信息披露制度对证券市场资源配置是有效的，信息寻租活动反而使得证券市场资源配置的功能发生扭曲。实际上，当现有的信息披露制度本身不完善导致社会经济资源配置低效率，代理人通过信息寻租方式寻求资源更加合理的流动，这种信息寻租行为对证券市场提升资源配置效率就具有积极作用。因此，所谓代理人利用私人信息进行寻租获得自身的利益一定给社会经济造成损失的观点并没有对证券市场信息寻租的功能做全面与客观的评价。代理人利用私人信息进行寻租，虽然其本身没有表现为直接给社会带来收益，但是最终结果却改善了证券市场资金合理流动与配置效率，从而提高了资金运行的经济效果，可见，只将寻租活动简单看成阻碍经济发展的观点存在一定的局限性。当一种制度落后或僵化，无法满足时代经济发展需求时，寻求要素更加有效配置的信息寻租就具有有利于经济发展的积极作用。仲伟周和王斌（2010）指出，任何寻求降低要素流动与配置成本的寻租活动都会促进经济增长。

2. 公司信息寻租的条件

证券市场公司保持沉默往往会被认为是状况不佳，不便对外披露信息的情形。由于 VID 能够让投资者更加全面地了解公司状况，那些业绩良好的公司就有 VID 的强烈动机。公司在筹集资金或维持与投资者之间的良好关系时，也会主动自愿披露一些有利于公司经营状况或发展前瞻的信息。陈少华和葛家澍（2006）指出，只有那些业绩不好的公司才不愿意披露其业绩信息，但对资本的竞争也会迫使业绩不好的公司披露信息，因为它们同样要维持自己在资本市场中的信誉。从信息寻租视角来看，公司 VID 是为了获得信息租金，因此公司信息寻租也存在成本与收益的权衡。

陈和维克拉马辛（Chan and Wickramasinghe，2006）指出，互联网是一种新的自愿披露媒体。互联网允许公司便捷披露更多的信息，为公司低价、高效、大量的 VID 带来重要机遇，成为信息寻租的重要工具，促使公司重新考虑其披露策略。代理人的信息披露要为自己的经营战略目标服务，对信息租金的追逐将导致代理人的 VID。因此 VID 存在明显的"自我服务"意图，对间接信息租金的追逐是经营者 VID 的核心动机（王雄元，2005）。若业绩良好的公司难以利用 GR 模式进行信息寻租，则该模式之外的 VID 应是代理人权衡披露的收益与成本之后寻求信息租金的理性选择。信息不对称和信息不完备是信息披露获得租金的前提条件，但并不必然导致公司 VID 的发生，它只是充分条件，而 VID 的必要条件是存在大于披露成本的信息租金与信息权利，即获得的信息租金超过 VID 的成本时代理人才有进行自愿披露的愿望。蒂特曼和楚门（Titman and Trueman，1986）研究表明，优秀的经理人有动机通过披露较好的盈利预测来向市场表明他们的能力。采取更加有效的信息披露有助于公司向证券市场传递利好信息，能够增加公司的信息寻租能力。黛蒙德和维里克查尔（Diamond and Verrecchia，1991）研究表明，VID 会减少投资者之间的信息不对称。弗兰西斯和南达（Francis and Nanda，2008）研究表明，盈余水平高的上市公司具有更强的 VID，因此投资者对有较高自愿披露的公司更有信心。

3. 主动信息披露与寻租

工业经济时代形成的信息披露制度未必完全适用知识经济时代的证券市场信息披露。如果不对信息披露制度进行与时俱进的改革，那么生搬硬套传统的信息披露制度不利于证券市场发展。也就是说，源于工业经济时代的GR 模式在知识经济时代难以进行有效的信息传递，因此公司与利益相关者都有改革现行信息披露制度的需求。证券市场信息披露制度规定公司主体的信息披露行为，改革 GR 模式促进资本要素按照市场信号合理的流动与配置，降低资本要素自由流动的成本，提高证券市场资源配置效率是知识经济时代信息披露的必然要求。代理人寻租活动的直接目的是寻求自己的经济利益，通过提升证券市场资本要素流动与配置效率而获利，同时它也能够实现公司利益和社会经济效益同步提升。代理人的这种寻租行为一定程度上有助于促进信息披露制度的改革，对社会经济发展是有利的。

证券市场委托代理双方的信息不对称程度影响资本资源合理流动，影响证券市场资源配置效率，从而增加了公司的资本成本。基于公司利益驱使的VID 为策略性信息披露，它受公司获取信息租金的驱使，其目的是通过信息披露实现代理人的利益。王雄元（2008）指出，VID 实际上是经营者以直接信息租金换取间接信息租金的过程。当 GR 模式本身对证券市场资源配置造成低效率的时候，代理人为了能够实现信息寻租，就会寻求其他方式的信息披露以促进资金按照市场信号进行流动与配置。AR 模式通过降低公司与投资者之间的信息不对称，减少投资者逆向选择，提升资本市场配置效率，最终获得信息租金。代理人信息寻租活动的最终结果改善了证券市场资源配置效率，因此，信息租金理论成为 AR 模式的基本理论之一。

3.3　信号传递理论

3.3.1　不完全信息的动态博弈

1. 报告模式的信号传递

斯宾塞（Spence，1973）提出信号传递模型（signaling transmission model）。该模型假定代理人知道自己的类型，委托人不知道代理人的类型，代理人为了显示自己的类型会选择某种信号。代理人可以通过证券市场信号传递达到其目的。按照信号传递理论，业绩较好的公司有主动披露信息，突出自身竞争优势，避免公司价值被低估的动机。克拉克森等（Clarkson et al.，1994）指出，投资者通常将缺乏自愿披露信息作为公司业绩不好的一个信号，这促使业绩较好的公司有动机自愿披露信息。公司沉默往往被认为是不愿对外披露"坏消息"，当公司的某项信息没有及时披露时，投资者往往把它看成情况不佳。因此，为了避免被误判，业绩较好的公司有充分动力通过主动信息披露向投资者传递公司未来业绩看好的信号，以改善公司形象，突出公司在竞争中的比较优势，展示公司的核心竞争力，从而将其与那些业绩较差的公司区分开来。业绩一般的公司为避免被怀疑经营业绩不佳，也尽可能进行信息披露。巴尼奥利和沃茨（Bagnoli and Watts，2000）将信息披露问题作为几个公司的非合作动态博弈来考虑，认为在许多公司之间信息披露质量进行比较的压力下，公司因为预期其竞争对手会进行自愿性披露而提高自身信息的透明度。业绩较好的公司通过主动信息披露展示其经营佳绩，而业绩不佳的公司难以效仿自愿披露这一做法。因此与 GR 模式比较，AR 模式提升用户获得公司信息的便利性、及时性与相关性，实现更有效的信号传递，更好地满足投资者的信息需求。

2. 报告模式信号传递博弈模型

公司报告模式信号传递博弈是一种不完全信息动态博弈。张维迎（2004）认为，信号传递博弈实际上是不完全信息情况下的斯坦克尔伯格博弈。公司报告模式信号传递博弈的思路是：当发出信号时，代理人预测到投资者将根据其发出的信号修正对公司类型的判断，因而选择一个最优类型依存信号战略；同样，投资者知道公司选择的是给定类型和考虑信息效应情况下的最优战略，因此使用贝叶斯法则修正对公司类型的判断，选择利己的最优行动。博弈中有两个参与人，参与人 1（代理人或公司）为信号发送者，参与人 2（投资者）为信号接受者；参与人 1 的类型是私人信息，参与人 2 的类型是公共信息（单一类型），博弈的顺序如下：

（1）"自然"[①] 首先选择公司的类型 $\theta \in \Theta$，其中 $\Theta = \{\theta_1, \theta_2, \cdots, \theta_K\}$ 是证券市场不同类型的公司构成的类型空间，代理人知道公司所属类型 θ，但投资

---

① 博弈论中将"自然"作为"虚拟参与人"（pseudo-player）。

者不知道，投资者只知道公司属于类型 θ 的先验概率 $p(\theta)>0,\Sigma p(\theta_k)=1$。

（2）如果投资者知道公司的类型就可以对公司进行相应的投资决策。代理人选择具有显示类型的信号（报告模式），根据公司类型 θ，代理人选择发出信号 $m\in M$，这里 $M=\{m_1,m_2,\cdots,m_J\}$，是信号空间。

（3）投资者观测到公司发出的信号 m（但不是公司类型 θ），使用贝叶斯法则修正先验概率 $p(\theta)$ 得到后验概率 $\hat{p}(\theta|m)$，然后投资者选择行动 $a\in A$，这里 $A=\{a_1,a_2,\cdots,a_T\}$，是其行动空间。

（4）公司与投资者的支付函数分别记为 $V(m,a,\theta)$ 和 $\psi(m,a,\theta)$。

3. 博弈的精炼贝叶斯均衡

证券市场上市公司与投资者之间信号传递博弈的精炼贝叶斯均衡是指战略组合 $(m^*(\theta),a^*(m))$ 和后验概率 $\hat{p}(\theta|m)$ 的结合，它满足：

$$a^*(m)=\operatorname*{argmax}_a\sum_\theta\hat{p}(\theta\mid m)\psi(m,a,\theta)$$

$$m^*(\theta)=\operatorname*{argmax}_m V(m,a,\theta)$$

公司报告模式信号传递博弈模型的精炼贝叶斯均衡中的分离均衡、混同均衡为：

（1）分离均衡（separating equilibrium）。不同类型的公司以 1 的概率选择不同的信号，或者说没有任何类型的公司选择与其他类型的公司相同的信号。在分离均衡下，信号准确地揭示出公司的类型。分离均衡意味着，如果 m 是类型 θ_m 的最优选择，m 就不可能是 θ_{-m} 的最优选择，即：

$$V(m_i,a^*(m),\theta_i)>V(m_{-i},a^*(m),\theta_i)\quad i=1,2,\cdots,K$$

其中，$\theta_{-m}\in\Theta-\{\theta_m\}$，$m_{-i}\in M-\{m_i\}$

因此，投资者收到信号的后验概率是：

$$\hat{p}(\theta_i|m_j)=\begin{cases}1 & 当 i=j\\0 & 当 i\neq j\end{cases}$$

特别地，假定证券市场只有 θ_1 和 θ_2 两种类型的公司，则发送信号的分离均衡为：如果 m_1 是 θ_1 的最优选择，m_2 就不可能是 θ_1 的最优选择，并且 m_2 一定是 θ_2 的最优选择。即：

$$V(m_1,a^*(m),\theta_1)>V(m_2,a^*(m),\theta_1)$$

$$V(m_2,a^*(m),\theta_2)>V(m_1,a^*(m),\theta_2)$$

投资者收到信号的后验概率为:

$$\hat{p}(\theta_1|m_1)=1, \quad \hat{p}(\theta_1|m_2)=0$$

$$\hat{p}(\theta_2|m_1)=0, \quad \hat{p}(\theta_2|m_2)=1$$

(2) 混同均衡 (polling equilibrium)。不同类型的公司选择发送相同的信号,因此,信号的接收者 (投资者) 不修正先验概率,因为公司发送信号缺乏识别其类型的信息。若发送信号 m_j 为混同均衡,那么:

$$V(m_j,a^*(m),\theta_i) > V(m,a^*(m),\theta_i)$$

$$\hat{p}(\theta_i|m_j)=p(\theta_i) \quad i=1,2,\cdots,K$$

特别地,假定证券市场只有 θ_1 和 θ_2 两种类型公司,则发送信号的混同均衡为:

$$V(m_j,a^*(m),\theta_1) > V(m,a^*(m),\theta_1)$$

$$V(m_j,a^*(m),\theta_2) > V(m,a^*(m),\theta_2)$$

混同均衡表明公司发出的信号并没有改变投资者的先验概率,即:

$$\hat{p}(\theta_1|m_j)=p(\theta_1), \quad \hat{p}(\theta_2|m_j)=p(\theta_2)$$

3.3.2　模式差异的信号传递成本

现行报告模式下披露的会计信息,由于及时性不足,使得财务报告正式公布之前,其信息内涵就几乎被"清空"(潘琰、林琳,2007)。因此,可以假定不同公司采用 GR 模式 (以下记为"Γ^G") 信号传递成本是无差异的,若 GR 模式的信号传递成本记为 C_0,H 型公司与 L 型公司采用 Γ^G 的信号传递成本分别表示为 $C(m_H=\Gamma^G|\theta=H)$,$C(m_L=\Gamma^G|\theta=L)$,则:

$$C_0=C(m_H=\Gamma^G|\theta=H) \approx C(m_L=\Gamma^G|\theta=L)$$

AR 模式 (以下记为"Γ^A") 信息披露除了包含 Γ^G 的成本外还存在其他信号传递成本,如实时披露公司财务信息存在的风险成本。对 L 型公司而言,由于经营业绩不佳,如果采用 Γ^A 实时向投资者披露公司较差的业绩信息会影响投资者对公司的信心,从而减少了 L 型公司可能通过一段时间改善经营管理或市场环境变化带来公司经营状况好转的机会。对 H 型公司而言则不存在这一问题，H 型公司更希望通过主动披露公司信息获得竞争优势。可以认为 L 型公司采用 AR 模式进行信息披露的风险成本大大高于 H 型公司采用 AR 模式进行信息披露的风险成本，由此可见，H 型公司与 L 型公司采用 Γ^A 传递公司信息的风险成本存在显著的差异。若 H 型与 L 型公司采用 Γ^A 传递公司信息的成本分别表示为：

$$C_H = C(m_H = \Gamma^A | \theta = H) , C_L = C(m_L = \Gamma^A | \theta = L) , 则 C_0 < C_H \ll C_L$$

H 型公司采用 Γ^A 的成本增量 ΔC_H 要小于 L 型公司采用 Γ^A 的成本增量 ΔC_L。即：

$$\Delta C_H = C_H - C_0 \ll \Delta C_L = C_L - C_0$$

3.3.3 模式差异的动态博弈模型

若 V_{H1}、ξ_{H1}、V_{H2}、ξ_{H2} 分别表示 H 型公司第 t 期与 $t+1$ 期的公司价值和股票价格；V_{L1}、ξ_{L1}、V_{L2}、ξ_{L2} 分别表示 L 型公司第 t 期与 $t+1$ 期的公司价值和股票价格。进一步假定：

公司的价值比较满足 $V_{H1} > V_{L1}$，$V_{H2} > V_{L2}$；

公司的股价比较满足 $\xi_{H1} > \xi_{L1}$，$\xi_{H2} > \xi_{L2}$；

第 t 期到 $t+1$ 期公司实现增值满足 $\Delta V_H = V_{H2} - V_{H1} > \Delta V_L = V_{L2} - V_{L1}$。

不完全信息动态博弈模型的基本要素假设如下：

（1）信号传递博弈的参与人（players）。在报告模式信号传递博弈模型中，博弈参与方分别是公司（或代理人）与投资者，公司（或代理人）为信息提供者，投资者为信息需求者。以 N "自然" 选择公司类型。

（2）信息（information）。公司类型空间 $\Theta = \{H, L\}$，θ 表示公司的类型，则 $\theta \in \Theta$。投资者不知道公司类型（私人信息），只知道公司属于 θ 类型的先验概率是 $p(\theta)$，其中 $p(\theta = H) = \beta$ 和 $p(\theta = L) = 1 - \beta$，$\beta \in [0, 1]$。公司可选具有显示类型的信号（如采用报告模式 Γ^G 或采用报告模式 Γ^A）而不是公司类型向投资者发送信号 m。信号空间 $M = \{m_H, m_L\}$。

（3）公司信号传递战略集（strategies）。在给定公司向证券市场传递信息集的情况下，公司为达到信号传递的目的选择某一个特定的报告模式进行信息披露，投资者根据公司传递信号信息修正先验概率得到后验概率并据此对公司类型进行判断。公司在预测到投资者将采取某种行动后，会从战略集 S 中选择对自己有利的战略。若 $s_{(i)}$ 表示第 i 个公司的一个特定战略，$S_{(i)}$ 代表第 i 个公司所有可选择的战略集合，$s_{(i)} \in S_{(i)}$，其中，$S_{(1)} = S_{(2)} = \{\Gamma^G, \Gamma^A\}$。

（4）投资者行动集（actions）。投资者在得知公司报告模式信号后再选择自己的行动。投资者按照公司类型的先验概率和公司报告模式信号传递判断公司类型，选择使自身收益最大化的投资策略，即选择股价策略。用 ξ 表示投资者选择股价行动策略，$\xi \in A$，$A = \{\xi_H, \xi_L\}$，其中，ξ_H 表示高股价策略，ξ_L 表示低股价策略。

（5）公司与投资者双方的支付（payoff）。在报告模式信号传递博弈模型中的公司与投资者双方的支付函数分别采用公司与投资者得到的期望收益表示。其中，公司支付函数表示为 $V(m, \xi, \theta)$，投资者支付函数表示为 $\psi(m, \xi, \theta)$。

3.3.4　动态博弈的精炼贝叶斯均衡

信息经济学认为合适的信号传递是一个良好的机制，公司有效的信号传递能够解决信息不对称导致的投资者逆向选择降低市场效率的问题。公司采用不同的报告模式，向投资者传递公司所属类型的信号从而减少投资者逆向选择，提升证券市场的资源配置效率，使得公司与投资者双方都受益，达到互利的目标。公司报告模式信号传递博弈可以选择报告模式信号传递成本无差异或者报告模式信号传递成本有差异。

1. 报告模式信号传递成本无差异的博弈

若 Γ^X 为信号传递成本无差异报告模式且 $\Gamma^X \neq \Gamma^G$。假设 H 型公司与 L 型公司采用 Γ^X 的成本为 C_1，公司价值为 $V(\Gamma^X)$；采用 Γ^G 的成本为 C_0，公司价值为 $V(\Gamma^G)$，则 Γ^X 披露公司信息集 Ω^X 包含信息集 Ω^G，即 $\Omega^G \subseteq \Omega^X$，由此可得 $C_0 \leqslant C_1$。

为了便于讨论，假设 L 型公司被高估（或 H 型公司被低估）造成的公司价值平均增加（或减少）为 ΔV。报告模式信号传递成本无差异博弈模型的公司与投资者支付（见图 3 - 2）。

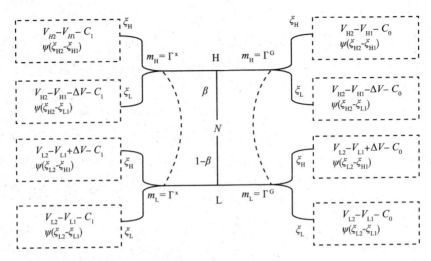

图 3-2　报告模式信号传递成本无差异博弈支付

若不考虑其他因素影响投资者收益函数，它仅是股票买卖差价 $\Delta\xi$ 的函数，投资者采取股价 ξ 时的期望收益记为 $E(\pi|\xi)$。投资者依据先验概率可选择高股价策略或低股价策略，投资者的支付如下：

选择高股价的期望收益为：

$$E(\pi|\xi=\xi_H) = \beta\psi(\xi_{H2}-\xi_{H1}) + (1-\beta)\psi(\xi_{L2}-\xi_{H1})$$

选择低股价的期望收益为：

$$E(\pi|\xi=\xi_L) = \beta\psi(\xi_{H2}-\xi_{L1}) + (1-\beta)\psi(\xi_{L2}-\xi_{L1})$$

因为 $E(\pi|\xi=\xi_L) \geq E(\pi|\xi=\xi_H)$，所以理性投资者的股价优化策略是 $\xi=\xi_L$。代理人可选择 Γ^x 或 Γ^G，如果预测到投资者的股价策略，从图 3-2 可知，相同条件下，无论 H 型公司还是 L 型公司采用报告模式 Γ^x 都比采用报告模式 Γ^G 信号传递成本高。实际上，对任意 $\xi\in A$，$\theta\in\Theta$ 都有：

$$V(\Gamma^G,\xi,\theta) - V(\Gamma^x,\xi,\theta) = C_1 - C_0 \geq 0 \Rightarrow V(\Gamma^G) \geq V(\Gamma^x)$$

在投资者采用低股价策略时，H 型公司或 L 型公司选择 Γ^x 的成本 C_1 大于选择 Γ^G 的成本 C_0，此时公司采用 Γ^G 传递信号可节约成本 C_1-C_0，因此报告模式信号传递成本无差异博弈模型解混同均衡于 $(m_H=\Gamma^G, m_L=\Gamma^G)$。

综上所述，当报告模式信号传递成本无差异时，信号不能起到增进公司类型显示的作用，因此信号传递成本无差异的报告模式难以有效解决证券市场公司与投资者之间的信息不对称问题。

2. 报告模式信号传递成本有差异的博弈

公司报告模式信号传递成本有差异的博弈模型中，分离均衡存在的基本条件是满足斯宾塞—莫里斯条件（Spence-Mirrlees condition，SM），即不同报告模式发送公司同样信号的成本不同。只有存在传递相同信号成本差异较高的报告模式才能阻止业绩差的公司模仿业绩好的公司传递同类信号，因此业绩好的公司选择信号成本有差异的报告模式才能展示其竞争优势。不同类型的公司向投资者实时报告公司财务风险监控信息的成本不同，它符合 SM 条件的要求。报告模式披露信息集合满足 $\Omega^G \subseteq \Omega^A$，公司采用 Γ^A 使得投资者获得更丰富的信息，若投资者因此获得平均直接信息租金为 ΔR（以下简称"直接租金"），公司获得平均间接信息租金 ΔW（以下简称"间接租金"），从 t 期到 $t+1$ 期基于报告模式信号传递成本有差异的公司与投资者博弈支付如下：

（1）H 型公司采用 Γ^A 时博弈双方收益。若投资者采取高股价策略，$\xi = \xi_H$。一方面，公司价值增值 $V_{H2} - V_{H1}$，获得间接租金 ΔW，另一方面，投资者收益 $\psi(\xi_{H2} - \xi_{H1})$，获得直接租金 ΔR。因此：

公司收益：$V_{H2} - V_{H1} + \Delta W - C_H$

投资者收益：$\psi(\xi_{H2} - \xi_{H1}) + \Delta R$

若投资者采取低股价策略，$\xi = \xi_L$。一方面，公司价值增值 $V_{H2} - V_{H1}$，公司价值平均损失 ΔV；另一方面，投资者收益 $\psi(\xi_{H2} - \xi_{L1})$。因此：

公司收益：$V_{H2} - V_{H1} - \Delta V - C_H$

投资者收益：$\psi(\xi_{H2} - \xi_{L1})$

（2）H 型公司采用 Γ^G 时博弈双方收益。若投资者采取高股价策略，$\xi = \xi_H$。一方面，公司价值增值 $V_{H2} - V_{H1}$；另一方面，投资者收益 $\psi(\xi_{H2} - \xi_{H1})$。因此：

公司收益：$V_{H2} - V_{H1} - C_0$

投资者收益：$\psi(\xi_{H2} - \xi_{H1})$

若投资者采取低股价策略，$\xi = \xi_L$。一方面，公司价值增值 $V_{H2} - V_{H1}$，公司价值平均损失 ΔV；另一方面，投资者收益 $\psi(\xi_{H2} - \xi_{L1})$。因此：

公司收益：$V_{H2} - V_{H1} - \Delta V - C_0$

投资者收益：$\psi(\xi_{H2} - \xi_{L1})$

（3）L 型公司采用 Γ^A 时博弈双方收益。若投资者采取高股价策略，$\xi =$

ξ_H。一方面，公司价值增值 $V_{L2} - V_{L1}$，L 型公司股票价值被投资者高估，平均增加 ΔV，公司获得间接租金 ΔW；另一方面，投资者收益 $\psi(\xi_{L2} - \xi_{H1})$，获得直接租金 ΔR。因此：

公司收益：$V_{L2} - V_{L1} + \Delta V + \Delta W - C_L$

投资者收益：$\psi(\xi_{L2} - \xi_{H1}) + \Delta R$

若投资者采用低股价策略，$\xi = \xi_L$。一方面，公司价值增值 $V_{L2} - V_{L1}$；另一方面，投资者收益为 $\psi(\xi_{L2} - \xi_{L1})$。因此：

公司收益：$V_{L2} - V_{L1} - C_L$

投资者收益：$\psi(\xi_{L2} - \xi_{L1})$

（4）L 型公司采用 Γ^G 时博弈双方收益。若投资者采用高股价策略，$\xi = \xi_H$。一方面，公司价值增值 $V_{L2} - V_{L1}$，公司价值被高估 ΔV；另一方面，投资者收益 $\psi(\xi_{L2} - \xi_{H1})$。因此：

公司收益：$V_{L2} - V_{L1} + \Delta V - C_0$

投资者收益：$\psi(\xi_{L2} - \xi_{H1})$

若投资者采用低股价策略，$\xi = \xi_L$。一方面，公司价值增值 $V_{L2} - V_{L1}$；另一方面，投资者收益为 $\psi(\xi_{L2} - \xi_{L1})$。因此：

公司收益：$V_{L2} - V_{L1} - C_0$

投资者收益：$\psi(\xi_{L2} - \xi_{L1})$

H 型公司与 L 型公司的报告模式信号传递博弈模型有四种可能的纯战略精炼贝叶斯均衡，形成的混同均衡或分离均衡情形如下：

情形 1：混同均衡（$m_H = \Gamma^G$，$m_L = \Gamma^G$）

情形 2：混同均衡（$m_H = \Gamma^A$，$m_L = \Gamma^A$）

情形 3：分离均衡（$m_H = \Gamma^G$，$m_L = \Gamma^A$）

情形 4：分离均衡（$m_H = \Gamma^A$，$m_L = \Gamma^G$）

公司与投资者博弈的支付见图 3 - 3。

以下分别就上述四种可能的情形进行讨论，分析 H 型公司与 L 型公司的报告模式信号传递博弈模型的均衡解。

情形 1，若混同均衡于 $(m_H = \Gamma^G, m_L = \Gamma^G)$，即 H 型与 L 型公司都采用 Γ^G。

（1）投资者收益与行动分析。两类公司都使用 Γ^G 信号传递。投资者只能依据证券市场 H 型与 L 型公司分布的先验概率进行股价判断。若采用股价为 ξ，则从 t 期到 $t+1$ 期投资者的期望收益为 $E(\pi|\xi) = \beta\psi(\xi_{H2} - \xi) +$

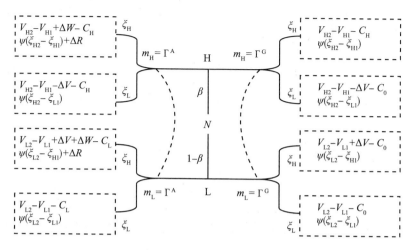

图 3-3　报告模式信号传递成本有差异博弈支付

$(1-\beta)\psi(\xi_{12}-\xi)$，其中 $\xi \in [\xi_{L1}, \xi_{H1}]$。由此可见，投资者的期望收益是股票购买价格的减函数，当公司都采用 Γ^G 时，投资者采用高股价策略的期望收益低于采用低股价策略的期望收益。实际上：

投资者高股价策略的期望收益：

$$E(\pi|\xi = \xi_H) = \beta\psi(\xi_{H2} - \xi_{H1}) + (1-\beta)\psi(\xi_{12} - \xi_{H1})$$

投资者低股价策略的期望收益：

$$E(\pi|\xi = \xi_L) = \beta\psi(\xi_{H2} - \xi_{L1}) + (1-\beta)\psi(\xi_{12} - \xi_{L1})$$

由于 $E(\pi|\xi = \xi_H) < E(\pi|\xi = \xi_L)$，即两类公司都采用 Γ^G 时，报告模式信号传递成本无差异，投资者难以从报告模式信号传递中增加识别公司类型的信息，因而从最大化投资的期望收益目标出发，投资者将会采用低价格策略。

$$(\xi = \xi_L | m_H = \Gamma^G, \xi = \xi_L | m_L = \Gamma^G) \in \underset{\xi}{\mathrm{argmax}} \sum_{\theta} \hat{p}(\theta|m)\psi(m, \xi, \theta)$$
$$= \underset{\xi}{\mathrm{argmax}}(\beta\psi(\xi_{H2} - \xi) + (1-\beta)\psi(\xi_{12} - \xi))$$

（2）公司收益与策略分析。如果公司都使用 Γ^G 信号传递，投资者将会采用低股价策略，预测到投资者的选择，H 型公司通过 Γ^A 以避免公司价值被低估。对 H 型公司：

采用 Γ^A 的预期收益为：$V(m_H = \Gamma^A, \xi = \xi_H, \theta = H) = V_{H2} - V_{H1} + \Delta W - C_H$

采用 Γ^G 的预期收益为：$V(m_H = \Gamma^G, \xi = \xi_L, \theta = H) = V_{H2} - V_{H1} - \Delta V - C_0$

所以，当 $V_{\mathrm{H2}} - V_{\mathrm{H1}} + \Delta W - C_{\mathrm{H}} > V_{\mathrm{H2}} - V_{\mathrm{H1}} - \Delta V - C_0$ 时，即 $\Delta C_{\mathrm{H}} = C_{\mathrm{H}} - C_0 < \Delta V + \Delta W$，就有：

$$V(m_{\mathrm{H}} = \Gamma^{\mathrm{A}}, \xi = \xi_{\mathrm{H}}, \theta = \mathrm{H}) > V(m_{\mathrm{H}} = \Gamma^{\mathrm{G}}, \xi = \xi_{\mathrm{L}}, \theta = \mathrm{H})$$

也就是说，如果 H 型公司采用 Γ^{A} 的成本增加 ΔC_{H} 小于 H 型公司采用 Γ^{G} 被低估的价值 ΔV 与 H 型公司采用 Γ^{A} 获得间接租金 ΔW 之和，则 H 型公司选择采用 Γ^{A} 比采用 Γ^{G} 得到的预期收益高，此时 H 型公司应当选择采用信号传递成本有差异报告模式 Γ^{A} 而不采用 Γ^{G}，即：

$$(m_{\mathrm{H}} = \Gamma^{\mathrm{G}} \mid \theta = \mathrm{H}) \notin \underset{m}{\mathrm{argmax}} V(m, \xi = \xi_{\mathrm{H}}, \theta = \mathrm{H})$$

上述分析表明，$(m_{\mathrm{H}} = \Gamma^{\mathrm{G}}, m_{\mathrm{L}} = \Gamma^{\mathrm{G}})$ 不是该博弈模型的精炼贝叶斯均衡解。

情形 2，混同均衡于 $(m_{\mathrm{H}} = \Gamma^{\mathrm{A}}, m_{\mathrm{L}} = \Gamma^{\mathrm{A}})$，即 H 型与 L 型公司都采用 Γ^{A}。

（1）投资者收益与行动分析。投资者依据先验概率判断公司类型选择股价策略。Γ^{A} 使公司获得间接租金 ΔW，同时投资者获得直接租金 ΔR。

投资者采用高股价策略 $\xi = \xi_{\mathrm{H}}$ 的期望收益：

$$\begin{aligned} E(\pi \mid \xi = \xi_{\mathrm{H}}) &= \beta(\psi(\xi_{\mathrm{H2}} - \xi_{\mathrm{H1}}) + \Delta R) + (1 - \beta)(\psi(\xi_{\mathrm{L2}} - \xi_{\mathrm{H1}}) + \Delta R) \\ &= \beta\psi(\xi_{\mathrm{H2}} - \xi_{\mathrm{H1}}) + (1 - \beta)\psi(\xi_{\mathrm{L2}} - \xi_{\mathrm{H1}}) + \Delta R \end{aligned}$$

投资者采用低股价策略 $\xi = \xi_{\mathrm{L}}$ 的期望收益：

$$E(\pi \mid \xi = \xi_{\mathrm{L}}) = \beta\psi(\xi_{\mathrm{H2}} - \xi_{\mathrm{L1}}) + (1 - \beta)\psi(\xi_{\mathrm{L2}} - \xi_{\mathrm{L1}})$$

当投资者从 Γ^{A} 中获得直接租金 ΔR 补偿较小时，即 $E(\pi \mid \xi = \xi_{\mathrm{H}}) < E(\pi \mid \xi = \xi_{\mathrm{L}})$，此时投资者采用低股价策略能获得更高的投资期望收益。然而，当投资者从 Γ^{A} 中获得的直接租金 ΔR 补偿足够大，也就是说，从代理人获得的私人信息的价值足够大，满足 $E(\pi \mid \xi = \xi_{\mathrm{H}}) > E(\pi \mid \xi = \xi_{\mathrm{L}})$ 即：

$$\begin{aligned} \Delta R > &\beta\psi(\xi_{\mathrm{H2}} - \xi_{\mathrm{L1}}) + (1 - \beta)\psi(\xi_{\mathrm{L2}} - \xi_{\mathrm{L1}}) - \\ &(\beta\psi(\xi_{\mathrm{H2}} - \xi_{\mathrm{H1}}) + (1 - \beta)\psi(\xi_{\mathrm{L2}} - \xi_{\mathrm{H1}})) \end{aligned}$$

此时投资者采用高股价策略能够得到更高的投资期望收益：

$$\begin{aligned} (\xi = \xi_{\mathrm{H}} \mid m_{\mathrm{H}} = \Gamma^{\mathrm{A}}, \xi = \xi_{\mathrm{H}} \mid m_{\mathrm{L}} = \Gamma^{\mathrm{A}}) &\in \underset{\xi}{\mathrm{argmax}} \sum_{\theta} \hat{p}(\theta \mid m)\psi(m, \xi, \theta) \\ &= \underset{\xi}{\mathrm{argmax}}(\beta\psi(\xi_{\mathrm{H2}} - \xi) + (1 - \beta)\psi(\xi_{\mathrm{L2}} - \xi) + \Delta R) \end{aligned}$$

（2）公司收益与策略分析。当预测到投资者获得足够大直接租金 ΔR 将采用高股价策略，L 型公司的股价被高估，投资者将受到损失。由于 L 型公司采用 Γ^A 风险成本很大，可以选择 Γ^G 进行风险规避，对 L 型公司：

采用 Γ^G 的预期收益为：$V(m_L = \Gamma^G, \xi = \xi_H, \theta = L) = V_{L2} - V_{L1} - C_0$

采用 Γ^A 的预期收益为：$V(m_L = \Gamma^A, \xi = \xi_H, \theta = L) = V_{L2} - V_{L1} + \Delta V + \Delta W - C_L$

所以，当 $V_{L2} - V_{L1} - C_0 > V_{L2} - V_{L1} + \Delta V + \Delta W - C_L$ 时，即 $\Delta C_L = C_L - C_0 > \Delta V + \Delta W$ 就有：

$$V(m_L = \Gamma^G, \xi = \xi_H, \theta = L) > V(m_L = \Gamma^A, \xi = \xi_H, \theta = L)$$

当投资者采用高股价策略时，如果 L 型公司采用 Γ^A 的增加成本超过 L 型公司被高估的价值 ΔV 与 L 型公司采用 Γ^A 而得到的间接租金 ΔW 之和，则 L 型公司采取 Γ^G 更为有利。

可见：$(m_L = \Gamma^A \mid \theta = L) \notin \underset{m}{\mathrm{argmax}}\, V(m, \xi = \xi_L, \theta = L)$

这是因为 Γ^G 是定期信息披露而不是实时信息披露，能够减少不利 L 型公司的信号实时发布造成竞争劣势，从而给公司争取到改进经营状况的缓冲时间。与 H 型公司比较，L 型公司业绩较差，实时披露公司财务信息造成不利，因此从策略上讲，实时向投资者提供公司财务风险信息会进一步加大 L 型公司的竞争劣势。

上述分析表明，$(m_H = \Gamma^A, m_L = \Gamma^A)$ 不是该博弈模型的精炼贝叶斯均衡解。

情形 3，分离均衡于 $(m_H = \Gamma^G, m_L = \Gamma^A)$，此时 H 型公司采用 Γ^G 与 L 型公司采用 Γ^A。

（1）投资者与公司收益分析。当 H 型公司采用 Γ^G 时，投资者会采用低股价策略 $\xi = \xi_L$，此时 H 型公司的股价被低估，在 $m_H = \Gamma^G$ 条件下的投资者与公司双方收益为：

投资者收益：$E(\pi \mid \xi = \xi_L) = \psi(\xi_{H2} - \xi_{L1})$

H 型公司收益：$V_{H2} - V_{H1} - \Delta V - C_0$

当 L 型公司采用 Γ^A 时，投资者会采用高股价策略 $\xi = \xi_H$，此时 L 型公司的股价被高估，在 $m_L = \Gamma^A$ 条件下的投资者与公司双方收益为：

投资者收益：$E(\pi \mid \xi = \xi_H) = \psi(\xi_{L2} - \xi_{H1}) + \Delta R$

L 型公司收益：$V_{L2} - V_{L1} + \Delta V + \Delta W - C_L$

考虑到投资者的先验概率，在得到证券市场不同类型的公司信号传递后，分别对不同公司采用不同的股价策略，因此可以得到投资者的预期收益为：

$$E(\pi|\xi) = \beta E(\pi|\xi = \xi_L) + (1-\beta)E(\pi|\xi = \xi_H)$$
$$= \beta\psi(\xi_{H2} - \xi_{L1}) + (1-\beta)\psi(\xi_{I2} - \xi_{H1}) + (1-\beta)\Delta R$$

（2）公司博弈对策。预测到投资者采用混合股价策略，代理人会选择有利于公司的报告模式，以优化期望收益。此时 $m_H = \Gamma^G$ 不是 H 型公司的优化策略，因为 H 型公司采用 $m_H = \Gamma^A$ 可以得到更好的收益。对 H 型公司：

采用 $m_H = \Gamma^A$ 的期望收益为：$V(m_H = \Gamma^A, \xi = \xi_H, \theta = H) = V_{H2} - V_{H1} + \Delta W - C_H$

采用 $m_H = \Gamma^G$ 的期望收益为：$V(m_H = \Gamma^G, \xi = \xi_H, \theta = H) = V_{H2} - V_{H1} - \Delta V - C_0$

所以，当 $V_{H2} - V_{H1} + \Delta W - C_H > V_{H2} - V_{H1} - \Delta V - C_0$ 时，即 $\Delta C_H = C_H - C_0 < \Delta V + \Delta W$，就有：

$$V(m_H = \Gamma^A, \xi = \xi_H, \theta = H) > V(m_H = \Gamma^G, \xi = \xi_H, \theta = H)$$

当 H 型公司采用 Γ^A 的风险成本增加小于 H 型公司被低估的价值 ΔV 与采用 Γ^A 获得间接租金 ΔW 之和时，采用 Γ^A 获得更高的收益。因此 $m_L = \Gamma^A$ 不是 L 型公司优化策略，而采用 $m_L = \Gamma^G$ 可以得到更好的收益。对 L 型公司：

采用 $m_L = \Gamma^G$ 的期望收益为：$V(m_L = \Gamma^G, \xi = \xi_L, \theta = L) = V_{L2} - V_{L1} - C_0$

采用 $m_L = \Gamma^A$ 的期望收益为：$V(m_L = \Gamma^A, \xi = \xi_L, \theta = L) = V_{L2} - V_{L1} + \Delta V + \Delta W - C_L$

所以，当 $V_{L2} - V_{L1} - C_0 > V_{L2} - V_{L1} + \Delta V + \Delta W - C_L$ 时，即 $\Delta C_L = C_L - C_0 > \Delta V + \Delta W$ 时，就有：

$$V(m_L = \Gamma^G, \xi = \xi_L, \theta = L) > V(m_L = \Gamma^A, \xi = \xi_L, \theta = L)$$

当 L 型公司采用 Γ^A 的风险成本增加超过 L 型公司被高估价值 ΔV 与采用 Γ^A 获得间接租金 ΔW 时，L 型公司采用 Γ^G 比采用 Γ^A 获得的收益更高。实际上，L 型公司采用 Γ^A 风险成本很高。由此可得：

$$(m_H = \Gamma^G | \theta = H) \notin \underset{m}{\mathrm{argmax}} V(m, \xi = \xi_H, \theta = H)$$
$$(m_L = \Gamma^A | \theta = L) \notin \underset{m}{\mathrm{argmax}} V(m, \xi = \xi_L, \theta = L)$$

上述分析表明，$(m_L = \Gamma^A, m_H = \Gamma^G)$ 不是该博弈模型的精炼贝叶斯均衡解。

情形 4，分离均衡于 $(m_H = \Gamma^A, m_L = \Gamma^G)$，此时 H 型公司采用 Γ^A 与 L 型

公司采用 Γ^G。

（1）投资者与公司的收益分析。对于采用 Γ^A 进行信息披露的公司，投资者采用高股价策略 $\xi = \xi_H$，博弈双方的收益为：

投资者收益：$E(\pi | \xi = \xi_H) = \psi(\xi_{H2} - \xi_{H1}) + \Delta R$

公司收益：$V_{H2} - V_{H1} + \Delta W - C_H$

对于采用 Γ^G 进行信息披露的公司，投资者采用低股价策略 $\xi = \xi_L$，博弈双方的收益为：

投资者收益：$E(\pi | \xi = \xi_L) = \psi(\xi_{L2} - \xi_{L1})$

公司收益：$V_{L2} - V_{L1} - C_0$

考虑到 H 型与 L 型公司的先验概率可以得到投资者的预期收益为：

$$E(\pi | \xi) = \beta E(\pi | \xi = \xi_H) + (1 - \beta) E(\pi | \xi = \xi_L)$$
$$= \beta \psi(\xi_{H2} - \xi_{H1}) + (1 - \beta) \psi(\xi_{L2} - \xi_{L1}) + \beta \Delta R$$

（2）公司类型分离均衡。代理人预测到投资者采取混合股价策略，H 型公司采用 Γ^A 能够得到更好的收益。一方面，H 公司采用 Γ^A 的风险成本较小，且可获得间接租金 ΔW，公司报告模式采用 $m_H = \Gamma^A$ 得到收益更好。另一方面，投资者也因此获得直接租金 ΔR，公司采用 $m_H = \Gamma^A$ 符合理性投资者预期。对 H 型公司：

采用 Γ^A 的预期收益为：$V(m_H = \Gamma^A, \xi = \xi_H, \theta = H) = V_{H2} - V_{H1} + \Delta W - C_H$

采用 Γ^G 的预期收益为：$V(m_H = \Gamma^G, \xi = \xi_H, \theta = H) = V_{H2} - V_{H1} - \Delta V - C_0$

所以，当 $V_{H2} - V_{H1} + \Delta W - C_H > V_{H2} - V_{H1} - \Delta V - C_0$ 时，即 $\Delta C_H = C_H - C_0 < \Delta V + \Delta W$，就有：

$$V(m_H = \Gamma^A, \xi = \xi_H, \theta = H) > V(m_H = \Gamma^G, \xi = \xi_H, \theta = H)$$

当 H 型公司采用 Γ^A 的风险成本小于公司被低估的价值 ΔV 与公司获得间接租金 ΔW 之和时，H 型公司采用 Γ^A 获得更高的收益。L 型公司采用 Γ^A 虽然也可以获得间接租金 ΔW，投资者获得直接租金 ΔR，但是 L 型公司采用 Γ^A 的风险成本较大。因此 L 型公司采用报告模式 $m_H = \Gamma^G$ 能够得到更好的收益。对 L 型公司：

采用 Γ^G 的期望收益为：$V(m_L = \Gamma^G, \xi = \xi_L, \theta = L) = V_{L2} - V_{L1} - C_0$

采用 Γ^A 的期望收益为：$V(m_L = \Gamma^A, \xi = \xi_L, \theta = L) = V_{L2} - V_{L1} + \Delta V + \Delta W - C_L$

所以，当 $V_{L2} - V_{L1} - C_0 > V_{L2} - V_{L1} + \Delta V + \Delta W - C_L$ 时，即 $\Delta C_L = C_L - C_0 > \Delta V + \Delta W$，就有：

$$V(m_{\mathrm{L}}=\Gamma^{G},\xi=\xi_{\mathrm{L}},\theta=\mathrm{L})>V(m_{\mathrm{L}}=\Gamma^{A},\xi=\xi_{\mathrm{L}},\theta=\mathrm{L})$$

当 L 型公司采用 Γ^{A} 的风险成本增加超过 L 型公司被高估平均价值 ΔV 与采用 Γ^{A} 获得间接租金 ΔW 之和时，L 型公司不采用 Γ^{A} 可以获得更高收益。因此可以得到：

$$(\xi=\xi_{\mathrm{H}}\mid m_{\mathrm{H}}=\Gamma^{A},\xi=\xi_{\mathrm{L}}\mid m_{\mathrm{L}}=\Gamma^{G})\in\underset{\xi}{\arg\max}\sum_{\theta}\hat{p}(\theta\mid m)\psi(m,\xi,\theta)$$

$$(m_{\mathrm{H}}=\Gamma^{A}\mid\theta=\mathrm{H})\in\underset{m}{\arg\max}V(m,\xi=\xi_{\mathrm{H}},\theta=\mathrm{H})$$

$$(m_{\mathrm{L}}=\Gamma^{G}\mid\theta=\mathrm{L})\in\underset{m}{\arg\max}V(m,\xi=\xi_{\mathrm{L}},\theta=\mathrm{L})$$

上述分析表明，$(m_{\mathrm{H}}=\Gamma^{A},m_{\mathrm{L}}=\Gamma^{G})$ 是该博弈模型的精炼贝叶斯均衡解。

综上所述，H 型公司与 L 型公司分别以 1 的概率采用 Γ^{A} 与 Γ^{G} 进行信号传递，能够揭示证券市场不同公司类型的分离均衡。这意味着 Γ^{A} 是 H 型公司的优化选择，Γ^{A} 就不可能是 L 型公司的优化选择，并且 Γ^{G} 一定是 L 型公司的优化选择，不可能是 H 型公司的优化选择。此时：

H 型公司采用 Γ^{A} 满足：$V(m_{\mathrm{H}}=\Gamma^{A},\xi=\xi_{\mathrm{H}},\theta=\mathrm{H})>V(m_{\mathrm{H}}=\Gamma^{G},\xi=\xi_{\mathrm{H}},\theta=\mathrm{H})$

L 型公司采用 Γ^{G} 满足：$V(m_{\mathrm{L}}=\Gamma^{G},\xi=\xi_{\mathrm{L}},\theta=\mathrm{L})>V(m_{\mathrm{L}}=\Gamma^{A},\xi=\xi_{\mathrm{L}},\theta=\mathrm{L})$

证券市场不同公司类型分离均衡的投资者后验概率：

$$\hat{p}(\theta=\mathrm{H}\mid m_{\mathrm{H}}=\Gamma^{A})=1,\hat{p}(\theta=\mathrm{H}\mid m_{\mathrm{H}}=\Gamma^{G})=0$$

$$\hat{p}(\theta=\mathrm{L}\mid m_{\mathrm{L}}=\Gamma^{A})=0,\hat{p}(\theta=\mathrm{L}\mid m_{\mathrm{L}}=\Gamma^{G})=1$$

上述分析表明，报告模式信号传递成本有差异博弈模型存在唯一的精炼贝叶斯均衡解，该解为分离均衡于 H 型公司采用 Γ^{A}，L 型公司采用 Γ^{G}。H 型公司主动积极发送信号避免公司价值被低估，而 L 型公司伪装 H 型公司采用 Γ^{A} 获取间接信息租金的代价过高，使得 L 型公司采用 Γ^{G} 可减少实时向投资者发送不利于公司的信息。Γ^{A} 起到了类型显示作用，实现了不同类型公司的分离均衡，解决证券市场上投资者的逆向选择问题，提高了证券市场资源配置效率。因此，信号传递博弈理论成为 AR 模式的基本理论之一。

3.4　本章小结

本章讨论了 AR 模式的基本理论问题，包括积极代理理论、信息寻租理论和信号传递理论。第一部分，积极代理理论表明，在竞争激烈的证券市场，公司与投资者以及其他利益相关者之间合作的重要性。主动信息披露是积极代理的重要表现形式，它降低代理人产生机会主义倾向的概率，从而减少委托人对代理人的猜疑，降低公司的融资成本。积极代理具有提升公司价值、降低筹资成本与减少法律诉讼等作用。第二部分，信息寻租理论表明，在信息不对称的情况下，公司或投资者都有利用信息优势进行信息寻租的充分必要条件。GR 模式在信息披露的时效性、内容与个性化方面存在局限性，因此公司或投资者都难以利用 GR 模式进行信息寻租。业绩良好的 H 公司可利用 AR 模式进行信息披露，达到信息寻租的目的。第三部分，信号传递理论表明，AR 模式与 GR 模式信号传递成本存在差异。采用信号传递博弈理论分析，公司报告模式信号传递成本无差异难以起到显示公司类型的作用，公司报告模式信号传递成本有差异才能起到显示公司类型的作用。讨论 H 型公司通过 AR 模式信号传递能够降低信息不对称，起到公司类型显示的作用，从而达到与 L 型公司分离均衡。

第 4 章

AR 模式的个性化报告

不同投资者对公司的信息需求存在差异，因此满足不同投资者个性化需求成为公司报告模式改革的重点。索特（1969）提出的事项会计为个性化报告提供了一种思路。互联网给予用户更多的自主选择，"大智移云"技术为公司个性化报告提供技术支持。如果财务数据没有标准化，不仅用户的个性化报告缺乏共同标准的数据基础，公司之间的财务信息缺乏可比性，而且个性化报告的审计也存在困难。公司 FSSC 为财务数据标准化与集成提供了平台。运用新型信息技术对传统的会计流程进行重组，财务数据共享平台实现财务数据整合集成、业财融合、财务数据源头审计、"同源分流"，从而解决个性化报告问题。为此，本章通过 IIT、Web 服务、XBRL 以及 RSS 等综合集成，讨论 AR 模式的用户个性化报告定制与实时发送机制。

4.1 公司财务报告模式重构

4.1.1 会计业务流程重组

1. 传统会计业务流程

会计业务流程是指会计部门为实现会计目标进行的一系列活动，这些活动从原始数据的确认、加工，进而产生以货币计量的财务信息以供用户决策、控制、使用的各个方面。会计业务流程的一系列活动分为若干部分，每一部分都有各自的处理任务，这些子流程相互联系、相互配合，形成一个会

计活动的有机整体。从数据处理的角度看，财务报告源于公司会计业务流程
所获得的最终成果。会计业务处理程序一般将会计系统分为三个子系统：一
是账务子系统，它是会计信息系统的核心，包含了会计业务处理的基本内
容；二是核算子系统，它包括资产、存货、工资、成本与销售等方面，各个
子系统再进行细分，形成如同金字塔式的组织结构；三是报表子系统，它是
最终输出汇总会计信息。这种细分的结构使各个核算子系统之间彼此分割，
缺乏会计数据传输的实时性、一致性、系统性与共享性。虽然顺序化的会计
流程起到一定的内部牵制作用，但是会延长数据传输相互等候的时间，降低
会计报告的及时性与会计工作的效率，导致通用财务报告时效滞后。同时，
从原始的基础财务数据按照流程顺序进行汇总产生财务报告，用户无法从汇
总结果追溯原始的基础数据。

2. 流程与流程管理

计算机的应用改变了财务报告编制的手工模式，大大提升了会计业务流
程的效率，减少了手工处理过程中出现的差错，使财务报告的编制速度得到
极大提升。公司会计信息系统的发展经历了数据处理阶段、会计电算化阶
段、会计信息系统形成阶段和基于 ERP 管理思想的会计信息系统阶段。会
计信息化为通用财务报告改革奠定了技术基础。

流程是指为促使特定结果的实现，以确定的方式有意识进行的一个或一
系列连续有规律的内在联系的活动。它也指有目的完成一事件、一项活动、
一项任务的全过程，包含一系列环节或工作，这些环节或工作之间有秩序。
曲吉林（2010）认为流程实质上就是工作的做法或工作的结构，或事物发
展的逻辑状况，它包含了事情进行的始末、事情发展变化的经过，既可以是
事物发展与变化的时间变动顺序，也可以是空间过程。

公司要适应内外环境的变化，就要能够运用先进的管理思想对业务流
程进行动态监控与评审，为提高流程的运行绩效而进行实时的流程改革与
优化，以满足用户的需要，从而使得公司自身受益。流程管理就是公司从
自身的发展战略出发，从满足用户需求出发，建立业务流程组织机构，进
行流程规划与建设，监控与评审流程运行绩效，适时进行流程变革。流程
管理的目的在于使公司流程随着内外环境的变化而不断优化，从而能够动
态适应行业经营环境的变化，体现公司先进的管理思想，引入跨部门的协
调机制，提高工作效率、降低公司成本、更优质服务客户，提升公司综合

竞争力。

3. 会计业务流程重组

1990 年美国麻省理工学院教授哈默（Hammer）首先提出业务流程重组（business process reengineering）概念[①]，类似地，可借用业务流程重组的概念定义会计业务流程重组（accounting business process reengineering，ABPR），ABPR 是指为实现高质量、高效益、高柔性、低成本的公司会计业务目标而对公司会计业务流程作根本性的思考和彻底的再设计与重建。ABPR 将使得会计信息能够实时反映企业的经营活动，反映企业的价值。ABPR 主要包括三个环节：一是发现公司财务会计流程中存在的问题，对公司现有的财务会计业务流程进行描述诊断与分析；二是针对分析诊断现有财务流程存在的问题，进行业务流程再设计，使其更加合理化，解决财务会计流程中存在的问题；三是实施新的财务会计业务流程实现流程重组，这一阶段是重新设计的流程，通过技术手段真正落实到企业的财务会计实践中去。

从财务报告产生的过程看，通用财务报告的财务数据从账务系统向各个核算系统流动，最后逐步汇总得到财务报表。这种顺序生产财务报表的方式，造成报告的时滞。实现公司报告模式再造要求会计流程重组，其关键是数据共享，采用模块化方式输出公司财务信息。通用财务报告就如同"标准化产品"，它与用户个性化需求的矛盾日益凸显。因此，满足投资者个性化需求、为投资者提供决策有用信息成为公司财务报告改革的重要方面。鉴于 GR 模式中用户处于公司报告价值链末端，要满足用户个性化需要，就要使用户具备从公司财务数据的"源头"上获得数据，自行加工满足个性化需求信息的权限。会计业务流程再造的目的是提高会计信息的及时性，使会计信息最大限度地满足用户的个性化需求。曲吉林（2010）认为，会计业务流程重组必须满足的目标包括：一是与现代信息技术高度融合，实现数据共享；二是建立集中管理系统；三是强化系统处理能力；四是减少审批程序；五是建立有效的信息反馈机制。

---

① 企业再造也称为"公司再造"或"再造工程"（reengineering）。所谓"再造工程"，简单地说就是企业必须摒弃已成惯例的运营模式和工作方法，以工作流程为中心，重新设计企业的经营、管理及运营方式以适应新的竞争环境。

4. 基于 FSSC 的流程重组方法

会计业务流程重组应当突破原有的业务流程思维模式，高度融合现代智能化信息技术，全面实时收集公司会计信息，建立标准化信息集成管理系统，实现公司会计数据共享，同时将实时信息处理流程嵌入到财务管理过程中去，强化系统处理能力与控制体系，建立实时有效的信息反馈机制与风险防控机制，达到公司财务会计流程优化的目标。IT 的发展使得传统财务报告编报模式的局限性日益显现，"大智移云"成为会计业务流程再造、改革财务报告模式不足的关键技术。沈颖玲（2007）指出，网络在财务编报流程中将扮演越来越重要的角色，随着互联网对经济生活的进一步渗透，特别是 XBRL 财务软件的成熟，传统财务报告编报模式终将退出历史舞台。FSSC 实现财务数据整合集成、业财融合，通过实时财务信息系统将企业所有与业务相关的财务和非财务数据集中存放在一个逻辑数据库中，数据经过分层保护，除涉及商业机密的内容外均向用户开放。信息使用者按照他们的不同"授权"获得不同层次信息的使用权，可以通过报告工具自动输出所需要的信息。构建统一的公司数据中心、基于集中统一的公司财务数据实现同源输出，最大限度地实现了企业范围的数据共享，简化了会计业务流程，达到实时获取数据、处理数据、生成报告三个步骤统一。同时做到数出同源数据共享，管理者也可以实时、动态地获取信息，为决策提供支持。

财务数据共享是会计业务流程再造的基础。FSSC 的发展将使得公司会计数据获取、传递、处理与集成实现自动化与智能化，财务数据共享就使得各个核算子系统可以与账务子系统数出同源与实时同步。公司将原始数据按照统一标准编码进行封装，将手工系统对数据收集分散处理、重复记录的操作方式，改造成集中收集、统一处理、数据共享的操作方式，通过模块化实现网络财务报告的按需定制。将公司财务数据标准化，统一封装，存储在一个逻辑数据中心，实现财务数据共享，为公司会计流程再造奠定基础。

4.1.2　公司报告模式再造

1. 公司财务数据标准化

如果各个公司的财务数据没有使用统一、规范的标准，那么投资者分析和比较不同公司财务报告就会遇到困难。霍夫曼把会计信息与互联网的

"国际语言"XML技术相结合提出XBRL，解决财务数据存储格式纷繁复杂不利于数据应用的问题。XBRL是一种对商业数据进行标准化定义和表达的方法，也是目前应用于非结构化处理，特别是会计信息处理的最新技术。它是通过提供一组标准化的词汇表进行标记给各项财务数据元素打上"标签"和"记号"，使得不同的计算机系统能够以统一的方式自动识别、处理、分析比较这些财务信息，解决数据标准问题。XBRL赋予数据确切的元数据，即通过对财务数据赋予单位、价格以及时间等，使这些元数据随着数据共同流动。XBRL实例文档是树形结构的，提供向下遍历功能，能使搜索更加灵活快捷，同时大量统一格式的实例文档数据有利于对数据的分析，因此基于XBRL报告的研究越来越受到重视。

XBRL的重要作用就是通过一套统一的词汇标准定义概念和概念的属性，以及概念之间和概念与资源之间的关系。如同人们按照词典对文字和词汇等定义就能够进行相互交流一样。基于统一的财务会计词汇标准实现XBRL格式和语义的标准化，实现财务信息供应链上资源的无缝交换与共享。同一概念不同国家或地区XBRL词汇的语言标签定义不同，可以通过财务数据统一词汇标准进行财务信息的交换。XBRL定义统一词汇标准实现财务信息标准化，大大推进了公司财务报告改革，越来越多的国家和地区运用XBRL进行公司财务报告。到2015年9月全球超过50个国家和地区、超过100家监管机构在使用XBRL，XBRL的报送者已超过1000万家。[①] XBRL统一词汇标准实现财务数据一次采集重复利用，能够达到财务数据共享的要求，实现管理会计与财务会计"数出同源"。同时，XBRL作为XML的子集，继承了XML的优点，如内容与结构分离、互操作性、可扩展等。基于XBRL公司财务数据标准化、结构化更好实现数据共享；信息内容与表达格式分离便于个性化财务报告及其审计；财务报告汇总数据的可追溯增加了报告造假被发现的概率，从而提升公司报告的可靠性，增强财务报告的透明度与可核查性；公司财务数据直接在不同系统互操作，提高了财务报告编制效率，提升了报告的及时性；XBRL封装财务数据的再利用十分便捷，有助于用户进一步开展数据挖掘。

---

① 刘勤、刘梅玲、吴忠生等：《XBRL知识体验：理论、方法与实践》，立信会计出版社2016年版，第8页。

2. 公司报告模式重构

公司报告模式再造要以用户为中心，通过财务信息标准化与共享，解决个性化财务报告问题。XBRL 实现财务信息标准化，是财务信息新的读取方式和利用管道，并不影响现行的财务会计准则。它通过对有关财务信息内容增加标记的方法，提供一种编制、发布公司财务报告和其他信息的标准化方法，引起财务信息产生、传输、处理、存储和应用的各个环节的深刻变革。采用 XBRL 对财务信息内容进行统一标记，便于不同公司之间财务信息的横向比较。应用 XBRL 统一封装财务数据具备交换的标准格式，同时财务数据具有结构化、可扩展与跨平台等优势，解决网络环境下会计业务流程各个子系统之间的数据共享问题。这些使 XBRL 成为推动财务报告改革的关键技术。XBRL 实现财务报告的编报方式、内容、质量特征以及财务报告体系的重构，促进财务报告的改革，主要表现在以下五个方面：

（1）提升财务信息披露的及时性。利用 XBRL 可以突破传统的财务报告定期模式（如年报或半年报），实现财务报告实时发布或公司信息在线披露。通过将会计业务处理系统与财务报告系统连成一体，从技术上讲，FSSC 可实现凭证信息的输入、处理到会计报表输出几乎同步完成，经过外部审计师在线审计就可以将公司的财务报告在网上进行实时披露。信息使用者可以实时地了解企业的最新财务状况，而不必等到一个会计期间结束。

（2）提高财务信息生成的准确性。XBRL 可以自动为财务信息加上代码或标识以便于用户进行识别，无论这些信息如何进行编排或加工，其标识都不会改变，这样可以通过不同模板自动生成不同格式的财务报告，包括资产负债表、损益表、现金流量表等。这种财务报告自动生成方式避免了财务数据的多次输入，降低了数据输入错误的风险。

（3）满足用户信息需求的多样性。XBRL 对公司财务数据实行统一封装，将数据储存和展示分开，使得不同子系统能够共享数据，财务数据同源分流，能够为投资者提供不同需求格式的个性化报告。采用 XBRL 编制的财务报告，可以将财务报告的项目分得更加详细，满足投资者的各种查询要求，便于管理会计与财务会计共享公司财务信息。"同源分流"既可以为外部用户也可以同时为内部管理者提供财务信息。

（4）提升报告审计的实时性。公司财务数据通过 XBRL 统一封装与数据集成，便于数据中心共享平台进一步与公司外部审计对接，通过审计轨迹资料库进行链接，减少了人工操作复杂性，便于财务报告鉴证，提高核查效率。一方面利用应用程序模块可以生成个性化财务报告；另一方面又增强了会计信息的透明度。基于 XBRL 财务报告数据源可追溯，便于审计部门进行审计，提升财务报告审计的实效性。

（5）有利于财务报告的国际化。XBRL 具有互通性和多种格式输出的特点。借鉴标签链接库，XBRL 可以对一个概念定义不同语言的标签，满足同一概念不同语言下的展现，形成财务报告多元输出。即通过对文本文件加上标识，以标准化的会计业务定义为基础，描述和识别财务信息的每个项目，为每个财务信息项目定义标签，财务报告便可以以不同的格式输出。因此可以按照国际会计标准编制财务报告，推进财务报告国际化。

4.2 AR 模式的信息集成平台

4.2.1 AR 模式的功能模块

"大智移云"背景下的 AR 模式具备以下特点：（1）公司数据 XBRL 统一封装，数据标准化集成管理实现数据共享；（2）公司经营过程财务风险实时监控与预警；（3）公司个性化报告按用户需求定制与实时推送。为此构建实现以上运行机制的三个功能模块。

功能模块之一：基于财务共享服务构建公司数据中心全面实时集成财务数据系统模块，具备自动收集公司数据的功能。采用 XBRL 统一封装集成，实现数据资源共享。用户个性化报告是基于公司统一的标准化数据基础之上的不同组合，不同报告的"同源分流"，便于个性化报告的源头审计。

功能模块之二：构建公司财务风险监控的 IDM 系统模块。构建公司财务数据仓库。基于 IDM 技术对公司财务数据仓库施行自治与持续增量数据挖掘，自动发现对决策有重要影响的事项（如财务异常等），及时向用户发送公司财务风险信息，实现公司财务风险实时监控与预警。

功能模块之三：构建公司个性化报告按需定制与实时发布系统模块。AR 模式能够与用户实时互动，提供智能菜单供用户选择组合，具有可自主定制的个性化报告服务功能。针对用户定制信息需求，提供相关个性信息的推荐服务，为用户提供辅助决策信息。实时发送用户定制报告（或信息）到指定地址。

AR 模式的三个功能模块如图 4 – 1 所示。

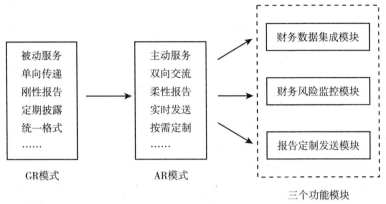

图 4 – 1　AR 模式的功能模块

可以看出，基于 IDM 技术的 AR 模式与 GR 模式在信息服务理念、财务信息流向、报告形式、信息披露时效、供需双方互动、用户个性需求、报告功能拓展和数据资源共享等都存在差异。

AR 模式三个功能模块具有以下特点：（1）充分利用 IIT 实现公司数据自动采集、XBRL 统一封装、从报告编制到推送等各个环节无缝衔接；（2）构建公司数据集成中心，实现公司数据标准化与数据共享，使得个性化报告有了共同的数据基础，审计工作向前推进至形成个性化报告的源头数据；（3）拓展了公司报告的实时财务风险监控与预警功能，应用 IIT 建立财务风险监控机制，财务风险信息实时推送，增强了投资者保护；（4）公司信息实时推送节约投资者搜寻信息成本，移动互联网提升用户获取公司信息的及时性、便利性与公平性；（5）IIT 自动对用户使用信息的行为偏好进行收集、分类与跟踪等，便于公司识别用户类型并为其提供个性化的主动关怀，为用户提供相关的决策参考信息；（6）扩大信息披露的内容，为公司充分信息披露提供了条件，增强公司与投资者之间的沟通互动，帮助投资者更好了解公司价值。

4.2.2　AR 模式的数据集成

1. 公司财务数据统一模型

布德尔和科斯柴（Buder and Koschtial，2009）指出，复式记账财务存储数据存在局限性，现代企业资源计划（enterprise resource planning，ERP）系统为决策提供必要的数据能力。曲吉林（2010）指出，会计业务流程重组必须与现代信息技术高度融合，实现数据共享。因此 FSSC 实现财务数据标准化，统一管理与同源分流是 AR 模式运行的基础。在数据对象的命名、数据格式以及数据结构等方面，不同应用系统的异构数据存在不一致。财务数据集成必须进行统一标识，确定元数据从而建立财务数据统一模型，实现共享。XBRL 是通过一组标准化的标记给各项财务数据元素打上能够识别的"标记"，赋予数据确切的元数据。它表示的不仅只是数据，而且是包含内容的数据，是一种对商业数据进行标准化定义和表达的方法。XBRL 继承了 XML 的优点，也是一种开发性数据描述语言，与平台无关的标准文本，能够被所有程序语言读写。伯杰伦（2004）认为，XBRL 是一个关于财务和商业报告数据进行及时、准确、高效与经济的存储、处理、重制以及交流的开放式的、不局限于特定操作平台的国际标准。汉农（Hannon，2005）指出，XBRL 财务数据能在不同系统之间便捷地流动、转换与检索。德布雷森尼等（2005a）指出，XBRL 能够支持财务与非财务数据内容的标识。汤普森和伊耶（Thomson and Iyer，2011）指出，XBRL 为财务信息提供统一数据模式。尹等（Yoon et al.，2011）认为 XBRL 有助于财务信息的内部协同。AR 模式以 XBRL 作为财务数据统一模型，便于财务报告供应链各个应用系统的数据交换与集成，也便于不同形式的会计准则财务数据之间的转换。它有助于实现公司的报告编制、数据分析、互动交流与供应链财务信息的集成，有助于向用户提供低成本、高效率的服务以及可靠而准确的财务信息。它能够实现一次录入重复使用，避免公司财务数据重复性收集，便于不同系统之间交互操作与数据重复使用，节约财务数据产生与传播的成本，便于财务风险监控、报告的实时审计，提高公司报告及时性，也便于报告的使用和分析。

2. 财务数据统一分类

XBRL 全球分类账分类标准设计为满足财务信息数据的整合与分配，使财务信息从交易层面向报告层面高效汇总提供了新桥梁（张天西等，2010）。加尔贝洛托（2006a，2006b）指出，XBRL GL 支持一个组织内不同会计系统数据的整合；支持财务报告元素与基础数据链接；通过可扩展性提供一个数据交换的灵活语言。公司采用统一分类法识别标签的财务数据，使拥有相同标识的不同公司的财务数据具有相同的含义，实现公司财务信息可比性。公司财务元数据不仅包含数据，而且包含相同的数据识别符、财务报表关系、数据归属的年和季度、货币单位和其他描述信息，标签告诉任何计算机应用程序读取的每个数据项的含义。元数据随着财务数据共同流动，使得不同的计算机系统能够以统一的方式自动识别、处理、分析比较这些财务信息。XBRL GL 构成公司财务数据统一分类的通用词汇，分类的本体表示认同的定义和 XBRL GL 分类元素之间的关系。XBRL GL 统一财务分类数据使数据分析更容易，得到授权的用户能够直接从公司财务信息系统中获取实时数据，使他们的分析更有效，同时也便于审计师进行规范审计，减少公司财务舞弊的可能性。基于 XBRL 通用词汇的公司报告与公司审计轨迹资料链接，提高核查效率，便于公司报告持续审计（Rezaee et al.，2001；Pinsker，2003；Chou and Chang，2010）。菲尔威尔（Farewell，2006）、加尔贝洛托（2007）指出，数据是独立的使用标准的标签，数据无须从一种应用转换到另一种应用，使得连接不同系统的数据整合更加便捷。鲍德温和特林克莱（2011）指出，XBRL 能够实现不同公司之间的交易数据的自动处理，便于公司之间的数据交换。霍吉等（Hodge et al.，2004）指出，XBRL 能够让使用者更好获得和整合信息，通过改进公司财务报表信息透明度有助于使用者以及公司管理者选择信息。统一标准分类数据模型克服了不同公司财务信息标准的差异造成的多样性，避免了财务数据不一致影响公司报告的完整性、可比性等。

约翰逊（1970）指出，企业披露过于详细的事项信息将会导致信息超载和信息混乱，有违事项会计理论提高会计信息决策有用性的初衷。因此，可以考虑对事项信息进行一定程度的汇总。汇总要根据事项的特征进行，主要分为三类：（1）相加汇总，它是指同类事项的众多相同特征中同种计量结果的简单相加；（2）组合汇总，它是指对不同事项中众多相同特征的组合；（3）综合汇总，它是指对相同或不同事项众多不同特征的综合。事项信息经过汇总可以产生更有助于用户把握总体概况的新信息。考虑到企业商业机密信息等因素，在事项信息的披露方式上，可以采取企业数据库存储汇总程度不同的事项信息，实现分层次披露公司财务信息。用户可以按照其拥有的公司信息使用权限进行访问，权限越高就能够得到公司越细粒度的信息。如第一层次是原始的未汇总的事项信息，包含的公司信息粒度最小；第二层次是在第一层次信息基础上经过一定程度汇总的信息；第三层次是在第二层次信息基础上经过更高程度汇总的信息。用户可以依据使用权限选择不同层次的信息。利用强大的数据钻取或数据汇总功能，在各个层次之间加上链接，便于使用者在不同层次的信息之间进行转换。XBRL 可以作为实现事项法会计的一种技术解决方案。

3. 基于 Web 服务的集成平台

Web 服务数据通过 XML 传递，屏蔽平台之间的差异，实现异构组件互操作，独立语言、松散耦合应用的交互和集成。它不需要修改原有系统，只需要加一个 Web 服务接口，将其需要的系统功能封装为 web 服务，就能够解决互联网应用系统整合所面临的技术问题，实现财务信息供应链每一个环节的有效集成。魏瑞丽和索伦蒂诺（Virili and Sorrentino，2010）指出，Web 服务是更灵活形式信息系统发展的一个关键性技术。

Web 服务使用 XML 的消息处理作为基本数据通信方式，消除了使用不同组件模型的操作系统与编程语言系统之间的差异，使不同系统能够作为计算机网络的一部分协同运行（徐署华、江文，2007）。Web 服务数据交换层是企业信息集成平台的基础。该平台是集成业已存在的内部多个应用信息系统分散的异构数据源，采用与平台无关的系统集成技术来实现各信息系统的集成。集成过程首先通过一定的方式对不同应用系统异构数据的信息内容进行标识，转换为统一格式之后，实现在不同异构系统间的信息共享。企业内部信息集成平台将数据都转换成统一、规范和标准的 XML 数据格式。Web 服务的主要目标是实现跨平台的互操作。基于 XML、XSD① 等的 Web 服务能够独立于平台、独立于软件供应商的标准，它是创建可互操作的分布式应用程序的新平台（顾宁等，2007）。从结构上看，基于 Web 服务的企业信息集成平台系统分为两个层次：底层数据交换层与应用层，如图 4 - 2 所示。

企业信息集成平台要求不同的企业应用系统提供统一的调用接口，对这些接口统一封装，对外部屏蔽各自应用系统的底层接口，只暴露互相调用所需要的应用程序编程接口。如图 4 - 2 所示，通过 Web 服务应用层，信息系统 A 可以调用封装了信息系统 B 接口的 Web 服务；反之，通过 Web 服务应用层，信息系统 B 也可以调用封装了信息系统 A 接口的 Web 服务。这样信息系统 A 和系统 B 之间互为客户端和服务端，客户端和服务端之间用 SOAP 协议通信，实现信息共享。由于 Web 服务对各个系统之间是采用 XML 格式

---

① XSD 是指 XML 结构定义，即 XML schemas definition。

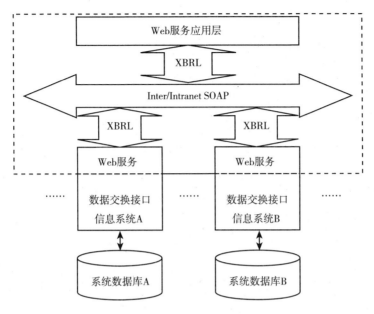

图 4 – 2　基于 Web 服务集成框架

进行信息交换，各个信息系统数据交换封装接口主要封装了各个信息系统各种信息的接口、方法。通过封装接口把各自的内部数据格式转换成 XBRL 数据格式后再发送请求，收到 XBRL 格式的数据之后也是通过封装接口把收到的 XBRL 格式数据解析为各自的内部格式。

4. 财务数据共享

　　财务数据共享是公司报告业务流程再造，实现 AR 模式的基础。基于 Web 服务企业内部信息集成平台实现了企业各应用信息系统之间的信息共享，也为企业与外部系统提供了一个统一的信息访问平台，企业与外部系统可通过这个平台进行信息共享与通信。基于 Web 服务的企业信息集成平台为企业内外并行环境下各个信息子系统之间的数据交换和共享提供了有效的集成手段，它解决了企业各信息子系统之间数据的分布性和异构性问题。通过该信息集成平台实现了各个信息系统之间的协同运行。在企业信息集成平台上，把各应用系统财务与非财务数据按照 Web 服务的标准进行封装，发布服务的 WSDL 文档到内部 UDDI，这样其他应用系统可以通过读取、分析服务的描述文档，获得服务的入口地址、服务名、方法名以及提交方法所需的参数等，从而实现对服务的访问，获取公司报告所需财务与非财务数据。

基于 SOA 的体系结构能实现最大化服务共享、服务交互。它能解决公司财务数据管理与公司报告相关问题,如提供随时需要的访问、数据验证、分析封装于不同系统中的数据、向用户提供实时报告等。

通信技术不断发展,使用户的移动智能终端具备了强大的与公司进行实时信息交互的功能。智能移动终端的 Web 服务集成平台不仅支持 Web 服务的集成与异构数据库的集成,而且使 Web 服务集成更加便捷,因为 Web 服务通过互联网能保持服务始终在线。用户通过移动终端能够实现与公司的实时互动,获取定制信息。王兴山(2018)认为,基于财务共享中心平台,融入大数据与 AI 技术,为智能决策、流程优化提供支撑,最终可以构建企业大脑,这也是智慧企业的重要组成部分。

5. 财务报告实时审计

智能财务的发展使得公司财务数据和审计证据均可以采用无纸化的电子形式,而联机的实时数据处理使得很多交易在发生时没有留下任何纸质凭证,通过实时信息系统获得交易的会计信息,需要执行新的审计程序来完成审计任务。在 AR 模式下,财务报表审计的基本目标和基本审计准则不会发生变化,但审计程序发生了变化,需要审计师实时审计,且完成后立即提供鉴证意见——审计报告。

公司的财务数据标准化与共享为实时审计奠定了基础。实时审计要求环境具备一定的条件:审计师系统与公司信息系统之间建立有效安全的网络连接,实现与被审计单位业务系统和信息系统的集成;数据自动处理,及时生成审计报告;通过智能监控机制对财务异常实时预警;企业信息系统集成,业务性会计数据的实时自动审计完成;数据防篡改措施,如数据改动记录与实时追踪等。

公司对外报告需要外部独立持续审计,它是独立于公司审计和财务报告终端用户之间的审计。持续审计需要有详细规则的自动化审计程序,如1986～1990 年,AT & T(American Telephone & Telegraph)公司贝尔实验室开发了持续过程审计系统(continuous process auditing system)专门针对大型无纸化数据库系统的审计问题,服务于 AT & T 公司的内部审计领域(Vasarhelyi,1989)。因为外部审计与内部持续审计原理有相似之处,格鲁梅尔和默西(Groomer and Murthy,1989)提出的嵌入审计模块(embedded audit module,EAM)将自动化审计程序嵌入被审计单位的会计信息系统,实现外部审计，它为外部审计提供了重要思路与技术参照。瑟西和伍德鲁夫（Searcy and Woodroof, 2003）指出，采用嵌入审计模块 EAM 时，当被审计单位的记录与审计程序中定义的规则存在差异，即存在例外事项时，审计程序就会立即触发报警器，通过电子邮件或短信等形式及时通知审计师，审计师再根据具体情况调查分析，收集审计证据，形成例外报告。林琳（2005）指出，对于高度主观性需要依靠审计师的主观判断方能得到合理审计意见的"软数据"的审计就是一个大难题，这个问题的解决依赖于神经网络、智能代理等人工智能技术的发展及其在审计领域的应用。

对财务监管而言，XBRL 为内部控制评价提供了新的技术手段，可以有效增加监管者的监管手段，提高监管能力。建立在会计准则和会计制度基础上，基于 XBRL 的分类标准将企业的交易行为、账簿记录和信息披露统一起来，使得会计信息始终处于可核查的状态。监管者通过 XBRL 信息平台便捷地了解企业的重大事项和会计信息，提高监管效率。投资者个性化需求多种多样，十分复杂，因此个性化报告千差万别，数量众多，审计师难以对每一份个性化公司报告进行逐一审计。因此，针对个性化报告的审计可以通过公司财务原始基础数据的实时审计来实现，即认为被审计过的原始基础数据在一定规则下形成的财务报告也是经过审计师审计的。因此，个性化财务报告的审计应当是针对个性化报告的源头数据进行审计。

4.3　个性化报告的定制与发送

4.3.1　用户获取信息的技术

1. Pull 技术与 Push 技术

Pull 技术是指由用户使用浏览器登录相关网站获取所需信息的技术。公司把信息发布在网站上，用户通过互联网访问该网站，然后查找自己需要的信息，阅读或下载有关内容，所采用的就是 Pull 技术。该技术是用户有目的的在网上搜索获取信息，其获取信息的时效性差，带有一定的随机性。如用户难以有效地从公司网站大量的信息中搜寻到有用的信息；获取不同公司信息需要进入不同公司的网站。

Push 技术是将用户所需信息直接推送到指定地址（如客户机等）的技

术。Push 技术是为了提高基于计算机网络的信息获取效率，它体现信息服务的主动性。采用 Push 技术，用户只要在初次使用时设定所需要的信息频道，指定所需信息内容及更新时间，系统就能自动搜寻用户感兴趣的信息，此后定制信息将通过 Web 自动推送给用户。Push 技术采用广播方式，对推送给用户的信息是否被接受并没有状态跟踪，因此它不能确保用户收到所需信息，且推送的信息未必都能满足用户的个性化需求。同时，公司信源系统快速地、不断地将大量信息推送给用户会造成信息超载。

虽然 Pull 与 Push 这两种获取信息的方式，数据传输方向都是从服务器流向客户端，但是操作的发起者是不同的。从"信源"与"用户"的关系来看，Pull 技术与 Push 技术各有特点，表 4 - 1 比较了两种技术的差异。

表 4 - 1　　　　　　Pull 技术与 Push 技术的比较

项目	Pull 技术	Push 技术
信息服务特点	随机等待浏览	定时推送信息
信息获取效率	用户通过浏览器获取信息，效率较低，当信源中的信息更新时，用户未必会及时浏览最新信息，及时性较差	按照定制推送，信息获取效率较高，当信源中的信息更新时，在用户有效配合下，可以及时获得推送信息，及时性高
信源任务	信息系统只是被动接受查询，提供用户所需的部分信息，按需求响应，信息传输量小	数据风暴问题加剧了网络拥塞，存在信息超载，信息垃圾不可避免
信息选择	自主选择，自由浏览需要的信息，主动性强	针对性差，只是信息接收者，没有选择权
个性化需求	根据用户自己的需要获取，较好地满足用户个性化	只能按照提供的样式，用户个性化难以满足

2. RSS 技术

网站发布的公司信息会不断更新，投资者上网浏览获取公司信息时，经常会遇到两大问题：一是如何在公司网站发布的众多信息中找到自己真正需要的信息；二是如何能及时获得最新的公司信息。Web 浏览方式难以有效解决这两个问题。它是一种较低效率、费时费力的信息获取方式，且难以实时跟踪公司信息最新变化。如何使投资者高效获取公司信息是公司报告改革的重要问题之一。

1999 年网景（Netscape）公司推出的简易信息聚合 RSS 为解决这一问

题提供了技术支持。RSS 是 Web 站点用来和其他站点之间共享内容的简易方式。RSS 技术可理解为一种方便的信息获取工具，通过它公司可向定制信息的投资者实时推送信息。采用 RSS 获取信息的投资者可以不必登录公司网站进行浏览，只要使用支持 RSS 的聚合工具软件，就能在不打开公司网站内容页面的情况下阅读该网站内容，并可以方便地实现对某类信息的全程跟踪，并主动提供用户定制信息。RSS 作为一种全新的资讯传播方式，为公司报告的发布提供了新的手段。基于 RSS 的公司信息发布具有以下特点：

（1）高效信息发布方面。RSS 技术发布系统能有目的、有针对性地主动寻找信息用户，信息传递与利用效率会大大提高，信息的商业价值得以充分发挥；用户获取的信息量可以得到控制，避免了信息超载对网络资源的大量占用；信息发布的时效性强、成本低，实现持久文件传输、新旧内容自然衔接与灵活的通知方式。

（2）个性信息服务方面。个性化服务是动态而主动的，用户只要在最初设定之后，系统就能够自动跟踪用户的使用倾向，不需要用户持续请求而主动地将新信息传送给用户。因此，个性化的主动信息服务是其最基本的特点之一。采用 RSS 技术，用户具有充分权限进行灵活便捷的设置，如可设定连接时间、推送内容等。既满足个性化需求，又不会造成信息超载。

（3）信息安全管理方面。RSS 仅向用户推送定制信息，不会有广告类信息影响用户对标题或者专题的概要阅读、存档等，从而对信息进行有效的管理。其便利的内容管理、无垃圾信息，也减少了网络病毒对用户计算机侵害的概率。

3. 智能信息推送模式

RSS 技术为公司提供了一个实时、高效、安全与低成本的信息推送方式。如果投资者需要若干个公司信息，且这些公司网站每天只有少数内容有更新，就完全没有必要浏览全部网站内容来获取所需的更新信息。RSS 的"同步更新"功能，只向投资者推送各个公司网站的更新内容，这一方式改变了公司信息的发布与接收模式，大大提高了投资者获取公司信息的效率。用 RSS 订阅 Web 信息可以看作一种公司网站内容的"直销"模式，它将用户按需定制的信息源内容自动及时传送到用户指定的地址，用户就可以实时获取所需的公司信息。这种信息传递方式实现了及时、高效和有针对性。

RSS 技术结合信息"推送"与"拉取"两项技术优势，取长补短，在此基础上再融入人工智能、数据挖掘、机器学习、知识工程的知识推理搜索方法与信息检索及数据库等技术，从而形成"智能信息推送技术"。它能够做到"公司报告信息的信源"向"投资者信息需求的信宿"快速、准确传递信息，实现主动的、个性化的信息推送服务。公司也可以从推送的大量信息中归纳投资者最关心、最感兴趣的信息并跟踪发现投资者需求的内在规律。RSS 技术提高了信息披露的公平与效率，给投资者带来了高效、便捷与个性化的信息服务，为 AR 模式信息实时推送提供了技术保障。

4.3.2 个性化报告按需定制

"大智移云"为按需定制模式提供了技术支持。个性化报告需要解决"公司财务信息充分供给"与"用户财务信息个性需求"之间的矛盾。如同客户到超市采购商品，超市要有充足的货物供客户选购才能满足不同客户的个性化需求。借鉴超市的运营思路，公司需要收集全面的事项数据构建用户可以进行实时互动与自主选择的"数据超市"以满足个性需求。用户与公司能够进行会计信息互动披露模式，其操作步骤包括：（1）构建数据仓库，将从信息源获取的各种数据安全地保存于信息超市；（2）用户需求选择，用户运用报告生成器，菜单式选择所需的信息；（3）用户需求反馈，用户通过网络向公司传递其对信息的特殊需求；（4）供需相互沟通，公司财务信息中心提供网上交流平台，协调双方矛盾；（5）公司信息供给，根据用户需求，公司在保护商业机密的条件下，为用户提供特定的信息。

1. 用户个性化报告需求

IT 的发展影响人们的信息交流方式，互联网改变了人们传统的时间与空间观念，实现了人们任何时间、任何地点进行"面对面"的实时互动。互联网环境下投资者使用信息的自主性增强，公司报告的统一模式与用户个性信息需求矛盾突出，而公司提供量身定制的报告能够更好满足投资者的个性需求。萨克斯顿（Saxton，2012）指出，新媒体（通信技术）代表机制体制和身份变化。互联网为中小投资者提供更多获取公司信息的渠道，它使得机构投资者和信息中介相对于中小投资者的信息优势减少。公司通过网站发布的财务信息能够被投资者检索、下载，采用财务软件等重新进行分析，得到满足用户决策需要的专用信息。财务信息网上披露为所有用户提供不受时间与地点限制获取公司信息的机会，实现用户使用公司信息上的"平等与民主"。个性化需求信息定制要求用户与公司能够进行互动，而互联网具备实时互动技术特征。互联网提升投资者使用公司信息的便利性与自主性，为财务信息的个性化定制提供了技术条件。罗博顿和莱默（Rowbottom and Lymer，2009）通过用户在线调查发现，用户对下一代网上公司报告的突出要求表现为更易实现报告的信息定制和交互性。

XBRL 的应用推进财务报告的变革，改变财务专业人士的工作方式，会对公司报告模式产生重大的影响。用户希望公司报告信息实现多样性、有用性与及时性。AR 模式按需定制个性化报告满足了多样性需求，避免了 GR 模式采取"单一尺寸"去满足用户多样需求的局限。公司数据中心可向用户提供公司财务基本信息资源库，元数据的各种组合向用户提供众多可选择的多样化公司报告"套餐"，允许用户按需求自定义报告内容、报告时间，定义用户特定的触发事件报告。公司可以利用互联网技术来获得更多的潜在用户。AR 模式为用户提供个性化的信息定制，减少统一模式带来的信息不足与超载问题，使公司报告更好满足投资者的需求。

2. 公司报告个性化

GR 模式难以为不同用户提供个性化报告，一方面，用户需求众多，从成本与效益角度出发个性化报告编制不经济；另一方面，公司没有统一的财务数据标准，个性化报告的审计十分困难。构建公司数据中心与采用财务信息统一标准为用户个性化信息定制奠定了基础。FSSC 成为公司财务信息"集散地"，为用户个性化报告提供了共同的数据源，从而有效解决了个性化报告"数出同源，数据共享"与个性化报告的审计问题。AR 模式供需双方数据流始终是双向并行的，采用模块化自动生成个性化报告，满足不同用户需求。通过多媒体将个性化报告的数字、文字、图表、声音和视频等组合在一起，改变 GR 模式的单一性，使信息呈现更直观、形象与多样性，便于用户的理解。在 XBRL 规范下，运用软件公司相关数据自动从数据源拉取或推送。它允许自动化的动态报告，自动反映公司经营状况与财务风险最新信息，从而进一步规范公司财务报表，提高财务信息的透明度。

财务报告可以看成具有特定标识的财务元数据的一种组合，各个标签的具体信息能够被计算机识别与读取，而不同的元数据组合可以形成不同的报告。公司实时信息系统将自动对公司的财务、交易和其他商业活动原始数据进行记录，标准化后通过网络自动存储到数据中心，为用户提供统一标准化的基本数据，形成公司数据中心，为进一步挖掘提供资源库。基本信息集中的元素多样化组合能够满足不同类型用户的个性化信息需求。实际上，不同用户的需求信息集都可看成是基本信息中的某个子集，报告功能模块按需提取数据子集进行变换得到用户的个性化报告，通过柔性报告系统加工成用户定制的个性化信息，智能系统实时向用户推送个性化定制信息。财务数据超市中的资源采用分层管理，对不同用户授予不同数据资源的使用权限，投资者通过授权虽然可以使用数据，但是不能存取与修改数据，以最大限度的保护公司数据与商业秘密。AR 模式为用户提供菜单式柔性化的按需报告互动界面、财务数据分析模型，投资者可以方便地检索、分析和评价多家公司的同一类信息，提高报告信息的相关性、可比性，为用户决策提供更好的支持。

3. 定制信息流程框架

向不同用户提供按需定制的个性化报告流程如图 4 - 3 所示。

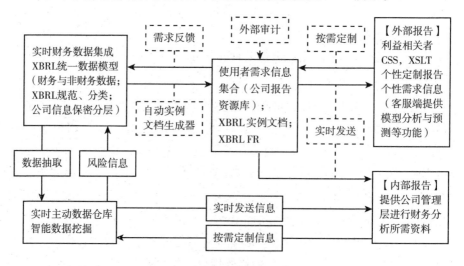

图 4 - 3　AR 模式个性化报告流程

报告流程主要涉及以下六个方面：

（1）公司数据集成。公司财务共享服务中心实时自动记录财务数据，按照 XBRL GL 分类标准自动进行分类，实时封装集成，自动收集整理成为统一数据模型，存储于公司数据中心。构建公司财务实时主动数据仓库，采用 IDM 发现对决策有用的知识。

（2）实例文档生成。应用 XBRL 软件实例生成器自动生成 XBRL 实例文档。该实例文档包含用户需求的基本信息集，一个特定的个性化报告可以看成是基本信息集的某个变换的结果。用户按需定制的个性化报告可看成基本信息集相对应的某个子集，其中通用财务报告为基本信息集的特例。

（3）公司报告审计。外部审计师对基本信息集 XBRL 实例文档的真实性进行检验，也就是对个性化报告的财务数据源头进行审计。采用实时审计以保障公司报告的及时性。

（4）按需定制报告。用户发送按需定制的报告样式，通过客户端向公司发出请求，服务器再根据用户自定义的个性化报告将信息发送至客户端，生成符合用户需求的个性化报告。

（5）个性报告发送。将用户需求的个性化报告实时推送至客户端或指定地址，用户可获取个性化报告。如果用户需要不同公司的信息，则可按需定制不同公司的个性化报告，以便进行比较分析与决策参考。

（6）需求反馈互动。用户通过客户端向公司传递特定需求信息，公司智能系统自动对用户需求进行分析，自动搜索或挖掘用户需求的信息，并向用户反馈所需信息或推荐相关信息。

AR 模式以用户的信息需求为中心，个性化报告能够充分体现信息需求差异，以协调财务信息供求关系，解决信息供给超载与不足问题，缓解公司信息供求矛盾，缩小财务信息期望差距，为用户提供可柔性组合构建个性化报告的丰富选项。基本报告信息，如报告要素及附注、前瞻信息及背景信息等；会计政策与计量系统，如各种处理方法及解释、会计估计等，包括计量单位和计量属性；分析信息与模型库，如各种财务分析方法、数量建模、数据挖掘模型等；多种计量信息与多元化输出，更好满足用户多元化需求，如通货膨胀、公允计量等；其他信息，如各种会计政策、社会责任信息、分部信息等。各个功能模块包括若干个可供选择的项目，用户可按照自己的需求选择不同的组合，得到所需的个性化报告。

4. 投资者个性化信息推荐

AR 模式具有自动记录且跟踪不同投资者需求信息并对其行为等进行归集和分类，收集投资者反馈，判定其需求类型并主动实时作出响应的功能，为投资者决策提供相关的信息服务。如建立适应用户需求进化的个性化信息服务模型（谢海涛、孟祥武，2011）。AR 模式的个性信息推荐功能基于投资者信息需求市场细分测度的相似性进行分组，跟踪出现的兴趣共同体，建立投资者需求预测模型。如对当前的投资者特征与其他投资者特征进行比较，以确定数据库中与当前类似的投资者，根据类似用户的兴趣推断当前用户的需求，然后据此推荐个性信息。AR 模式围绕投资者特征向用户推荐有参考价值的财务信息、分析与决策模型。自我发展的决策支持系统不断进化提升，更好地为投资者提供个性化的财务信息。公司个性化报告提供按需设置不同层次的输入与输出的动态菜单，满足不同用户的个性需求。构建向用户推荐合适的模型以满足不同类型需求的智能模型库管理系统。李斯特（Lester，2007）指出，基于 XBRL 的功能软件通过智能互联网代理，促进财务信息的便捷访问。个性化服务满足用户最初设定的规则之后，系统能够自动跟踪用户的使用倾向，并主动将信息推送给投资者。

4.3.3 个性化报告自动发送

1. 信息主动发送

RSS 信息推送技术属于 Web 2.0 时代兴起的新技术之一，它提供了个性化获取信息的一种新方式（杨俊、兰宏勇，2008）。RSS 克服了互联网上信息传递方式 Push 与 Pull 的不足，可向用户实时发送定制信息。李春等（2009）认为，个性化服务作为一种崭新的智能信息服务方式，可以通过收集和分析用户信息来学习用户兴趣与行为规律，从而制定相应的服务策略和服务内容，按照用户的个性化信息需求主动地推荐服务。AR 模式采用智能信息收发技术有助于投资者高效、及时地获得满足个性化需求的公司最新信息。如以用户为中心使用智能手机访问个性化工作站上的 Web2.0 服务（Boukayoua et al.，2011）。RSS 通过 XML 标准定义了一系列的语法和标签，用于内容包装和发布，实现同步更新、即时阅读、资源共享等。只要使用支持 RSS 的聚合工具软件，就能在不打开公司网站的情况下阅读该网站内容，并可以方便地实现对某类信息的全程跟踪。只要下载和安装一个 RSS 公司财务报告阅读器或汇集器，就可以从公司网站的目录列表中订阅所需的内容。采用 AR 模式自动生成用户定制的满足其个性化需求的公司信息并实时向用户发送，提高信息发布的时效性，用户具有充分权限进行灵活便捷的设置：可设定连接时间、推送内容等，既满足个性化需求，又不会造成信息超载，信息传递与利用效率会大大提高。

2. 发送系统总体框架

AR 模式信息推送系统包含服务器和客户端两个部分，基本框架如图 4 - 4 所示。

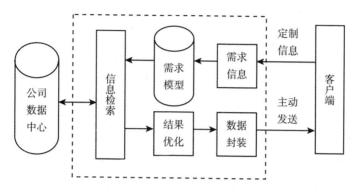

图 4 - 4　信息发送系统基本框架

推送系统服务器具备常规的信息存储、发布和管理的功能，这些功能具体包括用户信息的采集、信息增加、信息发布、信息修改、信息删除、信息分类和信息搜索等。它还具备相关文件的生成、包装和发布功能，以便将信息快速传递给用户。

客户端主要供用户在系统中注册、登陆和查看信息的摘要或详情。智能手机、PAD 等通信设备功能增强，越来越成为投资者获取公司信息的工具，它能够不受时间和空间的限制，真正实现任何时间、任何地点便捷获取公司信息的目标。XML 格式的 RSS 文件极易传输、处理和存储，基于手机客户端的 RSS 阅读器能使用户及时获得自己定制的最新信息，并可以高效阅读，给用户带来便利。故原型实验选择手机作为客户端平台，以满足客户端获取信息的实时性和便利性要求。

服务器负责收集信息形成频道内容然后推送给用户，为用户提供主动服务。客户端则主要负责提交指令、接收数据并对数据进行处理。通常推送信息的服务器对信息进行分类组织，并将用户需求信息发送给用户，若用户需要详细了解某一方面的信息则可以再次获取该项内容。因此，这种方式减少了传输的数据量，有效提高了信息获取的效率。RSS 技术能够对非结构化的和半结构化的信息进行结构化的表达，并体现简单的语义描述。它改变了投资者通过浏览网页获取公司财务信息的方式，可以实时获取按需定制的个性化公司报告。

4.3.4 信息发布的原型实验

1. 实验基本条件与实验设计

根据 RSS 信息推送发布系统的基本框架分析，AR 模式信息推送发布系统原型实验以 Java 语言为基础平台，分服务器和客户端两个部分实现。服务器端部分采用 SSH2 的轻量级 J2EE 架构，以 SQL Server 2005 为后台数据库实现支持 RSS 的信息系统；客户端基于 J2ME 平台，以 KXML 为 XML 解析器开发 RSS 手机阅读器，手机接收信息实现不受时间与地点限制的全天候获取公司信息的目标。

2. 功能模块集成

（1）服务器端。信息推送发布系统的服务器端由四个功能模块集成：信息检索模块、资源优化模块、数据封装模块和信息更新模块（见图 4-5）。

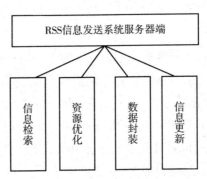

图 4-5 发布系统功能模块集成分析

信息检索模块。将获取的用户需求转换成相应的查询关键字，组成标准的查询语句，借助系统查询功能在数据库系统中检索用户感兴趣的信息。

资源优化模块。对查询结果进行优化，包括对重复数据的清洗、对数据集按照某种规则进行排序、限定发布信息条数等。

数据封装模块。即使用 RSS 规范将用户定制信息推送给用户。它是将优化后的检索结果各个字段根据用户的需要，按照 RSS 的规范填入相应的 XML 标签当中，生成 RSS Feed，后缀一般为 rss 或 xml。当用户将 RSS 文件的 URL 加入 RSS 客户端后，通过打开这个 RSS 链接，就会收到所需的信息。

信息更新模块。用于阶段性或实时更新 RSS 文件中包含的用户需求信息。由于信息都在不断更新，用户通过客户端只能获得登录时的最新信息，此时需要系统能够在许可的时间范围内将新发布的信息及时送达用户，以保证信息的实时性和有效性。

（2）客户端。客户端用于解析 RSS 文件，将服务器推送的内容显示给用户。客户端主要有三个功能：RSS 源管理功能、解析功能和显示功能。RSS 源的管理功能就是对存储在客户端的各个 RSS 源进行管理，主要包括显示所有可用的 RSS 源；修改 RSS 源的各个参数，如 RSS 源的名称、URL 等；添加 RSS 源；删除 RSS 源。解析功能就是从 XML 格式的 RSS 文件中提取各元素的数据，然后将 XML 文档中封装的内容解读出来，解析功能是客户端核心的功能。显示功能是将解析出来的内容重组成新的便于用户利用的表现格式提供给用户。

3. 信息发送流程

公司网站上提供 RSS 订阅功能，包括添加 RSS 链接，或者提供相关 RSS 文件的 URL，根据用户的登录信息获取用户的订阅需求。系统可以事先将信息根据类别或用户需求聚合成单个频道或者多个频道。用户访问信息时，使用客户端打开 RSS 文件的链接，此时系统有两种处理方法。一种是 RSS 链接 URL 指向一个空内容的页面，系统通过用户传送过来的频道信息获取关键字，提交给后台数据库进行查询，而后将查询结果进行一系列的过滤、优化等处理以生成相应的频道列表信息，最后通过封装程序生成 XML 格式文件写入空页面中。另一种是 RSS 指向一个 XML 文件，该文件由服务器的相关程序预先生成并存放在服务器上，用户通过链接直接静态获取，该 XML 文件的更新机制则采用多种形式，可以在定时更新或数据库更新时进行更新。

上述两种方法各有优缺点。第一种做法的优点是管理方便，因为不需要为每个频道生成 XML 文件，所有的 RSS 请求都由一个后台页面处理，接口统一，而且系统的信息实时性强。缺点是每次访问 RSS 链接时，都要动态地写出 RSS 频道列表，访问效率相对较低。第二种做法的优点是访问时只是返回一个静态的 XML 文件，不需要在用户访问时临时访问数据库生成，所以访问效率相对较高。缺点是每更新一次频道列表中的项时，就要自动地重新生成 XML 文件以保证 RSS 文件是最新的，这样就降低了更新的效率。原型实验信息推送发布系统采用第一种方法。

4. 原型实验程序设计

公司针对投资者风险教育的资料，向投资者实时推送有关信息，设计测试实验的 RSS 文件内容和格式如下：

```
< ?xml version = "1. 0" encoding = "gbk"? >
< rss version = "2. 0" xmlns:atom = "http://www. w3. org/2005/Atom"
xmlns:cf = "http://www. microsoft. com/schemas/rss/core/2005"
xmlns:dc = "http://purl. org/dc/elements/1. 1/"
xmlns:trackback = "http://madskills. com/public/xml/rss/module/trackback/"
xmlns:wfw = "http://wellformedweb. org/CommentAPI/"
xmlns:slash = "http://purl. org/rss/1. 0/modules/slash/" >
< channel >
< title >测试 SysDemo 的 RSS 功能 </title >
< link > http://localhost:8082/MyEclipes3/ </link >
< description >测试 Demo 中所有 RSS 列表 </description >
< item >
< title >投资者风险教育 </title >
< link > http://localhost:8082/MyEclipes3/article/showArticle. action?article. id =
38 </link >
< description > < ![CDATA[ < p >上市公司的质量鉴定书:审计报告。公司
在年报中披露的财务报表的真实性、准确性与完整性,还必须由独立第三方进
行审计。出具的审计报告分为两大类:一种是标准无保留意见审计报告,表明
审计认为财务报表质量合格。另一种是非标准意见审计报告,对这样的公司
投资者在选股时定要更加谨慎。因为,财务报表质量不合格的往往意味着该
公司隐含着巨大风险。 </p >]] > </description >
……
</item >
……
```

5. 原型实验结果

当客户端通过 RSS 文件的 URL 访问系统服务器时，系统将根据用户需求查询数据，查询结果实时生成一个 XML 格式、包含指定相关信息的 RSS 文件。客户端具备存储一系列 RSS 文件的 URL 功能，能够对存储 RSS 文件下的各种参数属性进行管理，并且能够使用 KXML 解析器解析获取内容。客户端的 RSS 文件列表，通过屏幕下的菜单按钮可以添加、修改和删除 RSS 文件信息，添加 RSS 文件界面。客户端进入 RSS 文件列表，打开 RSS 文件链接，从服务器处获取 XML 文件并进行解析，将该 RSS 文件的信息列表显示出来。通过点击列表中某个信息的标题，用户即可进入查看该信息的内容摘要。原型实验中用户就可以获得所需的推送信息。在确认获取到服务器的 XML 文件后，客户端计时器开始计时，当计时结束，客户端将再次向系统发出请求更新信息摘要。基于 RSS 技术的主动实时信息推送发布系统的原型实验，为 AR 模式信息推送提供了技术可行性验证。

4.4　本章小结

本章包括三个部分，第一部分分析工业经济时代传统会计流程在编制财务报告中的局限性，从流程重组的角度讨论改进会计业务流程提升报告编制的效率。基于数据处理的角度探讨个性化公司报告要进行会计业务流程重组与公司报告模式再造，在"大智移云"背景下通过 IIT 与 XBRL 相结合，利用 XBRL 技术封装数据具有标准化、结构化、可扩展、跨平台等优点，实现财务数据共享，优化会计业务流程。第二部分讨论 AR 模式的信息集成平台，包括 AR 模式的三个功能模块，基于 XBRL 公司数据统一模型，公司财务统一信息集成平台架构。第三部分讨论公司个性化报告的按需定制机制，主要包括个性化信息需求分析与个性化报告生成、AR 模式的个性化报告定制流程框架、讨论主动实时信息发布系统基本框架，以及进行定制信息实时推送的原型实验。

第 5 章

AR 模式的财务风险监控

及时向投资者报告公司的财务风险信息能够更好保护投资者。GR 模式信息披露的时效性不足，无法实时向用户报告财务风险信息，如 1995 年巴林银行已经破产，其年度财务报告还未产生，因此实时财务风险信息披露是公司报告模式改革的重要方面。"大智移云"背景下公司经营环境发生了巨大的变化，一方面，公司财务数据从产生、收集、加工与传输等能够"不落地"地在虚拟的网络空间流动与实时处理；另一方面，已经能够实现向不同用户实时同步推送公司信息。IDM 技术已经具备强大的归纳和推理能力，可以从公司海量财务数据中进行持续挖掘，归纳出动态规则，推断公司财务异常情形，使得公司报告实时风险监控具备技术可行性。

5.1 公司财务风险与监控

5.1.1 公司财务异常

财务异常是指公司财务状况偏离预期目标达到某一程度的情形。公司财务状况偏离预期目标有正偏离与负偏离两种情形。正偏离财务异常是指出现公司财务状况比预期目标好，超过预期目标一定程度；负偏离财务异常是指出现公司财务状况比预期目标差，低于预期目标一定程度。财务负偏离是投资者关注的重点，直接危及投资者的投资安全与公司的财务安全，也是公司经营者与监管部门关注的重点。目前，学界对公司财务困境或财务危机的概念表达有财务失败、无力偿还、违约、破产等。财务失败是指公司无法偿还到期债务的困难和危机。公司财务失败的具体情况和严重程度是不同的，根据资产总额与负债总额的关系分为技术性失败和经济性破产。凯西和巴尔特恰克（Casey and Bartczak，1985）认为它是指公司申请破产；奥特曼（Altman，1968）认为它是指经营失败、无偿付能力、违约或破产四种类型并把公司破产作为主要标志；比弗（Beaver，1966）认为除公司破产外还应该包括债券到期不能偿付、银行透支严重、不能支付优先股；迪肯（Deakin，1972）认为仅仅包括已经经历破产、无力清偿或为债权人利益而已经进行清算的公司；谷祺和刘淑莲（1999）认为它是指上市公司无力支付到期债务或费用的一种经济现象，包括从资金管理技术性失败到破产以及处于两者之间的各种情况；等等。国内一些研究把上市公司被特别处理（special treatment，ST）作为财务困境或财务危机的标志。如陈静（1999）、吴世农和卢贤义（2001）的研究采用这一方式。虽然国内外学者从不同视角探讨财务困境或财务危机，形成公司财务困境与危机的诸多表述，但是这些学者较为共同的观点是把财务困境或危机定义为公司偿付能力的丧失，即认为它无力支付到期债务或无力维持必要支出的一种经济现象，包括从资金管理技术性失败到破产以及介于两者之间的各种情况，破产则是财务困境或危机的极端形式。本书讨论公司财务风险是指上市公司财务出现困境或财务危机的状态，在上市公司财务风险智能监控实证研究中，将 ST 公司作为财务出现困境或财务危机状态的公司样本。

5.1.2　公司财务预警

1. 财务预警与投资者保护

相对控股股东和机构投资者，中小投资者处于信息劣势地位，其权益容易受到损害。中小投资者保护主要是指保护投资者作为上市公司的出资人所应享有的法律上的权利与经济上的利益，保障投资者在证券市场公正的信息获取权和平等交易权等权利，避免中小投资者因为信息劣势而受到公司虚假信息披露、市场操纵和内幕交易等非法行为的侵害。可见，投资者保护并不意味着投资者可以稳定获利而不用承担证券投资决策失误的损失（如由于股价波动造成的投资亏损等）。证券市场投资收益与风险密切相关，高收益往往伴随高风险。如果公司报告能够有效帮助投资者规避或降低投资风险则有助于投资者保护，公司也能更好地吸引投资者。GR 模式难以实时向投资者报告公司财务风险或进行财务预警。若投资者发现公司发生财务危机而不披露相关信息，就会对该公司失去信心而采取"用脚投票"。如果投资者发现该公司隐瞒财务危机涉嫌欺诈，会通过法律保护自身利益。因此，公司实时主动向投资者报告风险对公司长远发展是有益的，它往往能够得到投资者信任，为公司持续经营奠定更加牢固的基础。

公司若能有效、及时的与投资者进行沟通，就可以获得投资者的理解和支持，其重要性甚至超过公司一时的盈利。因为投资与投机不同，投资者往往会从更长远的时间、更广的空间观察上市公司未来的前景。公司一时的财务困境未必会动摇投资者的投资信心。因此在证券市场上，公司充分的信息披露应当表现为对公司经营过程出现的"好消息"与"坏消息"采取"平衡披露而非权衡披露"。换句话说，公司在向投资者迅速传递好消息的同时也应及时披露坏消息，它可以使公司在资本市场上树立良好的形象，从而增强投资者的信任。孙燕东（2009）指出，由于公司环境因素与内部管理因素等造成任何公司都不会只存在对公司有利的信息，不可避免地要碰到一些负面信息，而投资者并不害怕听到不利消息，最具伤害的是对公司信息的不知情。公司有好消息时，与投资者交流固然很重要，但在公司出现危机时，及时与投资者沟通就越发重要。平衡披露以保护投资者的知情权和投资利益，这是投资者关系管理的关键所在。

从公司视角，投资者是公司最重要的"资产"。公司一旦失去了投资者的信任，就难以在证券市场获得融资。如果公司能够与投资者建立良好的关系，就会得到投资者的有力支持。从投资者视角，实时财务风险预警是公司诚信与自信的体现，也是股东对公司经营情况知情权的体现。投资者作为公司的利益相关者，其投资受益的结果也使公司自身受益。

公司财务风险实时预警不仅是投资者的希望，同时也是审计人员的希望，因为审计若能够实时向投资者提供公司财务风险就会降低被诉讼的概率。艾博思和克鲁斯（Eccles and Krzus, 2010）指出，审计公司面临的挑战之一是他们常常成为诉讼的对象。当一家公司的股票价格突然遭遇暴跌时，审计公司几乎无一例外地以股东诉讼的方式被起诉。当一家公司破产时，审计公司也会因为没有就公司财务危机向投资者充分预警而被起诉。

2. 财务异常实时监控

如果投资者能够及时发现公司财务危机，就可以采取有效措施规避公司的财务风险。传统会计业务流程产生的通用报告定期发布时效性差，它通常只能为投资者提供事后评价的信息。新型信息技术为公司主动财务预警奠定了技术基础。IDM 技术能够从动态数据环境中实现自治与持续挖掘并推断、归纳财务异常信息；能够通过不断的自适应学习，丰富财务预警领域知识库并不断提高财务预警识别系统的风险判断能力。Web 服务与 RSS 等技术实现了将公司财务风险信息实时推送给投资者。因此，从技术上讲，在"大智移云"环境下 AR 模式实时财务预警过程能够自动实现公司从数据收集、数据存储、数据处理、智能挖掘、模式识别、财务预警与预测、风险信息自动推送等一系列步骤，为公司实时财务预警奠定技术基础。

公司财务数据信息标准化、信息供应链各个环节的数据无缝对接是公司财务状况实时监控的基础。XBRL 为概念定义了统一属性和关系，实现了概念和概念关系的结构化，使得计算机可以自动识别、自动校验；实现了公司财务信息在供应链各个环节的无缝对接。基于 XBRL 财务数据标准化消除了公司财务报告格式和语义的不一致性，结构化统一标识的数据便于自动识别、自动校验和自动处理。这些优点提高了数据的准确率和可靠性，数据处理的高效率降低了数据处理成本，便于公司进行财务数据挖掘，发现其蕴含的深层价值，达到财务异常风险实时监控的目的。

5.1.3　财务风险监控环境分析

1. 财务监控指标选择原则

公司财务异常往往表现为财务结构的变化，因此以反映公司财务结构指标变化为切入点构建公司财务风险监控模型具有广泛的适应性。公司财务结构指标众多，要迅速且准确测度公司财务状况，就要从大量的财务指标中选择一些敏感性与先兆性的指标构成财务监控指标体系，以期更好的监控效果。指标选择应遵循以下原则：一是系统性原则，要求选择指标能够统筹考虑影响公司财务各个方面的因素，反映公司财务的总体状况，实现对公司财务异常状况的综合判断；二是敏感性原则，要求选择对公司财务变化具有较强先兆预测能力的敏感指标，通过对这些财务指标的分析就能够及时判断公司财务状况的变化趋势；三是可比性原则，要求风险监控所选择的财务指标应具有较强可比性，如财务比率指标；四是可操作原则，要求选择的财务监控指标含义明确、易于计算与容易获得，便于解释说明指标变化与财务异常状况之间的因果关系。

2. 非财务指标

公司生产经营与管理过程会受到所处外部环境的直接或间接影响。一些重要外部因素的变化甚至关系到公司的生存与发展，主要因素包括：（1）政治因素，如国际关系、政治形势、公共政策等；（2）经济因素，如经济政策、通货膨胀、利率变动、汇率变动、税收政策等；（3）法律因素，如环境保护法律、产品质量标准等；（4）技术因素，如新技术、新工艺、新材料等；（5）灾害因素，如社会灾害、大规模传染疾病、国家或区域冲突、重大自然灾害等；（6）市场因素，如供应链、同行业竞争、供求关系等；（7）社会因素，如流行趋势、消费观念等；（8）管制因素，如行业政策、行业监管强度等。外部因素是不可控因素，它更多表现为直接或间接对公司生产经营与管理产生的影响，进而影响公司的财务状况。每个公司的生产经营都处于产业链或供应链的特定环节，与其他公司形成有机整体，相互影响与相互制约。随着经济一体化与技术进步加速，其持续经营过程越来越受到外部环境因素的影响，因此财务风险监控应当越来越重视外部因素变动对公司财务的影响。特别要加强对公司生存与发展有重大影响的外部因素变化的实时监控，以降低或规避这些风险给公司生产经营造成的重大负面影响。

3. 财务指标

财务数据能够直接体现公司财务状况，外部环境因素对公司经营的影响终究要体现在公司财务指标上。要准确测度公司财务状况，综合反映公司的盈利能力、偿债能力、流动能力、营运能力、现金流量和发展能力，就要从公司大量的财务指标中选择一些敏感性的财务指标构成评价指标体系，因此构建公司财务评价指标体系是财务风险监控的关键。公司财务比率能从多个方面反映公司的财务状况，可以从中选择若干个方面组合构建财务监控指标体系。阿根提（Argenti，1976）认为公司失败之前会出现的征兆之一就是财务比率征兆。李秉成（2004）指出某些财务比率是公司财务困境预测的有用指标。这些比率指标或者其组合在公司陷入财务困境之前表现出某些特征，通过分析这些比率指标能够提前给出公司困境的早期警告。如为了克服单变量分析的局限性，奥特曼（1968）将多元判别分析方法引入财务困境预测领域，建立 Z 模型方法。[①] 该模型选择了五个财务比率值：运营资本/总资产、留存收益/总资产、息税前收益/总资产、股票市场价值/债务账面价值、销售/总资产。马德林和杨英（2007）提出根据历史、现在与未来财务表现对公司的财务异常进行判断。其中，历史财务表现指标有净资产收益率、销售净利率、已获利息倍数、总资产周转率；现实财务能力指标有速动比率、股利支付率、现金流量比率、资产负债率；未来财务潜力指标有主要业务收入增长率、净资产增长率。

公司财务比率能从短期偿债能力、长期偿债能力、运营能力、获利能力、现金流量、发展能力、资产结构、资本结构等多个方面反映公司的财务状况。财务预警研究可以从中选择若干个方面组合构建财务预警指标体系。常见的财务比率指标有：（1）反映公司盈利能力方面，如营业毛利率、营业收入净利润率、资产报酬率、资产净利润率、每股营业收入、每股收益等；（2）反映公司偿债能力方面，如资产负债率、流动资产比率、流动负债比率、长期负债比率、有形净值债务率、利息保障倍数、财务杠杆系数、经营杠杆系数、综合杠杆等；（3）反映公司流动能力方面，如流动比率、速动比率、营运资金比率等；（4）反映公司营运能力方面，如应收账款周转率、存货周转率、流动资产周转率、总资产周转率、股东权益周转率等；（5）反映公司现金流量方面，如每股经营活动现金净流量、经营活动流入比率、经营活动现金流入流出比、筹资活动现金流入流出比等；（6）反映公司发展能力方面，如主营业务收入增长率、总资产增长率、净利润增长率等。

5.1.4　财务风险智能监控框架

1. 实时财务风险监控系统

主动报告模式实时财务风险监控流程主要由三个系统构成：动态输入系统、实时处理系统、实时输出系统（见图 5-1）。三个系统的主要功能包括：一是动态输入系统，根据财务风险监控要求，从实时财务信息系统中抽

[①]　陈工孟、芮萌、许庆胜：《现代企业财务困境预测》，上海财经大学出版社 2006 年版，第 14 页。

取有关数据加载进入实时主动数据仓库（real time active data warehouse, RTADW）为 KDD 提供数据源；二是实时处理系统，采用 IDM 技术对公司财务增量数据进行自治持续的数据挖掘，发现公司财务异常状况；三是实时输出系统，实现对已发现的公司财务风险信息的及时报告，为用户提供对决策有用的信息。

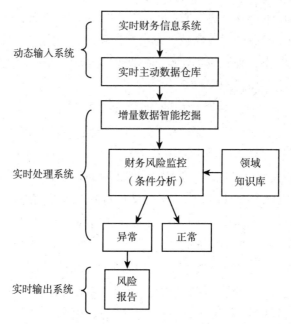

图 5 - 1　实时财务风险监控流程

2. 实时财务风险智能监控

公司经营过程中的财务数据随时间动态持续增加，IDM 为公司实时财务风险监控提供了有效的方法。智能计算具备处理大量复杂数据的非线性关系能力，它具有非参数且易于学习和训练等特点。训练后的神经网络只需要输入公司有关财务数据，就可得到公司财务状况的判断结果，而不必考虑输入数据在神经网络模型的处理过程。智能计算具备对大量复杂的数据进行实时的规则提取、模式识别与趋势分析等能力，能自适应环境的变化，为公司实时财务风险监控提供了一个强有力的工具，如运用商业智能解决公司财务风险问题（Zhou et al.，2008）。它能够为公司提供联机分析处理、数据挖掘、财务报表分析、公司财务风险定量决策支持的综合解决方案，实现企业风险管理目标，如财务数据增量式关联规则挖掘风险分析的加权模型（Mei and Zhu，2008）。巴克等（Back et al.，1996）、蓬佩和菲尔德斯（Pompe and Feelders，1997）等国外学者的实证研究表明，在财务异常预警方面，采用智能方法要显著优于一些统计分析方法。

IIT 为公司财务风险监控提供技术支持。实时财务信息系统通过网络对公司内外有关的数据进行 XBRL 封装，形成实时主动数据仓库。IDM 技术能够从动态数据环境中实现自治与持续数据挖掘并推断与归纳财务异常信息，而且它能够通过不断自适应学习，丰富财务监控领域知识库并提高财务监控识别系统对财务风险的判断能力。持续审计实现对公司财务异常的实时监督。Web 服务与 RSS 技术等实现将公司财务风险信息实时推送给用户。因此从技术上讲，AR 模式实时财务风险监控过程能够实现公司从数据收集、数据存储、数据处理、智能挖掘、风险识别、风险信息推送等一系列步骤的自动化，集成化与智能化。

3. 财务风险智能预警方法

经济计量方法进行财务预警的主要方法有：单变量判别分析方法（Beaver，1966）；多元线性判别分析法（Altman，1968）；线性概率分析方法（Edmister，1972）；多元逻辑回归分析法（Martin，1977；Ohlson，1980）；多元概率比法（Zmijewski，1984）；多变量时间序列过程平均法（Theodossiou，1993）；F 分数模式法（周首华等，1996）；等等。经济计量方法对海量财务数据进行财务风险预警有一定的局限性：假定样本服从正态分布，而这一假设往往难以满足；在揭示财务指标与财务危机之间复杂的非线性关系方面能力较差；对公司经营环境迅速变化的动态适应能力较弱，导致财务预警的时效不足；等等。面对公司海量的财务数据，采用经典经济计量建模方法进行财务风险识别与预警往往面临巨大挑战。

智能计算方法能够挖掘出隐藏在海量数据中的潜在有用的规则与模式，为人们提供了从海量数据中发现知识的有效方法。人工智能已成为财务预警研究的重要手段。智能计算方法进行财务预警的主要方法有：神经网络方法，如建立公司破产预测神经网络模型（Odom and Sharda，1990）；运用神经网络工具识别公司财务困境模式（Coats and Fant，1993）；神经网络模型诊断公司财务困境（Altman et al.，1994）；使用概率神经网络进行破产预测（Yang et al.，1999）；基于 BP 神经网络和面板数据的上市公司财务危机预警（杨淑娥、王乐平，2007）；等等。运用遗传算法，如应用遗传算法建立公司破产预测模型（Shin and Lee，2002；Varetto，1998）。运用粗集理论，如使用粗集理论预测公司财务失败（Dimitras et al.，1999）；使用粗集模型预测经济与财务问题（Tay and Shen，2002）。运用案例推理，如基于案例推理的公司破产预测分析（Park and Han，2002）。运用支持向量机，如使用支持向量机进行公司破产预测（Min and Lee，2005；Shin et al.，2005）；基于非线性支持向量机的上市公司财务危机预警模型（朱发根等，2009）；等等。

智能计算进行财务风险预警也有一定的局限性。如反向传播（back propagation，BP）网络学习收敛速度慢、容易收敛于局部极小、鲁棒性不好等造成网络性能差。遗传算法作为一种优化方法也存在自身的局限性，如适应度值计算缺乏通用的方法；容易出现过早收敛现象；在接近最优解时收敛较慢等。通过遗传算法与神经网络的结合，构建遗传神经网络（GANN）模型实现优势互补，能够加快神经网络训练的收敛速度，增强神经网络模型的鲁棒性，提高收敛到全局最优的概率等优点，从而更好利用智能计算实现公司财务风险监控的目标。

5.2 财务风险智能挖掘模型

5.2.1 增量数据挖掘概念

1. 经典数据挖掘

数据库中发现知识（KDD）是识别有效的、新颖的、具有潜在有用的和最终可理解的数据模式的过程（焦李成，2006）。数据挖掘是指从数据库储存的大量数据中，提取隐含在其中的、以前未知的、具有潜在应用价值的模式或规则等有用知识的复杂过程。直观地说，它是指从大量数据中提取或挖掘知识。知识发现过程包含许多步骤，数据源的数据有噪声，不一致性需要经过清洗、集成、选择存放在数据仓库等步骤后才能进行数据挖掘。虽然数据挖掘术语并不完全等同知识发现，但是基于数据挖掘这一步骤的重要性，是 KDD 中的核心部分，因此在许多情况下，知识发现的过程被理解表述成为数据挖掘过程。针对静态数据的挖掘方法难以应对复杂动态数据挖掘，更难以实现对数据进行自治的持续挖掘，近年来大数据技术、计算机技术、网络技术、人工智能技术等的发展为动态数据挖掘奠定基础。

韩家炜和堪博（2007）给出 KDD 过程包括七个步骤：数据清理、数据集成、数据选择、数据变换、数据挖掘、模式评估和知识表示。经典数据挖掘提取的知识表示为概念、规则、模式等形式是实现从数据上升到知识的必然过程。同时应当注意数据挖掘分析中获得的规则或模式未必都有用，因此数据挖掘获得的规则与模式是否有用需要进一步分析与判断。数据挖掘发现的知识来自特定数据集合，这些知识有一定的应用范围，并非在各种条件下都能够适用。

2. 增量数据挖掘

公司持续经营过程中财务数据不断增加，新增数据中蕴含着对用户决策有更高参考价值的信息，因此财务增量数据挖掘在财务分析中有着广泛的应用。如公司财务增量数据经过清洗、封装与集成加载到公司数据仓库中，通过 IDM 技术从中提取有用信息为用户的决策服务。增量数据挖掘能够从公司实时主动财务数据仓库中提取规则与模式，及时发现公司的财务异常信息，提供早期预警与预测，为投资者决策提供参考。因此要实时了解公司财务状况，及时把握公司财务变化趋势，对公司财务增量数据进行挖掘与分析是关键。增量数据挖掘需要面对财务数据随时间发生变化，在不同数据挖掘期间抽取的有关规则与模式也会变化，因此会出现从原有数据集中提取的规则或模式可能不再有效，而是被新的规则或模式取代。

3. 增量数据挖掘的特点

财务数据不断积累会导致数据库中"新数据"与"旧数据"在数量上的占比发生变化，数据的量变积累会引起原有规则与模式等发生变化。可见，公司财务增量数据挖掘发现的规则或模式等需要动态维护，及时更新以适应新环境决策的需要。财务增量数据挖掘的特点表现在四个方面。（1）持续性。挖掘过程面对的是持续不断的数据流，必须进行持续挖掘以支持决策者的信息需求。（2）动态性。挖掘面临着数据集动态变化，原来挖掘的结果未必都能适用新的数据集环境。数据量的不断增加会引起原有数据集中的规则与模式的改变，因此挖掘过程所发现的规则和模式也在不断变化。（3）复杂性。由于挖掘针对动态和实时数据，挖掘对象范围不断变化，导致增量挖掘比静态数据挖掘更加复杂。（4）时效性。挖掘要求能够及时获得最新的规则、模式或有用知识以满足决策需要，因此要求采用智能数据挖掘手段，持续挖掘，自动获取信息，挖掘结果要能够满足决策时效性要求。

4. 增量数据挖掘知识类型

广义知识是指描述类别特征的概括性知识。虽然海量数据从微观层面表现出随机性、复杂性与多变性，但是从较高层次上是可以归纳或表现出其带有普遍性中观和宏观的知识，反映同类事物共同性质，是对数据的概括、精炼和抽象。如从较高的层次结合可视化技术以直观图形展示来观察这些数据的整体特征，或运用大数定律揭示大量数据分布的统计特征。人们有时希望能通过数据进行不同层次上的泛化来寻找数据所蕴含的概念或逻辑，更好适应数据分析的要求。

关联知识是反映一个事件和其他事件之间的依赖或关联关系。数据库作为一种结构化的数据组织形式，其中的数据是现实世界各种事物的记录，利用其依附的数据模型可以刻画数据间的关系，也就揭示了现实世界中事物之间的联系。如果两项或多项属性之间存在关联，那么其中一项或几项的属性值就可以依据其他属性值进行预测。数据之间的关联式是依附在数据模型中的关联，大部分是隐藏的。关联知识挖掘的目的就是找出数据库中隐藏的关联信息，并利用这些信息进行分析与推断。关联可以分为简单关联、时序关联、因果关联和数量关联等。这些关联并不总是事先知道的，而是通过数据库中关联分析得到的，它对决策分析具有价值。阿格拉沃尔和赛拉（Agrawal and Psaila，1995）提出的 Apriori 算法是常见的关联规则发现方法。

分类和聚类知识是反映同类事物共同性质的特征型知识和不同事物之间的差异型特征。分类的目标是构建一个分类器（一个分类函数或分类模型），通过这个分类器把相应数据集中的数据进行有效的类别划分，使得同一类数据在一些属性上更接近。分类器的构造方法包括：统计方法，如贝叶斯法和非参数法，对应的知识表示则为判别函数；机器学习方法，如决策树和规则归纳法，决策树对应表示为判别树，规则归纳一般为产生式规则；神经网络方法，如前向反馈神经网络模型 BP 算法，它本质上是一种非线性的判别函数。聚类是在预先不知道目标数据库有多少类的情况下，以某种相似性为度量标准对数据集进行划分形成若干组或类的过程。在分类中出现的特殊情形，也可获得偏差型知识，它是对差异和极端特例的描述，揭示事物偏离常规的异常现象，如标准类外的特例、数据聚类外的离群值等。

预测型知识是根据时态数据（包含时间序列型数据、事件序列型数据、交易序列型数据）历史的和当前的数据去推测未来的趋向。预测型知识也可以认为是以时间或序列顺序为关键属性的关联知识。数据挖掘发现的知识对未来的判断分析是有用的，因此通过数据挖掘得到预测或预警知识在决策中具有特别重要的作用。目前，针对时间序列预测方法比较经典的统计方法是博克斯和詹金斯（Box and Jenkins，1968）提出的时间序列建模理论和分析方法，他们通过建立随机模型进行预测。神经网络模型对样本没有服从正态分布等前提假设，具有自适应的不断学习能力，因此能够适应非平稳的、其特征参数和数据分布随着时间的推移而发生变化的复杂数据的预测与趋势分析，使其成为数据挖掘的重要方法。

5.2.2　增量数据挖掘主要步骤

增量数据挖掘过程主要有数据准备阶段、实施挖掘阶段、结果评价与解释阶段三个基本步骤。

1. 数据准备阶段

增量数据挖掘是在特定的数据集合中发现规则与模式，因此数据选择有一定针对性。在对公司财务增量数据挖掘的准备中，财务增量数据经过XBRL统一封装后导入公司实时主动数据仓库为数据挖掘做好准备。数据处理的主要手段有：数据选择，提取与挖掘目标相关的数据；数据清洗，按照挖掘要求消除数据噪声和不一致的数据；数据集成，多种数据源组合一起的数据；数据插补，推算缺失数据并进行数据补缺；数据转换，不同格式数据转换成一致；数据变换，如归一化、标准化等形成适合挖掘的统一数据形式；数据缩减，减少不必要的数据等。数据准备是数据挖掘过程的重要阶段，数据准备质量的好坏将直接影响到数据挖掘算法执行的效率，最终结果的有效性。

2. 实施挖掘阶段

实施增量数据挖掘阶段需要分析目标数据结构、设计实施步骤与搜索策略，选取相应的参数，评价挖掘结果，从而得到有用的知识。数据挖掘处理过程是一个多步骤、多阶段的相互影响的过程，挖掘得到的结果可能与预期结果相同，也可能与预期结果不同。数据挖掘算法在功能上应具备自主学习、自组织与自适应等智能特征。因此，针对特定的增量数据环境选择适当的智能计算方法是挖掘算法分析模型成功的关键。实施增量数据挖掘就是一个利用 IDM 技术从特定数据集中归纳数据关系的过程。由于问题的复杂性，实施挖掘的搜索或优化过程也许需要多次反复进行。例如，当领域专家评价输出结果后，可能会形成一些新的问题或要求对某些方面做出更为精细的分析，从而导致实施挖掘的反复。

3. 结果评价

增量数据挖掘的目的是为了获得有用的规则或模式，然而通过挖掘得出的结果未必都能够满足要求。因为采用某种特定算法从特定数据集合中获取规则或模式带有一定的局限性，挖掘发现的规则或模式可能出现无助于决策分析，因此需要结合领域知识对挖掘结果进行评估。对于有用的规则或模式，应通过可视化工具将其表示为可以支持决策的知识，如文字报告、函数解析表达式、生成规则、图表图形与决策树等。

5.2.3 增量数据挖掘 GANN 算法

智能计算以其强大的功能越来越被应用于解决复杂问题，其主要优势在于它是功能实现，它既不需要建立问题本身的精确（数学或逻辑）模型，事实上大量的实际问题难以表示成为精确模型，也不依赖于知识表示，而是直接对输入数据进行处理得出结果。如对一个已经训练好的神经网络，解决问题时只要把数据输入该神经网络输入端，就可以从输出端直接得到相应的结果。神经网络如何实现输入输出功能的机理本身被看成是一个"黑箱"。如何训练神经网络并非是求解问题本身，而是使神经网络具备智能条件，自组织、自适应的"学会"怎样解决问题，这是一种准元算法。类似地，进化计算，无论是模仿生物通过遗传算法，其中包含交叉算子、选择算子与变异算子，还是自然进化机制中"物竞天择，适者生存"来达到优化的目的，都不是按照解决问题本身的数据或逻辑模型来制定算法，而是模仿生物进化的算法，它也是一类准元算法。上述特点使智能计算适用于解决那些传统方法难以有效处理的问题，特别是对高维非线性随机、动态或混沌系统行为的分析与预测，因此它越来越成为数据挖掘的重要工具。

1. BP 神经网络

人工神经网络功能实现关注信息输入与输出模式，避开了对中间复杂过程的黑箱讨论，在模式识别、系统预测与智能控制等领域已有广泛的应用。神经网络的自学习、自组织与自适应功能尤其类似人们成长过程的知识积累与运用，这为其能够在复杂多变的环境解决新问题起着关键的作用。神经元构成人工神经网络的基础，它是以生物神经系统的神经细胞为基础的生物模型。在探讨人工智能的机制时，采用数学表述神经元的机理，从而产生了神经元数学模型。虽然单个神经元结构简单且功能极为有限，但是大量的神经元连接在一起就组成了一个功能强大的高度非线性动力学系统。神经网络的优点主要表现在：并行分布处理；高度鲁棒性和容错能力；分布存储及学习能力；能充分逼近复杂的非线性关系。人工神经网络是由输入层、输出层和隐含层组成，通过对样本的学习不断提高神经网络解决特定类型问题的智能水平。神经网络的学习过程是采用一定模式的输入，考察实际输出与预期输出之间的误差，通过改变神经元之间连接权值不断调整减小误差，直至达到要求的精度。神经网络财务预警建模的四个重要环节是：学习算法、网络结构、合适数据以及训练网络的方法。

BP 神经网络模型应用十分广泛，闻新等（2003）研究认为 BP 网络主要用于：（1）函数逼近，用输入向量和相应的输出向量训练一个网络逼近一个函数；（2）模式识别，用一个特定的输出向量将它与输入向量联系起来；（3）分类，把输入向量以所定义的方式进行分类；（4）数据压缩，减少输出向量维数以便于传输或存储。BP 网络模型是一种采用误差反向传播训练算法的多层前馈神经网络。其学习算法过程分为两个阶段：第一阶段是正向传播过程，输入模式通过输入层经隐含层逐层及输出层的处理并计算实际输出值；第二阶段是反向传播过程，若在输出层未能得到期望误差范围的输出值，则逐层递归计算实际输出与期望输出的偏差，据此调节权值，减小在新的网络权值下计算实际输出与期望输出之间的偏差。BP 网络的学习由四个过程组成：一是模式顺传播，即输入模式由输入层经中间层向输出层的顺序传播过程；二是误差逆传播，即网络的预期输出结果与网络实际输出结果之差的误差信号由输出层经中间层向输入层逐层修正连接权值的逆序传播过程；三是记忆训练，即由"模式顺传播"与"误差逆传播"的反复交替进行的网络权值记忆训练过程；四是学习收敛，即网络全局误差趋向极小值的学习收敛过程。

BP 网络的算法。若 T 层神经网络包括输入层、隐含层与输出层，第 t 层共有 n_t 个神经元结点，则 BP 神经网络的神经元节点总数为：$N = \sum n_t$。

若 $w_{ji}(t)$ 表示第 t 层的第 i 个神经元和第 $t+1$ 层的第 j 个神经元的连接权值；$y_j(t)$ 表示第 t 层的第 j 个神经元的输出；$\theta_i(t)$ 表示第 t 层的第 i 个神经元的阈值；d_i 表示期望输出；y_i 表示实际输出。

则第 t 层的输出为：

$$u_i(t) = \sum_{j=1}^{n_t-1} y_j(t-1) w_{ji}(t-1) + \theta_i(t)$$

目标函数取期望输出与实际输出之差的平方和：

$$E(W) = \frac{1}{2} \sum_{i=1}^{n_t} (d_i - y_i)^2 = \frac{1}{2} \sum_{i=1}^{n_i} e_i^2(W)$$

神经网络的训练就是通过反馈信息不断改进网络权值，使得目标函数不断减小，求当 $E(W)$ 取最小时的权值 W。

2. 遗传算法

1975 年霍兰德（Holland）提出的遗传算法（genetic algorithm，GA）是一种借鉴生物界的进化规律演化而来的随机化搜索方法。其主要特点是直接对结构对象进行操作，没有求导和函数连续性的限定；具有内在的并行性和更好的全局寻优能力；采用概率化的寻优方法，能自动获取和指导优化的搜索空间，自适应地调整搜索方向，不需要确定的规则。

遗传算法是模仿生物通过染色体的交配及其基因的遗传变异机制来达到自适应优化的过程。从问题可能潜在解集的一个种群开始，该种群由经过基因编码的一定数目的个体组成。每个个体实际上是染色体带有特征的实体。李敏强（2003）指出，生物进化机制三种基本形式为选择、交叉与突变。（1）选择，控制生物体群体行为的发展方向，能够适应环境变化的生物个体具有更高的生存能力，使它们在种群中的数量不断增加，同时该生物个体所具有的染色体性状在自然选择中得以保留。（2）交叉，通过杂交随机组合来自父代染色体上的遗传物质，产生不同于它们父代的染色体。生物进化过程不需要记忆，它所产生的很好适应自然环境的信息都包含在当前生物体所携带染色体的基因库中，并且可以很好地由子代个体继承下来。（3）突变，随机改变父代个体染色体上的基因结构，产生具有新染色体的子代个体。变异是一种不可逆过程，具有突发性、间断性和不可测性，对于保证群体的多样性具有不可替代的作用。

遗传算法过程。初代种群产生后，通过逐代进化产生出越来越好的种群（越接近最优解），在每一代根据问题域中个体的适应度大小选择个体，采用遗传算子中的交叉和变异，产生出代表新的解集的种群，使群体进化到搜索空间中越来越好的区域，一代又一代地优化，并逼近最优解。末代种群中的最优个体经过解码，可以作为问题近似最优解。

主要步骤包括：

第一步，初始化。随机生成若干个个体作为初始群体。初始群体的选取把握最优解所占空间在整个问题空间中的分布范围内设定，或先随机生成一定数目的个体，然后从中挑出最好的个体加到初始群体中。这种过程不断迭代，直到初始群体中个体数达到预先确定的规模。

第二步，个体评价。适应度是指各个体对环境的适应程度，用来判断群体中的个体繁殖后代的能力。对每一个染色体都能进行适应能力度量的函数叫适应度函数，也叫评价函数。适应度函数与所求问题的目标函数有关，通过它可以计算个体在群体中被使用的概率。适应度函数关系到遗传算法的性能，因此它的设计满足单值、非负、合理、便于计算等特征。

第三步，选择运算。选择操作是建立在群体中个体的适应度评估基础上，其目的是把优化的个体直接遗传到下一代或通过配对交叉产生新的个体再遗传到下一代。常用的选择算子有轮盘赌选择法、适应度比例方法、随机遍历抽样法、局部选择法等。其中，轮盘赌选择法是最简单也是最常用的选择方法，该方法使得各个个体的选择概率与其适应度值成正比例关系。

第四步，交叉运算。交叉是指把两个父代个体的部分结构加以替换重组，进而生成新个体的操作，它是遗传算法中起核心作用的操作。通过交叉提高种群的搜索能力。交叉算子根据交叉概率将种群中的两个个体随机地交换某些基因，能够产生新的基因组合，以期将有益基因组合在一起。

第五步，变异运算。变异是对群体中的个体串的某些基因值做变动，它使种群中少数个体突变以增加种群的多样性，从而获得更宽的搜索范围。变异算子操作步骤包含对种群中所有个体以事先设定的概率判断是否进行变异，对进行变异的个体随机选择变异位进行变异。变异概率通常选取很小，如取 0.001~0.1。它与种群大小、染色体长度等因素有关。

第六步，终止条件。群体经过选择、交叉、变异运算之后得到下一代群体。当最优个体的适应度达到给定的阈值时，或者最优个体的适应度和群体适应度不再上升时，或者迭代次数达到预设的最大值时，算法终止。遗传操作的效果和三个遗传算子所取的操作概率、编码方法、群体大小、初始群体以及适应度函数的设定密切相关。

3. 遗传神经网络算法

一些文献提出增量式数据挖掘算法，如高效用项集的增量式挖掘算法（Lin et al.，2012）；序列数据库增长的序列模式增量式挖掘算法 IU_DB（付仲良、陈楠，2010）；应用于企业财务指标及财务比率分析的关联规则动态维护算法（朱群雄等，2012）；增量数据挖掘算法（fast updated frequent pattern，FUFP）（Lin et al.，2009）；等等。神经计算学习过程是一个非线性优化过程，会遇到优化过程中最常见的局部极小问题。遗传算法模仿自然界的遗传进化规律，采用从一组初始点开始随机搜索的方法，而不是从某个单一的初始点开始搜索，降低了陷入局部极值的可能，更好地保障搜索获得全局最优解；搜索中的适应度不依赖于求解问题的目标函数，仅仅使用目标函数值的信息；在搜索中不采用确定的规则或路径，而采用随机变换规则。结合遗传算法与神经网络优势构建的智能计算——遗传神经网络模型提升神经网络权值训练的效果，提高监控模型的建模效率。特别地，借助现代计算机强大的归纳和推理能力，以及增量数据智能挖掘技术对公司实时主动数据仓库施行持续挖掘，对财务异常状况进行智能识别分析与推断，并及时向用户自动推送财务风险信息，从而实现公司财务风险智能监控的目标。

遗传神经网络（三层）训练算法步骤如下：

第一步，设置参数。

种群规模：L；

遗传最大进化代数：G_{max}；

交叉概率：p_c，变异概率：p_m；

三层神经网络每层神经元数：n_1、n_2、n_3；

误差精度：ε。

第二步，编码策略。

选择编码把参数集合和域转换为位串结构空间。

第三步，样本归一化变换。

第四步，适应度函数。

样本输入 GANN 网络模型。

若其误差为 $E(s)$，则适应度评价函数为 $F(s) = 1/(E(s) + r)$。其中，$r > 0$ 为给定的小正数；输入层到隐含层网络 net $< n_1, n_2 >$；隐含层到输出层网络 net $< n_2, n_3 >$。

第五步，遗传策略。

① 选择，采用适应度比例的轮盘赌方式实现生存个体的选择：

$$p_1(t) = s(p(t), p_s)$$

② 交叉，根据交叉概率 p_c 实施交叉操作形成新的个体：

$$p_2(t) = c(p_1(t), p_c)$$

③ 变异，根据变异概率 p_m 实施变异操作增加种群的多样性：

$$p_3(t) = m(p_2(t), p_m)$$

新一代群体：

$$p(t+1) = p_3(t)$$

第六步，结束条件。

若群体的适应度趋于稳定，或误差精度达到预设要求，或遗传代数达到 G_{max} 则训练结束，得到 GANN 模型网络权值；否则，继续进行网络训练，直至满足结束条件。

若群体的适应度趋于稳定，或者训练已达到预定的进化代数，或者当全部样本的输出误差小于设定的误差精度 ε 时，训练结束。否则网络按上述过程继续学习，重新训练，直到满足结束条件为止。

5.2.4　增量数据挖掘过程模型

1. 财务数据持续挖掘

数据仓库是一个以统一存储、访问的中央共享数据库，是一个面向主题的、集成的、非易失的、随时间变化的用于支持管理人员决策的数据集合。传统数据仓库存储静态数据，数据挖掘限于按照特定挖掘目的来组织数据集并执行挖掘，其研究背景主要是单独的挖掘任务。从公司财务海量数据中寻找有用的规则或模式为决策提供参考，必须借助智能化的应用软件工具，对不断增加的数据集实现自治与持续的挖掘，发现数据中隐藏的规则或模式，为实时决策分析、过程控制、信息管理、查询处理等提供自动化的辅助手段。持续挖掘过程必须排除或减少人工干预，让机器自动完成一些繁琐、重复的信息收集、数据归纳工作（潘定，2008）。因此应当建立一种有效的过程模型，依靠计算机智能技术、智能挖掘软件对增量数据环境实现自治、持续挖掘，达到知识发现的目标。

要实时了解公司经营过程中的财务风险状况及变化趋势，就必须对公司财务增量数据进行持续、自治的挖掘与分析。阿格拉沃尔和赛拉（1995）提出持续挖掘的概念，描述了一种主动挖掘过程。其思路是将被挖掘的数据集按区间分区，挖掘算法针对各个数据集执行挖掘，然后将挖掘结果存于规则库；在数据增量后，挖掘结果将自动更新规则及其特征值；当特征值超过某个阈值时启动某种活动，如向用户发送警告信息等。传统计量经济方法难以满足急剧增长的财务数据的持续挖掘要求，为了提高数据挖掘的效率，需要构建一种显著减少手工交互的、对不断增量的数据环境支持自动、持续挖掘的过程模型。公司要从不断增加的财务数据中提取隐含其中的规则与变化趋势，就需要建立一个同步、自治的数据挖掘支撑环境，以实现增量数据的持续挖掘过程和知识发现的目标。

2. 财务增量数据挖掘过程模型

一些学者针对不断变化的数据环境，提出了增量数据挖掘的算法与过程模型。董一鸿（2007）对大型数据集的数据变化（增加或删除）的动态数据库增量式挖掘算法及其应用研究，所探讨的增量式数据挖掘技术仅对数据变化的部分更新挖掘结果。潘定（2008）探讨了分段有限模型、挖掘段的概念，提出了持续数据挖掘过程模型。笔者根据财务增量数据挖掘过程的要求，提出财务增量数据挖掘过程模型（见图5-2）。

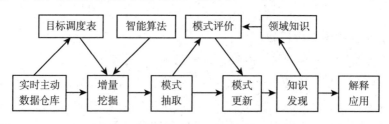

图5-2　财务增量数据挖掘过程模型

实时主动数据仓库已经完成了对财务增量数据的预处理，得到满足增量数据挖掘的目标数据。增量数据挖掘过程模型中，机器处理的各个步骤需要构造为独立构件以完成特定任务，每一个独立构件都是一个智能主体。增量数据挖掘环境应主动支持领域知识与发现过程的集成，以及已发现知识的更新。建立一种通用的机制，用于支持共享领域知识、中间结果，以及动态设定挖掘目标、数据源和模型选择。财务增量数据挖掘主要步骤如下：

第一步，生成挖掘目标调度表。增量数据挖掘过程始于任务理解，识别挖掘目标、业务数据和后续处理步骤，并生成挖掘任务调度表安排后续执行步骤。

第二步，构建增量数据挖掘算法。智能计算数据挖掘是从公司海量数据中发现知识的有效手段。它具备学习与不断改进的能力，尽可能减少人工干预，达到自治与持续挖掘的目的。

第三步，新规则或模式抽取。面对财务数据持续变化，增量数据挖掘期间抽取的有关规则、模式也会变化。新增数据持续积累将会产生新的规则或模式，因此应及时进行评估，抽取对决策有用的新规则或新模式。

第四步，新规则或模式评价。增量数据积累可能导致原有数据挖掘发现的规则或模式不再适用新的环境，因此原有发现的规则或模式也需要进行评价与动态维护，及时更新。

第五步，知识发现与应用。经过检验的新知识，一方面能够用来指导人们实践，为决策者提供新信息；另一方面可丰富领域知识，对后续的评价进行指导。

5.3　财务风险智能监控实证研究

5.3.1　上市公司财务样本数据

公司财务异常智能监控实证分析的样本来自深交所和上交所 2019 年 2 月 ST 公司与非 ST 公司的资料。其中，深交所 2142 家上市公司有 ST 公司 42 家, 非 ST 公司 2100 家; 上交所 1455 家上市公司有 ST 公司 46 家, 非 ST 公司 1409 家。累计上市公司 3597 家, ST 公司 88 家, 非 ST 公司 3509 家。ST 公司与非 ST 公司行业分布如表 5 - 1 所示, ST 公司代码及所属行业状况如表 5 - 2 所示。

表 5 - 1　　　　　　　　ST 公司与非 ST 公司行业分布状况

行业名称	上市公司数量	ST 公司数量	非 ST 公司数量	ST 公司占比 (%)
A 农林牧渔	40	2	38	10.99
B 采矿业	71	5	66	15.98
C 制造业	2266	49	2217	4.67
D 水电煤气	110	3	107	6.67
E 建筑业	97	4	93	8.29
F 批发零售	167	3	164	3.49
G 运输仓储	103	0	103	0
H 住宿餐饮	9	1	8	16.67
I 信息技术	266	8	258	10.97
J 金融业	96	0	96	0
K 房地产	124	6	118	9.48
L 商务服务	51	2	49	9.11
M 科研服务	51	0	51	0
N 公共环保	48	1	47	5.88
O 居民服务	1	0	1	0
P 教育	5	0	5	0
Q 卫生	10	1	9	33.33
R 文化传播	58	1	57	3.13
S 综合	24	2	22	20.17
合计	3597	88	3509	5.12

资料来源: 根据深交所、上交所官网数据整理。

表 5 - 2　　　　　　　　　　ST 公司代码及所属行业

公司代码	所属行业	公司代码	所属行业	公司代码	所属行业
002086	A 农林牧渔	002604	C 制造业	600209	E 建筑业
600265	A 农林牧渔	002680	C 制造业	600610	E 建筑业
000655	B 采矿业	600074	C 制造业	002018	F 批发零售
000693	B 采矿业	600091	C 制造业	600247	F 批发零售
002207	B 采矿业	600145	C 制造业	600747	F 批发零售
600397	B 采矿业	600198	C 制造业	600778	F 批发零售
600871	B 采矿业	600202	C 制造业	002306	H 住宿餐饮
000048	C 制造业	600228	C 制造业	000971	I 信息技术
000422	C 制造业	600234	C 制造业	002113	I 信息技术
000585	C 制造业	600238	C 制造业	600289	I 信息技术
000670	C 制造业	600275	C 制造业	600556	I 信息技术
000707	C 制造业	600301	C 制造业	600634	I 信息技术
000737	C 制造业	600321	C 制造业	600654	I 信息技术
000816	C 制造业	600399	C 制造业	600701	I 信息技术
000893	C 制造业	600408	C 制造业	600767	I 信息技术
000912	C 制造业	600421	C 制造业	000897	K 房地产
000953	C 制造业	600423	C 制造业	002147	K 房地产
000972	C 制造业	600539	C 制造业	600696	K 房地产
000982	C 制造业	600608	C 制造业	600732	K 房地产
000995	C 制造业	600698	C 制造业	600807	K 房地产
002070	C 制造业	600725	C 制造业	600817	K 房地产
002102	C 制造业	600870	C 制造业	002188	L 商务服务
002122	C 制造业	600877	C 制造业	600462	L 商务服务
002190	C 制造业	601558	C 制造业	600749	N 公共环保
002194	C 制造业	601798	C 制造业	600896	Q 卫生
002260	C 制造业	000720	D 水电煤气	002445	R 文化传播
002263	C 制造业	000939	D 水电煤气	000409	S 综合
002427	C 制造业	002259	D 水电煤气	600149	S 综合
002450	C 制造业	002323	E 建筑业		
002570	C 制造业	600193	E 建筑业		

资料来源：根据深交所、上交所官网数据整理。

由于上市公司所处行业与规模不同，为了更加客观地进行公司财务风险监控的实证分析，ST 公司与非 ST 公司选择采用配对样品设计，即对应每一个 ST 公司，按照行业相同、规模相近的原则，选择一个非 ST 公司。配对样品设计主要是为了尽可能消除行业与规模差异因素对公司财务风险监控实证分析结论的影响，使得研究结果具有更高的可信度。据此选择行业相同与规模相近的非 ST 公司配对，实证分析中采用 68 家非 ST 公司与 68 家 ST 公司构成配对样品。

按照配对样品设计，取 ST 公司前两年财务指标，配对的非 ST 公司以相同的年份选择财务指标。全部样品分成两个部分：一部分构成财务风险监控遗传神经网络模型训练样品集；另一部分构成财务风险监控遗传神经网络模型的测试样品集。

5.3.2 智能计算财务风险监控模型

构建三层 BP 网络智能计算财务监控模型，网络学习过程采用误差函数沿梯度方向下降法。若网络的三层节点分别表示为：输入层节点 x_j、隐含层节点 y_i、输出层节点 z_l，其相应的输出节点的期望输出为 t_l，则输出误差表示为：

$$E = \frac{1}{2} \sum_l (t_l - z_l)^2 \tag{5.1}$$

网络传递采用 Sigmoid 激活函数，该函数满足：

$$f'(x) = f(x)(1 + f(x))$$

对于网络 net_*，则有：

$$f'(net_*) = f(net_*)(1 + f(net_*)) \tag{5.2}$$

若 u_{ij} 表示输入节点与隐层节点之间的网络权值，a_i 表示隐层节点的阈值，则对隐含层节点有：

$$net_i = \sum_j u_{ij}x_j - a_i \tag{5.3}$$

若 v_{li} 表示隐层节点与输出节点之间的网络权值，b_l 表示输出层节点的阈值，则对输出层节点有：

$$net_l = \sum_i v_{li}y_i - b_l \tag{5.4}$$

（1） 隐层节点的输出计算。

$$y_i = f(net_i) = f(\sum_j u_{ij}x_j - a_i) \tag{5.5}$$

由式（5.2）得：

$$f'(net_i) = f(net_i)(1 - f(net_i)) = y_i(1 - y_i) \tag{5.6}$$

（2） 输出节点的输出计算。

$$z_l = f(net_l) = f(\sum_i v_{li}y_i - b_l) \tag{5.7}$$

由式（5.2）得：

$$f'(net_l) = f(net_l)(1 - f(net_l)) = z_l(1 - z_l) \tag{5.8}$$

由式（5.1）、式（5.5）、式（5.7）得到输出误差 E 的计算式：

$$E = \frac{1}{2}\sum_l (t_l - f(\sum_i v_{li}y_i - b_l))^2$$

$$= \frac{1}{2}\sum_l \{t_l - f[\sum_i v_{li}f(\sum_j u_{ij}x_j - a_i) - b_l]\}^2 \tag{5.9}$$

由式（5.9）可知，误差函数 $E = E(u_{ij}, v_{li}, a_i, b_l)$ 为权值与阈值的函数。

（3） 对输出节点权值修正。

由式（5.1）得：

$$\frac{\partial E}{\partial z_l} = \frac{1}{2}\sum_k -2(t_k - z_k) \times \frac{\partial z_k}{\partial z_l} = -(t_l - z_l)$$

由式（5.4）得：

$$\frac{\partial z_l}{\partial v_{li}} = \frac{\partial z_l}{\partial net_l}\frac{\partial net_l}{\partial v_{li}} = f'(net_l)y_i$$

因此：

$$\frac{\partial E}{\partial v_{li}} = \sum_{k=1}^n \frac{\partial E}{\partial z_k}\frac{\partial z_k}{\partial v_{li}} = \frac{\partial E}{\partial z_l}\frac{\partial z_l}{\partial v_{li}} = -(t_l - v_l) \times f'(net_l)y_i \tag{5.10}$$

记 $\delta_l = (t_l - z_l) \times f'(net_l)$ 则式（5.10）化为：

$$\frac{\partial E}{\partial v_{li}} = -\delta_l y_i \tag{5.11}$$

由于权值的修正 Δv_{li} 正比于误差函数沿梯度下降，则有：

$$\Delta v_{li} = -\alpha\frac{\partial E}{\partial v_{li}} = \alpha\delta_l y_i \quad 其中，0 < \alpha < 1 \tag{5.12}$$

因此，输出接点的权值修正如下：

$$v_{li}(k+1) = v_{li}(k) + \Delta v_{li} = v_{li}(k) + \alpha \delta_l y_i \qquad (5.13)$$

（4）对隐层节点权值修正。

由式（5.1）得：

$$\frac{\partial E}{\partial z_l} = \frac{1}{2} \sum_k -2(t_k - z_k) \times \frac{\partial z_k}{\partial z_l} = -(t_l - z_l)$$

由式（5.4）得：

$$\frac{\partial z_l}{\partial y_i} = \frac{\partial z_l}{\partial net_l} \frac{\partial net_l}{\partial y_i} = f'(net_l) \frac{\partial net_l}{\partial y_i} = f'(net_l) v_{li}$$

由式（5.3）得：

$$\frac{\partial y_i}{\partial u_{ij}} = \frac{\partial y_i}{\partial net_i} \frac{\partial net_i}{\partial u_{ij}} = f'(net_i) x_j$$

因此：

$$\frac{\partial E}{\partial u_{ij}} = \sum_l \sum_i \frac{\partial E}{\partial z_l} \frac{\partial z_l}{\partial y_i} \frac{\partial y_i}{\partial u_{ij}}$$

$$\frac{\partial E}{\partial u_{ij}} = -\sum_l (t_l - z_l) \times f'(net_l) v_{li} \times f'(net_i) x_j$$

$$= -f'(net_i) \times \sum_l \delta_l v_{li} x_j \qquad (5.14)$$

记：$\delta_i' = f'(net_i) \times \sum_l \delta_l v_{li}$

则式（5.14）化为：

$$\frac{\partial E}{\partial u_{ij}} = -\delta_i' x_j \qquad (5.15)$$

由于权值的修正 Δu_{ij} 正比于误差函数沿梯度下降，则有：

$$\Delta u_{li} = -\beta \frac{\partial E}{\partial u_{li}} = \beta \delta_i' x_j \quad \text{其中 } 0 < \beta < 1 \qquad (5.16)$$

因此隐含节点权值修正如下：

$$u_{ij}(k+1) = u_{ij}(k) + \Delta u_{ij} = u_{ij}(k) + \beta \delta_i' x_j \qquad (5.17)$$

其中，隐节点误差 δ_i' 中的 $\sum_l \delta_l v_{li}$ 表示输出层节点 l 的误差 δ_l 通过权值 v_{li} 向

隐节点 i 反向传播（误差 δ_l 乘权值 v_{li} 再累加）成为隐节点的误差。

误差函数减小与隐层和输出层的阈值有关，因此在修正权值的同时也进行修正，方法同权值修正相似。

（5）对输出节点阈值 b_l 的修正。

由式（5.1）得：

$$\frac{\partial E}{\partial z_l} = -(t_l - z_l)$$

由式（5.4）得：

$$\frac{\partial z_l}{\partial b_l} = \frac{\partial z_l}{\partial net_l} \frac{\partial net_l}{\partial b_l} = f'(net_l)(-1)$$

则：

$$\frac{\partial E}{\partial b_l} = \frac{\partial E}{\partial z_l} \frac{\partial z_l}{\partial b_l} = (t_l - z_l) \times f'(net_l) = \delta_l \tag{5.18}$$

由于：

$$\Delta b_l = \alpha \frac{\partial E}{\partial b_l} = \alpha \delta_l \tag{5.19}$$

则对输出节点阈值 b_l 的修正：

$$b_l(k+1) = b_l(k) + \Delta b_l = b_l(k) + \alpha \delta_l \tag{5.20}$$

（6）对隐节点阈值 a_i 的修正。

由式（5.1）得：

$$\frac{\partial E}{\partial z_l} = -(t_l - z_l)$$

由式（5.4）得：

$$\frac{\partial z_l}{\partial y_i} = \frac{\partial z_l}{\partial net_l} \frac{\partial net_l}{\partial y_i} = f'(net_l) \frac{\partial net_l}{\partial y_i} = f'(net_l)v_{li}$$

由式（5.3）得：

$$\frac{\partial y_i}{\partial a_i} = \frac{\partial y_i}{\partial net_i} \frac{\partial net_i}{\partial a_i} = f'(net_i)(-1) = -f'(net_i)$$

则：

$$\frac{\partial E}{\partial a_i} = \sum_l \frac{\partial E}{\partial z_l} \frac{\partial z_l}{\partial y_i} \frac{\partial y_i}{\partial a_i} = \sum_l (t_l - z_l) \times f'(net_l) v_{li} \times f'(net_l)$$

$$= f'(net_l) \times \sum_l \delta_l v_{li} = \delta'_i \qquad (5.21)$$

由于：

$$\Delta a_i = \beta \frac{\partial E}{\partial a_i} = \beta \delta'_i \qquad (5.22)$$

则对隐节点阈值 a_i 的修正：

$$a_i(k+1) = a_i(k) + \Delta a_i = a_i(k) + \beta \delta'_i \qquad (5.23)$$

通过网络权值与阈值的不断调整，使得网络的输出误差函数不断下降，直到网络输出与期望输出之间的误差小到给定的范围之内，智能计算学习过程结束，得到财务风险智能监控模型的网络权值。

5.3.3 实证研究结果分析

1. 财务监控实证分析指标

实证研究从公司偿债能力、盈利能力、经营能力和资本构成四个方面选择指标构成公司财务风险监控指标体系。其中，公司偿债能力包含 4 个指标、盈利能力包含 2 个指标、经营能力包含 3 个指标、资本构成包含 2 个指标，具体指标如表 5-3 所示。

表 5-3　　　　　　　　　公司财务风险监控的财务比率指标

指标类型	财务比率指标
偿债能力	流动比率(倍) = 流动资产合计数/流动负债合计数 速动比率(倍) = 速动资产合计数/流动负债合计数 应收账款周转率(次) = 销售收入净额/平均应收账款 资产负债比率(%) = 负债总额/资产总额×100%
盈利能力	净利润率(%) = (净利润 ÷ 主营业务收入)×100% 总资产报酬率(%) = (利润总额 + 利息支出)/平均资产总额×100%
经营能力	存货周转率(%) = 销货成本/平均存货×100% 固定资产周转率(%) = 销售收入净额/平均固定资产×100% 总资产周转率(%) = 销售收入净额/平均资产总额×100%
资本构成	净资产比率(%) = 净资产/资产总额×100% 固定资产比率(%) = 固定资产/资产总额×100%

2. 财务比率监控指标的显著性检验

对 ST 公司与非 ST 公司财务比率指标进行显著性 t 检验，选择存在显著差异的财务比率指标进行建模分析。针对表 5 - 3 财务风险监控指标体系中的 11 个财务比率指标，逐一进行显著性 t 检验，建立如下假设检验：

（1）关于公司流动比率指标的假设检验。

原假设 $H_0^{(1)}$：ST 公司与非 ST 公司的流动比率指标相同（或相近）；

被择假设 $H_1^{(1)}$：ST 公司与非 ST 公司的流动比率指标不相同（或不相近）。

（2）关于公司速动比率指标的假设检验。

原假设 $H_0^{(2)}$：ST 公司与非 ST 公司的速动比率指标相同（或相近）；

被择假设 $H_1^{(2)}$：ST 公司与非 ST 公司的速动比率指标不相同（或不相近）。

（3）关于公司应收账款周转率指标的假设检验。

原假设 $H_0^{(3)}$：ST 公司与非 ST 公司的应收账款周转率指标相同（或相近）；

被择假设 $H_1^{(3)}$：ST 公司与非 ST 公司的应收账款周转率指标不相同（或不相近）。

（4）关于公司资产负债比率指标的假设检验。

原假设 $H_0^{(4)}$：ST 公司与非 ST 公司的资产负债比率指标相同（或相近）；

被择假设 $H_1^{(4)}$：ST 公司与非 ST 公司的资产负债比率指标不相同（或不相近）。

（5）关于公司净利润率指标的假设检验。

原假设 $H_0^{(5)}$：ST 公司与非 ST 公司的净利润率指标相同（或相近）；

被择假设 $H_1^{(5)}$：ST 公司与非 ST 公司的净利润率指标不相同（或不相近）。

（6）关于公司总资产报酬率指标的假设检验。

原假设 $H_0^{(6)}$：ST 公司与非 ST 公司的总资产报酬率指标相同（或相近）；

被择假设 $H_1^{(6)}$：ST 公司与非 ST 公司的总资产报酬率指标不相同（或不相近）。

（7）关于公司存货周转率指标的假设检验。

原假设 $H_0^{(7)}$：ST 公司与非 ST 公司的存货周转率指标相同（或相近）；

被择假设 $H_1^{(7)}$：ST 公司与非 ST 公司的存货周转率指标不相同（或不相近）。

（8）关于公司固定资产周转率指标的假设检验。

原假设 $H_0^{(8)}$：ST 公司与非 ST 公司的固定资产周转率指标相同（或相近）；

被择假设 $H_1^{(8)}$：ST 公司与非 ST 公司的固定资产周转率指标不相同（或不相近）。

（9）关于公司总资产周转率指标的假设检验。

原假设 $H_0^{(9)}$：ST 公司与非 ST 公司的总资产周转率指标相同（或相近）；

被择假设 $H_1^{(9)}$：ST 公司与非 ST 公司的总资产周转率指标不相同（或不相近）。

（10）关于公司净资产比率指标的假设检验。

原假设 $H_0^{(10)}$：ST 公司与非 ST 公司的净资产比率指标相同（或相近）；

被择假设 $H_1^{(10)}$：ST 公司与非 ST 公司的净资产比率指标不相同（或不相近）。

（11）关于公司固定资产比率指标的假设检验。

原假设 $H_0^{(11)}$：ST 公司与非 ST 公司的固定资产比率指标相同（或相近）；

被择假设 $H_1^{(11)}$：ST 公司与非 ST 公司的固定资产比率指标不相同（或不相近）。

构造检验统计量：

$$t = \frac{\overline{X} - \overline{Y}}{\sqrt{(S_1^2 + S_2^2)/n}} \sim t_{(2n-2)}$$

其中，n 为样本的容量；$\overline{X}$、S_1^2 表示 ST 公司样本的均值与方差；$\overline{Y}$、S_2^2 表示非 ST 公司样本的均值与方差。

对 ST 公司与非 ST 公司的 11 个财务比率指标逐一进行 t 检验，显著性水平 $\alpha = 0.05$ 的条件下，ST 公司与非 ST 公司财务比率指标 t 检验显著差异的 8 个财务比率指标为：流动比率（倍）、速动比率（倍）、资产负债比率（%）、净利润率（%）、总资产报酬率（%）、固定资产周转率（%）、净资产比率（%）和固定资产比率（%）。因此，以下采用这 8 个财务比率指标进行遗传神经网络模型权值训练，并进行财务风险监控的实证分析。

3. 监控模型的网络结构与权值训练

构建三层神经网络。采用经过 t 检验存在显著差异的 8 个财务比率指标进行监控模型训练，若一个输入节点与一个财务比率指标对应，则监控模型输入层节点为 8 个。隐含层节点数参照经验选择，一般对于输入层节点数为 m，经验上隐含层节点数 k 满足 $m < k < 2m$，因此智能计算财务监控模型隐含层节点数可选择 15 个。输出层节点为 1 个，用来表示公司财务数据经过模型判断后的结果输出。综上所述，构建三层结构各层神经元数为 8-15-1 的 GANN 财务风险监控模型。

采用种群规模 $L = 60$、交叉概率 $p_c = 0.3$、变异概率 $p_m = 0.05$、最大进化代数 $G_{max} = 1000$、误差精度 $\varepsilon = 0.00001$ 进行监控模型权值训练。按照 3：1 的比例把 272 组样品数据分成为训练集与测试集。则训练样品集含 204 组数据，测试样品集含 68 组数据。ST 公司的标识为 1，非 ST 公司的标识为 0，即在对 GANN 模型的网络权值训练中，若采用 ST 公司的财务比率指标输入，则输出为 1；若采用非 ST 公司的财务比率指标输入，则输出为 0。网络权值训练中计算该输出值与期望值的偏差，然后从输出层计算到输入层，向着减少偏差的方向调整各个权值。随着训练次数的增加，误差逐渐下降，训练约 120 次后误差下降的幅度很小，达到预定的误差要求。

4. 结果分析

采用训练后的公司财务风险监控模型对测试集样品进行拟合，以检验模型对公司财务异常监控的准确率。利用训练后的监控模型，对测试集样品进行拟合后，得到的结果如表 5－4 所示。68 个测试样品中有 15 个样品拟合结果出现错误，53 个样品拟合结果正确。其中，公司财务正常条件下，拟合准确率为 79.41%，误判率 20.59%；公司财务异常条件下，拟合准确率为 76.47%，误判率 23.53%。因此，GANN 模型拟合的平均准确率为 77.94%，平均误判率为 22.06%。由此可见，经过网络权值训练的 GANN 模型有较高的拟合准确率，可用于公司财务异常实时监控。

表 5 − 4 　　　　　　　　　　　GANN 模型对训练集样品的拟合结果

实际值	拟合值				
	财务正常 状况	财务异常 状况	合计 (个)	准确率 (%)	误判率 (%)
财务正常状况	正确 (27 个)	错误 (7 个)	34	79.41	20.59
财务异常状况	错误 (8 个)	正确 (26 个)	34	76.47	23.53
平均值				77.94	22.06

5.4　本章小结

　　本章分为三个部分,第一部分讨论公司财务风险问题,主要界定公司财务异常的基本概念,对公司财务风险监控环境进行分析。构建财务风险智能监控模型框架,讨论在"大智移云"环境下采用智能计算数据挖掘方法对公司财务风险实时监控的优势。第二部分讨论公司 AR 模式财务风险智能数据挖掘的主要步骤与财务增量数据挖掘过程模型,给出 GANN 模型的算法步骤。第三部分对 AR 模式的财务风险智能监控模型进行实证分析。收集深交所和上交所上市公司的 ST 公司与非 ST 公司样品,分成训练集与测试集,利用训练集样品对财务风险 GANN 模型进行网络训练,同时利用测试集样品进行 GANN 模型智能监控实证分析。

第 6 章

AR 模式的有效性改进

AR 模式与 GR 模式为投资者提供的信息服务存在差异。如 AR 模式能够提供满足投资者个性化需求的定制信息，基于智能计算的公司财务风险智能监控，实时发送公司财务异常信息，加强投资者保护。为了进一步分析 AR 模式信息披露有效性的改进情况，本章讨论公司会计信息透明度、公司报告透明度，采用可靠性、相关性、及时性、可比性和充分性五个指标建立公司报告模式透明度评价指标体系。通过用户对 AR 模式与 GR 模式选择偏好的调查结果，采用符号检验法，检验两种报告模式透明度差异的显著性，并就报告模式透明度与公司价值之间的关系进行讨论。

6.1　信息披露透明度

6.1.1　会计信息透明度

1996 年 4 月，SEC 发布关于国际会计准则委员会（IASC）"核心准则"（core standard）的声明中，提出三项评价"核心准则"的要素，其中一项要求准则必须"高质量"，而对"高质量"的解释是可以导致可比性、透明度和提供充分的信息披露，使投资人对一家公司在不同期间以及与其他公司之间的财务业绩进行有意义的分析与比较。由此可见，透明度是作为 SEC 对"高质量"含义具体解释的一个核心概念，然而 SEC 并未对透明度的具体含义进行界定。莱维特（Levitt，1998）在关于高质量会计准则的演说中提到"透明度"的概念，而后会计信息"透明度"引起了会计界广泛而积极的讨论。莱维特所指的"透明度"可以看成"高质量"的重要组成部分，而且透明度是会计准则所能导致财务报告的质量，并非针对会计准则的评估。1998 年 9 月，巴塞尔银行监管委员会（Basel Committee on Banking Supervision）在《加强银行透明度》的研究报告中将透明度定义为：公开披露可靠、及时的信息，有助于信息使用者准确评价银行的财务状况和业绩、风险活动及风险管理活动。透明会计信息的质量特征包括全面、相关、及时、可靠、可比和重大。可见外部信息使用者能够通过更高的公司会计信息透明度更好了解公司财务状况、经营成果与风险程度。更高透明度的公司会计信息意味着能够让信息使用者更好的"透过现象看清本质"。换句话说，会计信息更高透明度意味着投资者通过这些会计信息能够更加清楚地了解一家公司真实的财务状况，从而有助于投资者决策。而公司报告模糊晦涩甚至隐藏信息，则报告的透明度就低。

维什瓦纳特和考夫曼（Vishwanath and Kaufmann，2001）认为，从可操作的角度来理解透明度应该包括如下质量特征：可获得性、可理解性、相关性、可靠性。布什曼和史密斯（Bushman and Smith，2003）对公司透明度的定义是能够获得可靠的、相关的反映上市公司期间业绩、财务状况、投资机会、公司治理、价值和风险等信息的程度。布什曼等（Bush-man et al.，2004）认为会计信息透明度是指通过披露致使财务信息被接受、解读和扩散的程度，其影响因素包括：财务披露的集中度和及时性、分析师与媒体的解释及传播。格拉斯曼（Glassman，2002）在关于增强财务透明度的报告中提出财务透明度意味着及时、重大、可靠地披露一个企业的财务表现。库尔齐克（Kulzick，2004）、布兰切特（Blanchet，2002）等认为透明度包括准确性、一贯性、适当性、完整性、清晰性、及时性、便利性、治理与执行八个要素。霍奇等（2004）认为信息透明度是指信息表述清楚，易于被投资者理解，易于查询和分析，是一种重要的表达信息质量的测度。

葛家澍和陈守德（2001）认为透明度是保护投资人的主要利益，构成要素包括中立性、完整性、清晰性、充分披露、可比性及实质重于形式。因此，透明度高的信息必须有足够有用的信息含量，充分地揭示隐藏在证券之后的所有完全真实必要信息。魏明海等（2001）认为，会计信息透明度是一个全面、综合性的概念，其含义包括对外（如投资者、债权人、监管机构等）提供高频率的准确信息，能够便利地获取有关财务状况、经营成果、现金流量和经营风险水平的信息。杨海峰（2009）认为透明度是评价信息的特征及信息形式方面的最高标准。即如实地、可比地反映一个企业与投资者相关的信息，要把这些信息综合成一个描述企业经营真相与诚实财务状况的图像，可以清楚、确切地反映财务报表与其他财务报告内容的相互联系。李娟博（2010）认为会计信息透明度至少应该涵盖十个方面的基本特征，即可靠性、相关性（决策有用性涵盖在此特征中）、可理解性（清晰性涵盖在此特征中）、可比性、及时性、重要性、实质重于形式、谨慎性、完整性、公开性（充分披露涵盖在此特征中）。吴锡皓（2013）认为财务信息的透明度不取决于表内信息，而是取决于表内信息的形成过程，以及其他未纳入表内核算的重要信息披露的充分程度。也就是说，企业仅仅告知外部利益相关者会计结果"是什么"并不等于透明。透明意味着企业应当告知外部利益相关者其会计结果的形成过程。潘晓红（2013）认为作为信息质量概念的透明度是一个抽象的比喻概念，是指信息揭示和反映客观事物的实际情况和实际性质的作用，它要求容易理解，实质重于形式。透明度作为会计信息的质量特性，就是要求信息能够帮助使用者去粗取精、去伪存真、由此及彼、由表及里地了解实体价值构成及其要素的实际情况和实际性质。迄今为止，人们对于会计信息透明度含义的解释不同，尚无公认的表述。

　　"透明"一词在现代汉语词典中的解释是指"（物体）能透过光线的"[①]。巴恩和席佩尔（Barth and Schipper，2008）指出，按照纯粹的物理意义看，透明意味着光线的传送，所以透明的项目被认为是可以看穿的事物，其含义与可见性（visibility）一致。它被引申到社会科学领域则是指某个事件或项目的公开程度，包括结果与过程两个方面的公开。因此，在资本市场所谓的透明度是指"公开、公正、公平"之义。会计信息的生成过程要遵循相关准则与程序，需要专业人员依据相应规范对会计数据进行分类与加工汇总，因此高质量的会计信息表明其加工形成过程严格遵从会计准则与规范。

---

　　① 中国社会科学院语言研究所词典编辑室：《现代汉语词典》，商务印书馆 1984 年版，第1160 页。

6.1.2 财务报告透明度

上市公司财务报告是根据公司日常经营过程中会计记录的数据，遵循会计制度与规范、采用会计专业的方法，经过特定的程序对数据进行加工而产生的，并通过一定媒介进行披露。财务报告是上市公司和利益相关者之间信息沟通的桥梁，是投资者了解上市公司财务状况最重要的渠道。财务报告所披露的公司信息是投资者进行决策的重要参考，因此财务报告在整个会计信息传递过程中起着重要的作用。

巴恩和席佩尔（2008）将财务报告的透明度定义为财务报告按其使用者很容易理解的方式反映一个主体的经济基本情况。它一方面取决于财务报告本身反映公司真实经济情况的能力高低；另一方面取决于使用者对财务报告的理解程度。透明度与"可见性"、"可预测性"和"可理解性"是相互联系的。周晓苏和李进营（2009）认为，财务报告透明度可以理解为上市公司通过财务报告这一工具向外部信息使用者传递公司真实经济状况的能力高低。财务报告是为投资者提供公司信息，财务报告透明度越高表明它提供的财务信息的相关性越强，对投资者决策越具有参考价值。因此，财务报告透明度更多是基于用户的视角。换句话说，财务报告透明度体现公司向投资者传递公司信息，投资者基于这些信息对公司经营状况与发展前景真实图像认知程度。财务报告透明度要从信息使用者的角度来评价，更加透明的财务报告能够使得外部使用者更加及时、全面、真实地了解公司状况与发展前景，更有利于投资者作出投资选择。因此财务报告透明度的评价不是一个静态的概念，而是一个动态的过程。

报告透明度既与会计信息透明度有关，也与外部投资者获取、处理与理解会计信息有关，它是指外部信息使用者利用财务报告能够了解公司当前财务状况、经营成果和风险等真实、全面情况的程度。公司财务报告透明度越高，投资者能够推断出的公司经营状况及其前景的真实图像的契合程度就越高，投资者对公司真实情况的认识就越准确，投资者基于公司报告所进行的决策失误的风险就越小。

葛家澍和王亚男（2011）指出，从会计数据到财务报告这个过程的程序和方法的复杂性决定了财务报告本身的复杂及难理解，如会计的待摊、预提、应计、递延等程序本身都具有一定的专业性，信息使用者并不易理解。

李进营（2010）认为，透明度最终是由信息的生产、传递、传播等一系列复杂因素所共同决定的，是这一系统过程中各个元素共同作用的结果。公司财务报告要为外部信息使用者提供财务信息服务，因此报告透明度应当从使用者对报告披露信息的接受程度来定义。AICPA（1994）财务报告特别委员会在其发布的《改进财务报告——着眼于用户》中指出，公司信息透明度最终应当立足于信息使用者对公司信息的充分获取和理解。可以看出 AICPA 提出的财务报告信息决策有用性导向。评价上市公司财务报告的透明度要考虑强制与自愿信息披露两个方面，从整体信息传递的角度对上市公司财务报告的透明度进行分析和研究。公司财务透明度不仅有赖于强制披露，更大程度上依赖于自愿披露，透明度实际上是指强制披露以外的自愿披露（Simon and Wong，2001）。布什曼等（2004）认为透明度是由各种信息质量组成的"多层面系统"，包括公司报告、私有信息的可获得性以及信息传播效果三个部分。

从公司财务报告编制到以一定方式进行信息公开，利益相关者获取公司报告、了解公司信息，形成对公司经营状况与发展前景判断的图像。上市公司财务报告透明度是一个多维的动态过程。从信息传播的角度看这一过程符合典型信息传递模式的三要素：信源—信道—信宿。因此，报告透明度体现在公司信息传递的三个方面：（1）财务报告的"信源"方面是指在报告编制过程中，会计信息产生遵循会计规范与准则，以信息的可靠性作为主要的指标。公司报告"信源"的质量是至关重要的，是财务报告透明度的决定因素。（2）财务报告的"信道"方面是指在信息的披露中，特别要采用新媒体、基于新型信息技术手段及时、准确、公平、公正披露公司信息，并有效率向信息使用者提供信息。（3）财务报告的"信宿"方面是指财务报告最终的使用者以投资者为主体。不仅涉及财务报告本身的准确、传递过程的完整，而且要让使用者通过公司报告能够了解全面与真实的公司经营状况与发展前景。可见企业提升财务报告透明度可从三个方面着手：一是遵守准则与制度编制符合相应质量特征要求的会计信息；二是采用适当的方法进行信息传播，如采用新型信息技术手段更加高效的传播公司信息；三是要综合考虑到可能影响外部使用者获取、理解和使用这些信息的重要因素。只有这三个方面综合协调、同步推进才能够更好提升公司报告的透明度。本书界定的财务报告透明度是指按照当前证券市场信息使用者的平均专业水平与理解能力，基于公司财务报告信息披露，信息使用者对公司财务状况、经营业绩、现金流量与经营风险等的认知与公司真实状况的接近程度。

6.1.3 信息披露透明度评价

科米尔等（Cormier et al.，2009）指出，公司不完整或不透明的披露会妨碍企业各利益相关方的正确行为，实际上可能加速公司价值的破坏。公司报告不透明或透明度不足是21世纪初国内外上市公司财务报告舞弊时有发生的一个重要原因，因此财务报告透明度问题引起人们的强烈关注。为了提升证券市场中小投资者保护，国内外理论界和实务界一直以来就上市公司如何进一步提高财务报告透明度进行了一系列研究，但是并没有形成一致意见。在定量评价与比较公司报告透明度方面：一是国内外研究机构构建财务报告透明度评价指标体系，定期测算与发布不同国家或地区财务报告透明度指数，以此进行国家或地区之间财务报告透明度横向比较；二是一些学者通过构建财务报告透明度评价指标体系，测算财务报告透明度指数进行公司报告透明度的比较研究。

不同学者与研究机构从各自角度对于"财务报告透明度"的解释不同，因此对不同国家（地区）的证券市场，或对一个国家（地区）不同上市公司的信息披露透明度的衡量与评价受到研究机构与学者的广泛关注。国内外一些机构建立了一套完整的信息披露质量评价指标体系，每年公布公司财务报告透明度披露指数评价结果，对上市公司信息披露质量进行测评与监管，为投资者评价公司信息披露状况提供参考。评价采用的是一些公开资料且研究结果公开，不存在隐瞒或人为操纵，具有可验证性与可比性特点，因而这些评级机构测评报告透明度指数有较高的可信度。

1. 国外机构发布的信息披露透明度指数

（1）标准普尔公司。2001年4月，标准普尔公司（Standard & Poor's，S&P）推出的"透明度和信息披露"（T&D）指数，对全球资本市场公司的公开信息披露进行评价。它把上市公司年报中的信息项目分为三大类：投资者权利和所有权结构（含28项指标）；财务和信息披露程度（含35项指标）；董事会和管理层结构及程序的披露程度（含35项指标）。信息项目共计98项。一个公司年报中出现信息项目的披露数量作为会计信息透明度替代变量的代表性指数，提供了该种信息就给予记 1 分，否则为 0 分。一个公司按照百分比得到透明度和信息披露指数为：信息项目累计得分/98×100。T & D 指数以 98 个可披露项目中公司披露数量来衡量上市公司财务报告的信息透明度，因此披露数量越多，总分越高，报告透明度指数越高。虽然标准普尔指数分析的公司对象都是公开的，具有评级结果可以进一步检验的优点，但是标准普尔仅以年报资料为评价对象，其评价结果有一定局限性。同时标准普尔指标是同等权重考虑信息项目，没有考虑各信息项目在报告透明度中的相对重要性，因此其代表的财务报告透明度有一定的局限性。

（2）投资管理研究协会。美国投资管理研究协会（Association for Investment Management Research，AIMR）公布的 AIMR 披露指数是通过建立评价标准，由专业的分析师对公司每年年报、季报，以及其他公开自愿披露信息、投资者关系披露三个维度提供分行业进行打分，最后加权得分形成公司披露的总体评分和行业排名，其目的就是促进上市公司的信息披露。AIMR 指数比较全面的评价了上市公司信息披露质量，较好地反映公司报告信息透明度。如它既包含了正式的或强制的信息披露质量（如年报等），也反映了自愿的或非正式的信息披露质量（如管理层的分析会议等）。它的打分体现了该行业专家的专业知识和经验，汇总考虑了各个项目的权重。然而博托桑（1997）指出，AIMR 指数对公司信息披露透明度水平评价的区分度不高，专业分析师的主观判断误差影响公司透明度总分与排序等。

（3）国际财务分析和研究中心。国际财务分析和研究中心（Center for International Financial Analysis and Research，CIFAR）发布的 CIFAR 信息披露评价指数通过选择 90 个重要的财务和非财务信息披露项目，这些项目分为七大类：一般信息（含 8 项指标）、利润表（含 11 项指标）、资产负债表（含 14 项指标）、现金流量表（含 5 项指标）、会计政策披露（含 20 项指标）、股票信息（含 20 项指标）和其他补充信息（含 12 项指标）。然后按照这些项目在公司年报中出现的数量为衡量标准构建 CIFAR 指数。公司年报中这些项目披露的数量越多则 CIFAR 指数越大，表示公司年报的信息披露透明度就越高。可见，CIFAR 信息披露指数同 S & P 的透明度和信息披露指数的评分一样，也只关注公司信息披露的数量，没有考虑信息质量特征。布什曼和史密斯（Bushman and Smith，2003）指出，该披露密度指数存在一定的局限：第一，它只关注公司年度报告公共信息披露数量单一维度，没有考虑披露信息质量；第二，它没有考虑各国（地区）之间信息披露的范围、速度和准确性之间的差异；第三，它没有考虑各国（地区）在公司私有信息的生成和传递方面的差异。

（4）普华永道国际会计师事务所。普华永道国际会计师事务所于2001年1月发布了《不透明指数》（The Opacity Index）调查报告。对"不透明"的定义是：在商业经济、财政金融和政府监管等领域缺乏清晰、准确、正式、易理解、普遍认可的惯例。普华永道通过调查12个问题结果计算不透明指数，这些问题是：会计准则的一致性（程度）；典型的投资者获取私营部门信息的难易程度；与会计准则有关的不确定性程度；私营部门对会计准则的遵循情况；政府对会计准则的遵循情况；国有企业对会计准则的遵循情况；中央银行对会计准则的遵循情况；商业银行对会计准则的遵循情况；银行向监管机构提供准确信息的频率；获取公司现金流量信息的难易程度；获取公司当前资本结构的难易程度；获取公司经营风险水平的难易程度。

2. 国内机构有关上市公司信息披露透明度指数

（1）深圳证券交易所。深圳证券交易所通过"信息披露考评"结果评价上市公司信息披露情况，反映公司报告透明度。从2002年开始，深圳证券交易所主要依据《深圳证券交易所上市公司信息披露工作考核办法（2001年）》，按照上市公司每一年度、每一次信息披露行为，从信息披露的及时性、准确性、完整性、合法性四个方面开展评价，最终得到信息披露的综合得分。采用优秀、良好、及格和不及格四个等级区分被评价上市公司的信息披露质量，每年6月对外公布上一年度的信息披露考核结果。信息披露的评价内容主要包括：定期报告、临时报告编制和披露的及时性；报告文稿的准确性；上市公司提供文件是否齐全、公告格式是否符合要求、公告内容是否完整；公告内容和相应程序是否符合法律、法规和《交易所股票上市规则》的规定；董事会回复咨询事项的及时性、公司发生异常时沟通的主动性以及受到处罚的次数等。该考评体系的考评对象为所有上市公司，较好地保证了完整性，同时，该体系考察了上市公司的自愿性信息披露和强制性信息披露两个方面，较好保证了考评结果的全面性。该考核办法2013年修订。

（2）南开大学公司治理研究中心。1997年11月，在南开大学国际商学院现代管理研究所公司治理研究室的基础上，与国家审计署共建成立南开大学公司治理研究中心。2012 年更名为南开大学中国公司治理研究院。该研究院建有中国专门的公司治理学术研究网站——中国公司治理网。南开大学的信息披露评价体系（2004）针对信息披露的可靠性、相关性、及时性进行评价。在借鉴相关研究成果的基础上，以科学性、系统性和信息披露评价的可行性等原则为指导，以国际公认的公司治理准则为基础，综合考虑中国《中华人民共和国公司法》《中华人民共和国证券法》《上市公司治理指引》，比照《公开发行证券的公司信息披露内容与格式准则第 2 号》（2004年修订）《企业会计准则》《公开发行股票公司信息披露细则》等有关上市公司的法律法规设计评价指标体系。指标体系包括七类：1）背景信息披露；2）公司运营情况评价和展望，市场和产品、公司战略信息、预测信息；3）财务信息披露；4）公司治理信息披露；5）审计信息披露；6）无形资产及人力资源信息披露；7）其他事项信息披露，包括定期报告是否充分披露、专题及重大事项披露、募集资金使用情况、关联交易信息、或有事项信息、财务担保信息、分部信息等项目。南开大学的公司治理研究中心课题小组建立了"南开治理指数"（CCGI），该评价方法中包含了信息披露指数。

（3）经济观察研究院。2004 年《经济观察报》成立了经济观察研究院（Economic Observer Research Institute，EORI），同年，EORI 推出了"公司信任度指数"（corporate credibility index）。该指数是由 EORI 独立研究编制的用于观察上市公司信任度状况的工具，是中国证券市场上第一个对公众披露的财务可信度评级指数。公司信任度指数遵循经济观察研究院开发的公司信任度标准（以下简称"EORI 标准"）。EORI 标准借鉴国际公认的公司治理原则、会计准则、审计准则，以及中国相关法律、行政规范及同类标准，尽可能涵盖现阶段中国上市公司的常见信任度问题。EORI 标准包括 54 个具体标准，其中，涉及合法性具体标准 30 个，涉及公允性具体标准 9 个，涉及一致性具体标准 9 个，涉及对称性具体标准 6 个。公司信任度指数将上述 EORI 指数和经过公众调查途径得到的公众指数结合在一起，以便更加全面揭示公司信任度状况。[①] 此外，《经济观察报》所属的经济观察研究院自

[①] 张然等（2007）以经济观察研究院发布的"公司信任度指数"为研究对象，研究发现，信任度指数准确反映了公司的财务信息质量，该信息在投资决策中是有效的。

2004年开始发布上市公司投资信任度指数的评价结果，对上市公司诚信度、信息披露质量、竞争力等进行专项考察。

3. 其他

除了上述机构构建信息披露指数对公司报告透明度进行评价分析外，一些学者也从特定的视角构建公司信息披露评价指标体系探讨公司报告透明度问题。如华莱士和纳泽（Wallace and Naser，1995）、朗和伦德霍尔姆（2000）通过建立自己的信息披露评价体系对上市公司财务报告透明度进行评价研究。米克等（Meek et al.，1995）以财务信息、非财务信息、战略信息三种不同角度共计85个项目来评价上市公司财务报告透明度，根据信息披露的项目数量来衡量上市公司财务报告透明度。博托桑（1997）选择了五类共35个披露项目，包括公司背景信息、历史信息、非财务指标、预测信息及管理层讨论与分析信息等。布什曼和史密斯（Bushman and Smith，2003）认为一个完善、有效的会计信息透明度指数应当包括三个主要方面：公司报告（自愿和强制）的数量和质量，含上市公司信息披露的真实、计量原则、及时性和可信性（可用审计质量刻画）；通过财务分析师、机构投资者和公司内部人实现的公司私有信息的生成和传递状况；信息传递的质量，包括信息渗透度、私人渠道与国有渠道的相对比例，据此构建了自己的会计信息透明度指数。汪炜和蒋高峰（2004）以上市公司的临时性报告数量来衡量信息披露的透明度高低，指数越高意味着上市公司财务报告的透明度也越高。王咏梅（2003）根据Botosan所提出的披露指数构建自愿披露指数。崔学刚等（2004）认为公司披露信息的自愿性是评价上市公司财务报告透明度的重要因素，上市公司财务报告的透明度根据其自愿披露的信息水平高低来决定。张宗新等（2007）选定39个项目建立了信息披露指数。

6.2 公司报告模式透明度

6.2.1 报告模式透明度函数

人们通过构建公司信息披露透明度测度的指数，对不同国家（地区），或同一个国家（地区）公司财务报告模式信息披露透明度进行分析与比较。

莱维特（Levitt，1998）认为，公司的信息披露绝不是公司单方面的信息生产、输出过程，其最终立足点应当放在信息使用者的理解和反应上。财务报告模式透明度是指公司信息通过特定模式进行信息披露能够为信息使用者理解的情况。不同的财务报告模式对公司财务信息披露透明度存在差异。更加透明的报告模式信息披露使得信息使用者能够更好理解公司的经营状况、投资价值与风险等，从而对投资者的决策提供更好的帮助。从动态角度看，不同的公司报告模式披露信息的效果存在差异，报告模式信息披露透明度更多体现在用户对报告模式披露公司信息的效果体验上。报告模式披露信息的透明度与影响它的各种因素建立报告模式信息披露透明度函数。影响报告模式透明度的因素包含披露信息可靠性、相关性、及时性、可比性与充分性等指标。以下对报告模式披露信息的透明度展开讨论。

假设投资者对公司价值的认知仅仅取决于公司信息披露质量，那么报告模式的透明度就成为投资者判断公司价值的关键。若构成公司报告模式透明度的评价指标为 γ_1、γ_2、$\cdots$、γ_n。公司报告模式 Γ 的透明度 η 可以看成公司报告模式透明度的评价指标 $\gamma_i(i=1,2,\cdots,n)$ 的函数，即公司报告模式 Γ 透明度函数 η 表示为：

$$\eta = f(\gamma_1, \gamma_2, \cdots, \gamma_n)$$

一种报告模式 Γ^X 比另一种报告模式 Γ^Y 的透明度更高，即 $\eta_X > \eta_Y$，是指在其他条件相同的情况下，报告模式 Γ^X 的透明度函数 η_X 中的一个或几个评价指标优于报告模式 Γ^Y 的透明度函数 η_Y 相应指标。如果公司报告模式 Γ 的透明度 η 关于某个评价指标 $\gamma_i(i=1,2,\cdots,n)$ 是递增的，就有：

$$f_i = \frac{\partial \eta}{\partial \gamma_i} = \frac{\partial f(\gamma_1, \gamma_2, \cdots, \gamma_n)}{\partial \gamma_i} > 0$$

公司报告模式透明度函数受到许多种因素影响。可以通过构建影响透明度函数的可观察主要因素评价报告模式透明度，为此建立一套评价指标体系进行报告模式透明度比较，根据用户选择结果检验不同报告模式透明度差异的显著性。公司财务报告模式的透明度影响投资者决策，因此财务报告模式透明度的讨论应当考虑投资者对公司报告模式的选择偏好。基于公司报告模式披露信息的可靠性、相关性、及时性、可比性与充分性指标构建评价体系，比较 AR 模式与 GR 模式披露信息透明度差异程度，从而展开 AR 模式的有效性改进讨论。

6.2.2 报告模式透明度指标

"大智移云"背景下 AR 模式能够综合集成大数据、人工智能、移动互联网和云计算，以及 XBRL、IDM、Web 服务与 RSS 等技术，已经能够实现公司信息供应链各个环节的无缝衔接，实现个性化定制报告，实现财务异常预警的功能。AR 模式向投资者披露信息拥有可靠性、相关性、及时性、可比性与充分性的特点。

1. 可靠性

代理人为了自身的利益往往会利用信息优势采取"机会主义"行为，如在信息加工过程运用各种技术手段形成对其有利的财务报告。也就是说，公司管理层在一定程度上能够影响或操纵财务报告，如对于业绩不良的公司，管理者通过夸大业绩、隐瞒不利信息，让外部投资者难以全面了解公司的真实情况，形成公司运营良好状况的"印象管理"，从而达到误导投资者的目的。

公司财务报告披露信息的信源可追溯与可验证会规避或降低公司财务数据造假的可能性，减少报告编制过程出现的"技术处理"行为，从而增加公司报告信息的可靠性。与 Word、Excel、HTML、CSV 和 PDF 等电子财务报告比较，基于 XBRL 统一数据模型的财务信息具有可追溯的特征，便于公司财务数据下钻，从报告中自动提取进行挖掘与分析，提升公司报告信息的可靠性。

AR 模式的报告形成过程实现了每一个环节的自动化与智能化，有效减少或避免了人为操纵因素对公司信息可靠性的影响。因为基于 XBRL 的财务报告中有被"技术处理"的数据会留下可追溯的痕迹，它被审计发现或受投资者质疑的概率增加。公司信息的可追溯性与可验证性能够增强报告的可靠性。麦圭尔等（McGuire et al.，2006）认为，基于 XBRL 的公司报告便于遵从法规。AR 模式提升报告可靠性表现在四个方面。一是采用 XBRL 统一数据模型，确保财务信息的完整性，报告便于遵照规范与外部审计监管。二是公司财务数据均按 XBRL GL 分类标准打上相关"标签"，这些数据在移动过程中始终携带相应印记。无论财务综合数据处于何种合并层次，都可以逐级展开，通过标签能顺利地对其进行追溯。信源可追溯为报告审计提供可靠线索，使得财务隐瞒与造假被发现的几率上升，从而提升公司报告信息的可靠性。三是采用持续审计，有助于改进公司内部控制，增加财务报告的可靠性，提升公司信息的准确性。四是提供了公司报告单个数据元素的验证原则，各类计算公式定义了数据元素的验证以及数据元素项之间数学计算和逻辑关系，通过信息接收方向信息发送方发布验证公式，保障公司报告供应链各个环节传送信息的准确性，强化公司信息的可靠性。为此提出比较两种报告模式披露公司信息可靠性差异的假设检验：

原假设 $H_0^{(1)}$：AR 模式与 GR 模式相比，在披露上市公司信息的可靠性方面提高不显著；

被择假设 $H_1^{(1)}$：AR 模式与 GR 模式相比，在披露上市公司信息的可靠性方面提高显著。

2. 相关性

基于 XBRL 统一数据标准的 AR 模式能为报告供应链的各个环节带来效益提升，这些环节受益主体包括投资者、公司管理者、公司会计人员、证券市场监管者、投资分析师、财务数据供应商、公司债权人和财务软件厂商等；效益提升主要表现为财务数据处理自动化与智能化，提升报告信息及时性从而增加信息相关性，财务数据再利用更快捷、更准确，从而改进财务分析效率，增加报告的相关性。GR 模式定期发布时效性滞后导致公司报告信息的相关性不足。李进营和周晓苏（2010）指出，财务报告是借助于会计这一商业语言向投资者传递企业经营情况的工具，其透明度不仅取决于上市公司披露了什么、如何披露等，还取决于披露行为与投资者群体相关特征之间的匹配程度。因此，统一格式财务报告的相关性不高于按照投资者个性化需求获取公司信息的个性化报告。实际上，就投资者获取公司信息而言，通用财务报告也可以看成一个特殊形式的个性化报告。鲍德温等（Baldwin et al.，2006）研究表明，XBRL 增加了财务信息的相关性。因此与 GR 模式相比，基于 XBRL 统一数据标准的 AR 模式相关性也得到增加。投资者决策本身与特定问题相联系，相同信息对不同用户具有不同的参考价值，因此相关性与用户的个性及其相应的决策问题和环境密切关联。AR 模式按需定制个性化报告，满足用户个性化信息需求，克服 GR 模式忽视不同个体之间信息需求差异性的不足。个性化定制与多样式的报告输出适应不同投资者的需求，提升报告的相关性，能够缓解公司信息披露出现的信息超载与不足的矛盾。AR 模式包含公司财务与非财务数据披露，根据用户信息使用类型，推荐有参考价值的公司信息满足个性需求；实时向投资者提供财务风险信息，有助于投资者规避或减少投资风险。公司前瞻信息、社会责任信息等使投资者更加全面了解公司价值，提升报告的决策有用性。马歇尔等（Marshall et al.，2010）指出，提高财务数据有效与便捷获取促进分析师使用更多数据进行分析，从而改进他们的投资决策。AR 模式能够进行双方实时互动，公司及时跟踪投资者需求变化，识别投资者不同类型的信息需求并推荐有关信息；更高水平的披露减少了信息不对称，便于投资者更好地了解公司的未来，提升报告的相关性。为此提出比较两种报告模式披露公司信息相关性差异的假设检验：

原假设 $H_0^{(2)}$：AR 模式与 GR 模式相比，在披露上市公司信息的相关性方面提高不显著；

被择假设 $H_1^{(2)}$：AR 模式与 GR 模式相比，在披露上市公司信息的相关性方面提高显著。

3. 及时性

2001 年 12 月，美国证监会主席皮特在调查安然破产案件时提到，公司的定期报告实际上是在过了相当时间才公告的，这酝酿了潜在的财务风暴，投资者收到信息时，内容已经过时。如 1995 年巴林银行已经破产，其年度财务报告还未产生。公司财务报告信息披露的及时性是其有用性的基础，而"大智移云"背景下 GR 模式财务报告定期发布信息及时性不足的问题凸显。艾博思和克鲁斯（Eccles and Krzus，2010）指出，可扩展商业报告和超文本标记语言一样都是一种让信息的收集、报告和再次使用更加便捷的信息标准。AR 模式基于 XBRL 统一数据标准集成，便于财务数据存取和使用，提升公司报告的及时性。XBRL 并没有改变现行的会计准则与规范，它在"信源"上对公司数据进行统一规范与封装，标准化便于数据在不同系统之间交换，提升公司财务信息披露的及时性。

AR 模式提升公司信息披露的及时性。从报告编制上看，标准化财务数据使得报告编制全过程能够在不同应用系统之间无缝衔接，自动处理；实时审计减少报告产生过程的时滞；结构化的财务数据便于施行自治持续数据挖掘，实现财务风险实时监控；个性化报告能够通过模块化生成并实时推送给用户。从报告接收看，用户能够与公司实时互动，可以不受时空限制及时得到按需定制的公司信息，提升公司报告的及时性。AR 模式从公司数据获取、集成、生成实例文档、外部实时审计、个性化报告实时推送给用户各环节无缝衔接，提高了公司报告的时效性。瑞扎伊和特纳（Rezaee and Turner，2002）指出，通过使用 XBRL 软件，决策者能够直接获得所需的信息，消除信息中介，决策制定过程将变得更加高效与灵活。公司采用 XBRL 技术改善投资分析的及时性。财务分析软件能够直接读取 XBRL 标识数据，无需对财务数据重新输入就可直接使用，提高投资者分析公司财务报告与利用公司报告数据的效率。为此提出比较两种报告模式披露公司信息及时性差异的假设检验：

原假设 $H_0^{(3)}$：AR 模式与 GR 模式相比，在披露上市公司信息的及时性方面提高不显著；

被择假设 $H_1^{(3)}$：AR 模式与 GR 模式相比，在披露上市公司信息的及时性方面提高显著。

4. 可比性

公司信息可比性有助于投资者进行投资选择。虽然 GR 模式统一格式具有公司之间财务信息可比性的优势，但是报告"向后看"与信息内涵不足影响到决策有用性。同时，在进一步利用公司财务信息方面，GR 模式的财务数据不能直接实现共享，财务数据再利用需要使用者重新录入，因此数据再利用的效率较低。AR 模式采用 XBRL 对数据进行统一标识，用户可以便捷获取不同公司财务数据进行比较，增加公司信息的可比性。

如果不同公司财务数据没有采用相同标准，公司之间的财务信息也就缺乏可比性，不利于投资者进行比较分析与决策选择。波桑等（Bonsón et al.，2009）指出，XBRL 有助于增强公司财务数据一致性与财务数据可比性。AR 模式使不同公司财务数据具有相同的分类标准，提升公司信息的可比性。具体表现在以下四个方面。一是财务数据统一分类标准使公司报告保持前后期信息一致性，提高了公司历史信息的可比性，强化了公司信息的纵向可比性，便于信息使用者从时间维度推断公司的发展趋势。二是同行业公司的财务数据遵循同样的 XBRL GL 标准，使得公司报告截面数据具备同行业的可比性，它有助于信息使用者从同行业之间的空间维度进行财务信息的横向比较分析，便于选择业绩良好的公司。三是用户个性化报告源于相同标准的公司财务数据具有可比性。基于标准化的财务数据使公司同类相关联的信息具有相似的标签标识，这些信息无论位于公司报告的哪个位置，智能搜索均能基于标签标识迅速定位并获取信息，提升公司报告中同类信息的比较效率。四是 AR 模式是基于 XBRL 财务元数据组合形成的公司报告，使计算机能够自动在财务报告中检索完整与相关的信息。按照标准分类获取的相似标签可以引导用户关注不同公司报告信息之间的相互关系，实现不同公司相同或相近信息综合集成，便于投资者全面地对不同公司信息进行比较与评价。因此，AR 模式便于用户查询与比较不同公司报告的横向或同一公司报告的纵向财务信息。为此提出比较两种报告模式披露公司信息可比性差异的假设检验：

原假设 $H_0^{(4)}$：AR 模式与 GR 模式相比，在披露上市公司信息的可比性方面提高不显著；

被择假设 $H_1^{(4)}$：AR 模式与 GR 模式相比，在披露上市公司信息的可比性方面提高显著。

5. 充分性

GR 模式是强制披露，它是公司必须向证券市场披露信息的最低标准。由于 GR 模式采取定期报告，公司需要实时披露的信息无法都包含在 GR 模式之内。AR 模式可以实现更加充分与灵活的公司信息披露，实时向投资者报告公司财务风险等。基于用户访问权限，在满足保护公司商业机密需要条件下，公司数据中心可以向投资者开放。用户可以获得更多的公司信息以满足个性化的信息需求。

GR 模式缺乏弹性，难以对公司信息进行充分披露。AR 模式能够便利进行自愿信息披露，使公司信息披露更加充分。公司数据中心拥有全面的公司财务与非财务事项信息，如公司发展战略、科技研发、无形资产、人力资源、财务风险信息、社会责任信息以及前瞻信息等。公司数据中心集成基本信息单元形成公司"信息超市"，为充分披露提供资源。这些基本信息单元是个性化报告的共同基础，基本信息的不同组合满足不同投资者多元化的信息需求。XBRL 实例文档是树形结构的，提供向下遍历功能，能使搜索更加灵活快捷，同时大量统一格式的实例文档数据有利于数据的分析。XBRL 有利于分析软件的搜索功能，帮助用户查找信息。为了减少公司数据中心的风险，保障数据安全、保护公司商业机密，对中心数据资源进行分层加密管理，对不同用户设置不同使用权限，在满足充分信息披露的同时保障公司财务数据安全与保护公司商业机密。为此提出比较两种报告模式披露公司信息充分性差异的假设检验：

原假设 $H_0^{(5)}$：AR 模式与 GR 模式相比，在披露上市公司信息的充分性方面提高不显著；

被择假设 $H_1^{(5)}$：AR 模式与 GR 模式相比，在披露上市公司信息的充分性方面提高显著。

6.3　AR 模式透明度改进检验

6.3.1　报告模式的用户选择偏好

不同投资者决策使用的信息存在差异，个性化财务报告正是满足用户个性化偏好的信息需求。从决策有用性视角，报告模式越能够提供决策有用信息就越受投资者青睐，因此，以下采用投资者对两种报告模式的选择偏好讨论报告模式透明度。

若投资者对两种报告模式 Γ^X、Γ^Y 选择偏好的比较只有三种结果之一，即"$\Gamma^X \succ \Gamma^Y$"表示"Γ^X 优于 Γ^Y"；"$\Gamma^X \sim \Gamma^Y$"表示 Γ^X 同于 Γ^Y；"$\Gamma^X \prec \Gamma^Y$"表示 Γ^X 劣于 Γ^Y。为了比较 GR 模式（简记为"Γ^G"）与 AR 模式（简记为"Γ^A"）透明度的差异，可以通过对报告模式透明度函数评价指标进行调查分析，从用户选择偏好的统计结果来检验两者之间透明度差异的显著性。比较基于投资者对报告模式披露信息透明度的同类评价指标的选择偏好，得到用户对不同报告模式的同类指标选择偏好的差异方向。之所以采用选择偏好比较同类指标差异方向，是因为它避免了调查对象对不同报告模式透明度进行定量测度评判（如打分等）出现的困难。问卷内容包含被调查投资者的性别、年龄、受教育程度、投资年限等。通过调查投资者对不同报告模式透明度五项指标的选择偏好，检验两种报告模式差异的显著性。进行比较的五项指标包括：可靠性指标、相关性指标、及时性指标、可比性指标、充分性指标。针对 X、Y 两种不同的公司报告模式，投资者对每一个指标选择偏好设置成三种情形：（1）选择偏好 X；（2）选择偏好 Y；（3）选择 X 与 Y 相同。根据用户选择结果采用符号检验讨论投资者对两种不同报告模式偏好差异的显著性，以此分析公司报告模式的有效性改进。

6.3.2 报告模式选择偏好的符号检验

针对报告模式透明度差异方向进行的符号检验并不局限于变量是一个连续分布，也不需要假设所研究的对象来自同一总体，可以是任何形式的假设，只需要有关的变量指标实现配对。因此，在未知所要检验变量服从何种分布的情况下，就可采用符号检验方法进行不同报告模式透明度用户选择偏好差异的显著性检验。为了能够采用符号检验方法比较两种报告模式透明度差异的显著性，假定投资者选择结果"$\Gamma^G \succ \Gamma^A$"，采用符号"$-$"进行标识，它表示投资者偏好 GR 模式；选择结果"$\Gamma^G \sim \Gamma^A$"，采用符号"0"进行标识，它表示投资者对两种报告模式偏好相同；选择结果"$\Gamma^G \prec \Gamma^A$"，采用符号"$+$"进行标识，它表示投资者偏好 AR 模式。这样就可以用符号标识表示投资者对不同报告模式的选择偏好差异方向的测度，构建公司报告模式透明度差异比较的符号检验。

假设 Γ^A 比 Γ^G 的透明度提高不显著，提出假设检验如下：

$$H_0 : p(\Gamma^G \prec \Gamma^A) \leqslant 0.5 \quad \text{vs} \quad H_1 : p(\Gamma^G \prec \Gamma^A) > 0.5$$

作符号函数 $\delta_i = \begin{cases} 1, & \Gamma^G \prec \Gamma^A \\ 0, & \Gamma^G \succ \Gamma^A \text{ 或 } \Gamma^G \sim \Gamma^A \end{cases}$

令 $S^+ = \sum_{i=1}^{n} \delta_i$，它表示投资者选择"$\Gamma^G \prec \Gamma^A$"的数量，则构造的 S^+ 是进行符号检验的统计量。

记 $\theta = p(\delta_i = 1) = p(\Gamma^G \prec \Gamma^A)$，则 $\delta_1, \delta_2, \cdots, \delta_n$ 看成来自二点分布 $B(1, \theta)$ 的样本，由于 $\delta_1, \delta_2, \cdots, \delta_n$ 是独立同分布，则：$S^+ = \sum_{i=1}^{n} \delta_i$ 服从二项分布 $B(n, \theta)$。其中，$E(S^+) = np, Var(S^+) = np(1-p)$。

（1）当样本量较小时，对于给定的检验水平 α，该检验问题拒绝域为：

$$W = \{S^+ \geqslant c\}$$

其中，$c = \inf_k \left\{ k : \sum_{i=k}^{n} \binom{n}{i} p_0^i (1-p_0)^{n-i} \leqslant \alpha \right\}$。

计算临界值时将 $p_0 = 0.5$ 代入得：

$$c_0 = \inf_k \left\{ k : \sum_{i=k}^{n} \binom{n}{i} 0.5^n \le \alpha \right\}$$

当 $S^+ \ge c_0$ 时，拒绝 H_0。

（2）当样本容量较大时，二项分布可用正态分布近似替代，即：

$$\mu = \frac{S - np}{\sqrt{np(1-p)}} \sim N(0,1)$$

其中，S 表示正号（或负号）个数，把 $p = 0.5$ 代入上式得：

$$\mu = \frac{(S \pm 0.5) - 0.5n}{0.5\sqrt{n}} \sim N(0,1)$$

在 $(S \pm 0.5)$ 表达式中，当 $S > 0.5n$ 时选择 $(S - 0.5)$；当 $S < 0.5n$ 时选择 $(S + 0.5)$。检验水平为 α 时，临界值 μ_α，当 $\mu \ge \mu_\alpha$ 时，拒绝 H_0。

6.3.3　报告模式差异的显著性检验

检验 Γ^A 与 Γ^G 透明度差异的显著性，可通过对两种报告模式透明度评价的各个指标 $\gamma_i(i=1,2,3,4,5)$ 的差异进行逐一检验，综合各个指标检验结果得出两种报告模式透明度差异的显著性。以下通过对报告模式信息披露质量评价的 5 个指标的调查结果，讨论两种报告模式的透明度差异的显著性。令 Γ^{Gi}、Γ^{Ai} 分别表示 GR 模式与 AR 模式相应指标 $\gamma_i(i=1,2,3,4,5)$ 的选择偏好。Γ^G 与 Γ^A 的透明度评价各个指标差异的符号检验假设如下。

两种报告模式披露信息的可靠性指标 γ_1 差异的假设检验：

原假设　　　$H_0^{(1)} : p(\Gamma^{G1} \prec \Gamma^{A1}) \le 0.5$

被择假设　　$H_1^{(1)} : p(\Gamma^{G1} \prec \Gamma^{A1}) > 0.5$

两种报告模式披露信息的相关性指标 γ_2 差异的假设检验：

原假设　　　$H_0^{(2)} : p(\Gamma^{G2} \prec \Gamma^{A2}) \le 0.5$

被择假设　　$H_1^{(2)} : p(\Gamma^{G2} \prec \Gamma^{A2}) > 0.5$

两种报告模式披露信息的及时性指标 γ_3 差异的假设检验：

原假设　　　$H_0^{(3)} : p(\Gamma^{G3} \prec \Gamma^{A3}) \le 0.5$

被择假设　　$H_1^{(3)} : p(\Gamma^{G3} \prec \Gamma^{A3}) > 0.5$

两种报告模式披露信息的可比性指标 γ_4 差异的假设检验：

原假设 $\quad H_0^{(4)}: p(\Gamma^{G4} \prec \Gamma^{A4}) \leqslant 0.5$

被择假设 $\quad H_1^{(4)}: p(\Gamma^{G4} \prec \Gamma^{A4}) > 0.5$

两种报告模式披露信息的充分性指标 γ_5 差异的假设检验：

原假设 $\quad H_0^{(5)}: p(\Gamma^{G5} \prec \Gamma^{A5}) \leqslant 0.5$

被择假设 $\quad H_1^{(5)}: p(\Gamma^{G5} \prec \Gamma^{A5}) > 0.5$

对于上述提出的假设检验问题，作符号函数：

$$\delta_i^{(k)} = \begin{cases} 1, & \Gamma^{Gk} \prec \Gamma^{Ak} \\ 0, & \Gamma^{Gk} \succ \Gamma^{Ak} \text{ 或 } \Gamma^{Gk} \sim \Gamma^{Ak} \end{cases}, \quad k = 1,2,3,4,5$$

构造第 k 个指标的检验统计量，令：

$$S_k^+ = \sum_{i=1}^{n_k} \delta_i^{(k)}$$

S_k^- 表示投资者选择偏好 Γ^A 的第 k 个指标 Γ^{Ak} 优于（劣于）Γ^G 的第 k 个指标 Γ^{Gk} 的数量，则构造的 S_k^+ 是原假设 $H_0^{(k)}(k=1,2,3,4,5)$ 符号检验的统计量。共发出 40 份调查问卷，回收 35 份有效调查问卷，得到投资者选择偏好的各个检验指标 "+" "-" "0" 符号累计结果如表 6-1 所示。可以得到：

可靠性指标：

$$S_1^+ = 28, S_1^- = 5, n_1 = S_1^+ + S_1^- = 33, S_1^+ = 28 > 0.5n_1 = 16.5$$

相关性指标：

$$S_2^+ = 25, S_2^- = 7, n_2 = S_2^+ + S_2^- = 32, S_2^+ = 25 > 0.5n_2 = 16$$

及时性指标：

$$S_3^+ = 29, S_3^- = 5, n_3 = S_3^+ + S_3^- = 34, S_3^+ = 29 > 0.5n_3 = 17$$

表 6-1 投资者选择偏好调查统计

评价指标	用户偏好	符号标识	符号统计
可靠性指标	$\Gamma^{G1} \succ \Gamma^{A1}$	−	5
	$\Gamma^{G1} \sim \Gamma^{A1}$	0	2
	$\Gamma^{G1} \prec \Gamma^{A1}$	+	28

续表

评价指标	用户偏好	符号标识	符号统计
相关性指标	$\Gamma^{G2} \succ \Gamma^{A2}$	–	7
	$\Gamma^{G2} \sim \Gamma^{A2}$	0	3
	$\Gamma^{G2} \prec \Gamma^{A2}$	+	25
及时性指标	$\Gamma^{G3} \succ \Gamma^{A3}$	–	5
	$\Gamma^{G3} \sim \Gamma^{A3}$	0	1
	$\Gamma^{G3} \prec \Gamma^{A3}$	+	29
可比性指标	$\Gamma^{G4} \succ \Gamma^{A4}$	–	7
	$\Gamma^{G4} \sim \Gamma^{A4}$	0	5
	$\Gamma^{G4} \prec \Gamma^{A4}$	+	23
充分性指标	$\Gamma^{G5} \succ \Gamma^{A5}$	–	4
	$\Gamma^{G5} \sim \Gamma^{A5}$	0	1
	$\Gamma^{G5} \prec \Gamma^{A5}$	+	30

可比性指标:

$$S_4^+ = 23,\ S_4^- = 7,\ n_4 = S_4^+ + S_4^- = 30,\ S_4^+ = 23 > 0.5 n_4 = 15$$

充分性指标:

$$S_5^+ = 30,\ S_5^- = 4,\ n_5 = S_5^+ + S_5^- = 34,\ S_5^+ = 30 > 0.5 n_5 = 17$$

把数据代入 $\mu_k = \dfrac{(S_k^+ - 0.5) - 0.5 n_k}{0.5 \sqrt{n_k}}$，计算检验函数的实际值与临界值，并进行比较，结果如表 6 - 2 所示。

表 6 - 2　　　　　　　检验指标计算结果与临界值比较

检验指标	统计量观察值	检验函数实际值与临界值比较	检验结果
可靠性指标	$S_1^+ = 28$	$\mu_1 = 3.83 > 1.64$	拒绝原假设 $H_0^{(1)}$，接受备选假设 $H_1^{(1)}$
相关性指标	$S_2^+ = 25$	$\mu_2 = 3.01 > 1.64$	拒绝原假设 $H_0^{(2)}$，接受备选假设 $H_1^{(2)}$
及时性指标	$S_3^+ = 29$	$\mu_3 = 3.94 > 1.64$	拒绝原假设 $H_0^{(3)}$，接受备选假设 $H_1^{(3)}$
可比性指标	$S_4^+ = 23$	$\mu_4 = 2.74 > 1.64$	拒绝原假设 $H_0^{(4)}$，接受备选假设 $H_1^{(4)}$
充分性指标	$S_5^+ = 30$	$\mu_5 = 4.29 > 1.64$	拒绝原假设 $H_0^{(5)}$，接受备选假设 $H_1^{(5)}$

注:检验水平 $\alpha = 0.05$ 时，单侧检验的临界值 $\mu_\alpha = 1.64$。

由表 6 - 2 可知，从可靠性、相关性、及时性、可比性与充分性五个指标投资者选择偏好调查的符号检验结果表明：AR 模式较 GR 模式的透明度有显著提高。其中，问卷调查人员性别构成状况：男性 24 人，占 68.57%；女性 11 人，占 31.43%。年龄结构分布：25 岁以下 2 人，占 5.72%；26 ~ 40 岁 9 人，占 25.71%；41 ~ 60 岁 20 人，占 57.14%；61 岁以上 4 人，占 11.43%。教育程度分布：大专及以下学历 12 人，占 34.29%；大学本科学历 20 人，占 57.14%；研究生学历 3 人，占 8.57%。投资股市时间分布：5 年以下 7 人，占 20%；6 ~ 10 年 23 人，占 65.71%；11 年以上 5 人，占 14.29%。

6.4　报告模式透明度与公司价值

巴斯柯克（Buskirk，2012）指出，大量的详细信息披露减少了信息不对称。AR 模式强调在激烈市场竞争中公司与投资者（以及其他利益相关者）合作的重要性。AR 模式能够增加投资者的信息量，缓解信息不对称程度，减少投资者对公司发展前景判断的不确定性，有助于投资者决策。汉农（Hannon，2002）指出，XBRL 采用元数据技术增进使用者获取相关信息，提高报告透明度，从而影响用户决策。甘恩（Gunn，2007）指出，支持搜索技术的披露方式（如 XBRL）可以提高财务报告使用者对信息的获取和理解能力，增强了信息披露的透明度。因此，以 XBRL 为统一数据模型的 AR 模式能够增加公司信息的透明度。杨德明（2009）指出，提高公司信息披露的质量与投资者信息解读能力，将有利于提高市场有效性。在其他条件相同的情况下，公司可通过 AR 模式增加公司信息披露的透明度，自愿性披露使投资者获得更多信息，增加投资者对公司的了解，从而有助于投资者的决策。AR 模式降低了公司与投资者信息不对称的程度，促进投资者在更加可靠、相关、及时与充分信息的条件下进行投资选择。高透明度的会计信息可以降低资本市场的信息不对称和投资者的预期风险，引导投资者进行价值判断和投资决策，从而实现资源的优化配置（周中胜、陈汉文，2008）。更高的信息透明度对公司股票产生更高的收益率（Lai et al.，2010）。默顿（1987）建立不完全信息下资本市场的均衡模型和公司治理与资本关系模型。王雄元（2008）、陈等（Chen et al.，2003）讨论公司治理与资本关系模型的有关信息透明度与公司价值关系。

　　以下运用资本资产定价模型（capital asset pricing model，CAPM）就有关公司资产的风险与期望收益率之间线性关系的 Sharpe – Lintner CAPM 单期均衡模型，讨论报告模式信息透明度 η 与公司价值的关系。

　　在一个完善的资本市场，假定公司 i 在一年内产生的自由现金流 CF（cash flow）为定值，满足 $CF > 0$。公司报告模式 Γ 的透明度为 η，透明度 η 满足 $0 \leqslant \eta \leqslant 1$。当 $\eta = 0$ 表明报告模式 Γ 的信息披露完全不透明，$\eta = 1$ 表明报告模式 Γ 的信息披露完全透明。

　　报告模式 Γ 的透明度增加有助于减小公司与投资信息不对称程度，从而减少投资者对公司前景判断的不确定性，有助于投资者的投资选择。张志强（2010）指出，未来的风险和收益决定（资产的）价值。公司环境处于不断变化之中，各种不确定因素影响投资者对公司价值的判断，其中投资者对公司 i 现金流 CF_i 评估是投资者认知公司价值的关键因素。投资者对一个公司现金流的最后评估取决于两个因素，公司产生的自由现金流的一个折扣部分以及其他不确定因素（李心丹等，2007）。因此，一方面，从折扣部分看，报告模式 Γ 的透明度增加，有助于投资者了解公司的真实性，提高公司在投资者心目中的可信度，提升公司在证券市场中的声誉，投资者对可信度高、声誉好、能够实现其预期回报的公司（如 H 型公司）现金流 CF_i 给予更高评估。由于报告模式 Γ 的透明度 η 与投资者评价公司现金流的折扣部分有关，假定 η 作为投资者评估公司 i 现金流的折扣率，当公司在一年内产生的现金流为 CF 时，投资者对公司 i 现金流的估计为 $\eta \times CF$。另一方面，由于报告模式 Γ 的不透明度 $(1 - \eta)$ 以及不确定风险因素 ε_i 的共同作用影响，这部分因素影响投资者对公司 i 现金流的评估为 $(1 - \eta) \times \varepsilon_i$。可以看出，当 $\eta \uparrow$ 时，$(1 - \eta) \downarrow$，即报告模式 Γ 的透明度增加，带来投资者对公司前景不确定性因素的风险估计误差减小。

　　综上所述，构造投资者对公司现金流的评估模型：

$$CF_i = \eta \times CF + (1 - \eta) \times \varepsilon_i \tag{6.1}$$

假设 $E(\varepsilon_i) = 0$，$Var(\varepsilon_i) = \sigma_i^2$。

　　在证券市场上投资者风险投资的收益是波动的，因此应当对投资者的风险给予补偿才能够吸引投资者进行投资。在资本市场中，若 σ_m 为市场投资组合 M 的收益率标准差，ρ_i 为公司 i 相应证券与 M 的相关系数，则公司 i 证券的市场风险可由 $\rho_i \sigma_i$ 表示。按照 CAPM 理论，在完善的资本市场中，投资的期望收益率与投资者承受的市场风险之间的相互关系满足：

$$E(R_{CFi}) = R_f + \beta_i(E(R_m) - R_f)$$

$$E(R_{CFi}) = R_f + \frac{\mathrm{cov}(R_{CFi}, R_m)}{\sigma_m^2}(E(R_m) - R_f) \tag{6.2}$$

$$E(R_{CFi}) = R_f + \frac{\rho_i\sigma_i}{\sigma_m}(E(R_m) - R_f) \tag{6.3}$$

其中，R_f 是无风险利率，R_{CFi} 为现金流 CF_i 的收益率，R_m 为市场投资组合的回报率，由式（6.3）可以得到投资者风险投资的期望收益率高于无风险投资的收益率部分为：

$$E(R_{CFi}) - R_f = \frac{\rho_i\sigma_i}{\sigma_m}(E(R_m) - R_f) \tag{6.4}$$

式（6.4）就是投资者获得的，由市场给予的对投资者所承受的市场风险的补偿。公司 i 的投资风险补偿率 θ_i 为投资者得到的风险补偿与投资者承受的投资风险之比，则投资者对公司 i 证券投资的风险补偿率计算式为：

$$\theta_i = \frac{E(R_{CFi}) - R_f}{\rho_i\sigma_i}$$

由式（6.4）得到：

$$\theta_i = \frac{E(R_{CFi}) - R_f}{\rho_i\sigma_i}$$

$$= \frac{E(R_m) - R_f}{\sigma_m} \tag{6.5}$$

按照投资者的投资选择基本原则：相同风险下，投资者选择收益率较高的投资项目；相同收益下，投资者选择风险较低的投资项目。由式（6.5）可知，在完善的资本市场中不同公司的投资补偿率相同，因此若公司 i 未来不确定减少，则投资者对公司 i 投资的收益率要求相应下降。对投资者而言，若公司 i 采用的报告模式 Γ 具有更高透明度，则投资者对公司 i 的投资风险将会降低或避免。从式（6.5）可以看出：投资的风险下降，投资者对公司 i 现金流估计的期望收益率要求也将下降。由此可见，报告模式 Γ 的透明度增加能够降低公司融资成本，提高公司市场竞争力。

令 $\mu_m = \dfrac{E(R_m) - R_f}{\sigma_m^2}$ 代入式（6.2）得：

$$E(R_{CFi}) - R_f = \mu_m\mathrm{cov}(R_{CFi}, R_m) \tag{6.6}$$

若 DR_i 是公司 i 经风险调整后的贴现率（discount rate）。由贴现率公式可知，投资者利用现金流估计公司 i 的价值（现值）PV_i 为：

$$PV_i = \frac{E(CF_i)}{1 + DR_i} = \frac{E(\eta \times CF + (1 + \eta)\varepsilon)}{1 + DR_i} = \frac{\eta \times E(CF)}{1 + DR_i} \tag{6.7}$$

公司经风险调整后的贴现率也就是投资者要求的收益率（张志强，2010）。可以得到 $R_{CFi} = DR_i$，式（6.6）两边同乘以 PV_i 得：

$$PV_i E(R_{CFi}) - PV_i R_f = PV_i \mu_m \mathrm{cov}(R_{CFi}, R_m) \tag{6.8}$$

根据期望与协方差性质有：

$$\begin{aligned}
PV_i \times E(R_{CFi}) &= PV_i \times E(R_{CFi} + 1 - 1) \\
&= PV_i \times (E(R_{CFi} + 1) - 1) \\
&= E(PV_i \times (DR_i + 1)) - PV_i \\
&= E(CF_i) - PV_i
\end{aligned} \tag{6.9}$$

$$\begin{aligned}
PV_i \times \mathrm{cov}(R_{CFi}, R_m) &= PV_i \times \mathrm{cov}(R_{CFi} + 1 - 1, R_m) \\
&= PV_i \times (\mathrm{cov}(R_{CFi} + 1, R_m) + \mathrm{cov}(-1, R_m)) \\
&= \mathrm{cov}(PV_i \times (DR_i + 1), R_m) \\
&= \mathrm{cov}(CF_i, R_m)
\end{aligned} \tag{6.10}$$

把式（6.9）、式（6.10）代入式（6.8），整理得：

$$PV_i \times (1 + R_f) = E(CF_i) - \mu_m \mathrm{cov}(CF_i, R_m) \tag{6.11}$$

又由式（6.1）有：

$$\begin{aligned}
E(CF_i) &= E(\eta \times CF + (1 - \eta) \times \varepsilon_i) \\
&= \eta \times E(CF)
\end{aligned} \tag{6.12}$$

$$\begin{aligned}
\mathrm{cov}(CF_i, R_m) &= \mathrm{cov}(\eta \times CF + (1 - \eta) \times \varepsilon_i, R_m) \\
&= \eta \times \mathrm{cov}(CF, R_m) + (1 - \eta) \times \mathrm{cov}(\varepsilon_i, R_m)
\end{aligned} \tag{6.13}$$

把式（6.12）、式（6.13）代入式（6.11）后整理得：

$$PV_i = \frac{\eta \times E(CF) - \eta \times \mu_m \mathrm{cov}(CF, R_m) - \mu_m (1 - \eta) \mathrm{cov}(\varepsilon_i, R_m)}{1 + R_f} \tag{6.14}$$

由式（6.7）、式（6.14）可得：

$$\frac{E(CF_i)}{1 + DR_t} = \frac{\eta \times E(CF) - \eta \times \mu_m \times \mathrm{cov}(CF, R_m) - (1 - \eta) \times \mu_m \times \mathrm{cov}(\varepsilon_i, R_m)}{1 + R_f}$$

$$\tag{6.15}$$

由式（6.15）求得贴现率 DR_i 为：

$$DR_i = \frac{\eta \times (1 + R_f) E(CFi)}{\eta \times E(CF) - \eta \times \mu_m \times \mathrm{cov}(CF, R_m) - (1 - \eta) \times \mu_m \times \mathrm{cov}(\varepsilon_i, R_m)} - 1$$

$$(6.16)$$

式（6.16）对 η 求偏导得：

$$\frac{\partial DR_i}{\partial \eta} = -\frac{(1 + R_f)\mu_m E(CF) \mathrm{cov}(\varepsilon_i, R_m)}{[\eta \times E(CF) - \eta \times \mu_m \times \mathrm{cov}(CF, R_m) - (1 - \eta) \times \mu_m \times \mathrm{cov}(\varepsilon_i, R_m)]^2}$$

$$(6.17)$$

公司 i 选择更高透明度的报告模式向投资者披露公司信息，更加透明的信息将减少公司 i 投资不确定风险因素。在相同投资预期回报条件下，投资者要求的投资收益率将会减少，对市场投资组合的回报率 R_m 的要求相应减小，这样就有 ε_i 与 R_m 同向变化，即 $\mathrm{cov}(\varepsilon, R_m) > 0$。那么由式（6.17）可知：

$$\frac{\partial DR_i}{\partial \eta} < 0 \qquad\qquad (6.18)$$

按照式（6.18）可知，公司风险调整的贴现率和公司报告模式 Γ 的透明度之间是呈现反向变化关系，即 $\eta \uparrow \Rightarrow DR_i \downarrow$。这样对于两个报告模式 Γ^1、Γ^2 其相应的模式透明度 η_1、η_2，由上述分析可知：若 $\eta_1 < \eta_2$，则有 $DR_1 > DR_2$ 且 $E(CF_1) < E(CF_2)$。

由式（6.7）可知 $PV_1 < PV_2$。

也就是说，由投资者利用现金流测算公司 i 的价值（现值）PV_i 的式（6.7）可知，报告模式透明度 η、风险调整的贴现率 DR_i、投资者对公司价值 PV_i 评估之间有以下的传递机制：

$$\eta \uparrow \Rightarrow DR_i \downarrow 且 E(CF) \uparrow$$

$$\Rightarrow PV_i = \frac{\eta \times E(CF)}{1 + DR_i} \uparrow$$

因此，公司报告模式透明度增加有助于增进投资者对公司发展前景与财务风险的了解，降低投资者对公司投资风险补偿的要求，从而降低公司的融资成本，提升公司价值。综上所述，在证券市场 H 型公司具有良好业绩，采用更高透明度的 AR 模式，能够提升公司的市场价值。

　　公司报告模式透明度增加，一方面是加强了中小投资者保护力度，另一方面是提升了公司治理水平。当报告模式透明度较低时，投资者对公司发展前景比较模糊，不确定性增加意味着投资者作出投资与否的选择难度增加。从风险规避的角度，不确定性增加意味着投资风险增加，投资者在对公司作出投资决策时就会要求公司提供更高的投资风险补偿，可见报告模式透明度降低会增加公司的融资成本。而更高报告模式透明度使得投资者更好了解公司投资价值与风险，有利于投资者做出投资与否的选择，它是解决投资者保护的有效手段之一。同时，更高报告模式透明度也是证券监管部门进一步加强对上市公司监督管理的基础，因为公司财务报告透明度高低是衡量公司治理水平的关键。报告模式透明度越高意味着公司具备更加完善的治理机制，能够降低中小投资者与公司管理层之间、控股股东之间的信息不对称程度，使中小投资者更全面清楚地了解公司经营状况与经营风险，更有效地抑制大股东的掏空行为，在股市危机中给投资者造成的损失会更少。因此公司报告模式透明度越高，越能够保护投资者利益，提高公司治理水平，降低融资成本，从而提升公司的市场价值。

6.5　本章小结

　　本章分为四个部分，第一部分探讨上市公司会计信息透明度与公司报告透明度。会计信息透明度是从信息产生符合会计准则与制度规范的视角，而报告透明度是从用户决策有用性的视角，讨论公司报告信息披露指数评价公司报告透明度的问题。第二部分讨论报告模式披露信息质量，包括报告模式透明度界定与报告模式透明度函数，基于用户视角从可靠性、相关性、及时性、可比性与充分性指标构建公司报告模式透明度评价指标体系，并对 AR 模式透明度评价指标特点进行分析。第三部分通过调查用户对报告模式透明度评价的各个指标选择偏好，采用符号检验比较 AR 模式与 GR 模式透明度差异的显著性。第四部分讨论报告模式透明度增加与公司价值的关系。分析表明，公司报告模式透明度越高，投资者对公司经营状况与前景识别就越清晰，从而有利于投资者保护，能够达到降低投资者投资风险补偿的目的，也就能够降低公司的融资成本，从而提升公司价值。

第 7 章

AR 模式的信息服务增值

主观信念是决策的基础，它会随着环境的变化而改变。投资者的决策选择与他已有的主观信念相关，又同他决策时获得的新信息相关。公司财务报告对投资者决策的影响是向投资者提供新信息，改变投资者的主观信念，进而影响其决策选择。在证券市场不确定的环境下，理性的投资者会以自身利益最大化选择决策。不同报告模式的透明度存在差异，其信息披露对投资者主观信念改变影响程度不同，也就是说，公司采用不同报告模式对投资者决策的影响存在差异。第 6 章的研究结果表明，AR 模式比 GR 模式信息披露透明度更高，因此采用 AR 模式进行信息披露对投资者主观信念改变的影响更大。本章通过贝叶斯方法对公司报告模式的信息服务进行价值分析，讨论 AR 模式信息服务对投资者决策产生价值增值问题。

7.1 主观信念与决策

7.1.1 主观信念与决策选择

1. 主观信念

信念是主观的，是人们对于客观世界事物的看法。卞玉君（2006）认为，信念是肯定接受和相信它作为真相，信念是头脑的说服；信念在模型化的预期中，包含了许多人文因素在内。环境因素对人们的主观信念形成有重要的影响，如生活经历、学习经历等。虽然人们的信念未必都能与客观世界事物的真实情形相符合，但是它在人们的大脑中，并且直接影响人们对客观世界事物变化与发展的认知与判断。因此如果没有进一步获得信息，人们的讨论与判断就是基于对这一事物先验概率的基础上。如果得到该事物新的信息就会改变人们的先验概率，形成对这一事物的后验概率。后验概率就是人们对这一事物进一步认知与判断的基础。萨维奇（Savage，1954）认为主观概率（或主观信念）是人们进行决策的基础。吴玉督和吴江（2007）认为，在对不确定问题的分析中主观概率起着至关重要的作用。主观信念是客观存在的，由于不同个体对事物的主观信念差异，因此即使获得相同信息，不同个体作出的选择也未必相同。投资前对公司状况的认知（可能存在偏差）就构成投资者对公司的主观信念，它是投资者对公司股票进行投资的认知基础。主观信念直接影响投资者的投资选择，若投资者从公司信息披露获得新信息，则会形成后验概率进行判断与投资选择。张圣平（2002）将投资者偏好、信念、信息联系起来，通过建立不同情境下的理论模型，分析证券价格的形成过程。可见证券市场投资者的信念、公司信息对证券价格会产生重要影响。

人们具有不断学习、积累知识从而提升对客观事物发展变化的认知能力，同时也具有不断适应环境变化的能力。随着人们对客观世界的理解与认识不断加强，认识客观事物更加接近真实，从而能做出更为合理的选择。

2. 理性假设

为进行不同报告模式信息服务价值比较，假定投资者行为满足理性人条件。古典经济学"经济人"概念的基本假设之一是：人是理性的，表现为人能根据其所获得的信息作出判断，使自身利益最大化。也就是说，理性是指行为主体在拥有某一信息后，按一定的规则更新自己的先验信念，形成后验信念，基于后验信念作出最利己的判断与选择。因此，投资者理性假设[①]包含以下四个条件。（1）投资者个人的偏好关系是理性的，即投资者的偏好关系符合完备性、反身性、传递性这三个公理，且投资者能够很好地组织所拥有的稳定的偏好系统。（2）在不确定性条件下，投资者以冯·诺依

---

① 在理论分析上假定投资者都会基于理性进行决策，现实中投资者是有情感的人，并非是缺乏感情的机器人，只是按照"投资理性"特征严格执行严密的程序指令，因此投资者选择的投资决策并非总是从理性思考的角度出发，而是受许多非理性因素的影响，必然带有感性的成分。

曼－摩根斯坦（Von Neumann and Morganstein，VNM）效用函数①的极大化作为决策的最终目标，且拥有足够的计算推测能力保证他可以获得最高的偏好值。（3）投资者拥有完整的相关专业知识并能够不断学习与提升，拥有无限理解信息的能力，并以贝叶斯法则进行学习与主观信念的调整。（4）投资者总是风险规避的，尽量减少不确定性带来的风险，对证券投资收益的预期是一致的。同时一个具有理性的主体不仅要求其行为始终以自身利益最大化为目标，而且具有在交互作用的博弈环境中利用获得的信息进行完美判断和预测的能力，具有在确定和不确定性的状态环境中追求自身利益最大化的决策能力。投资者理性假设要求行为主体相互信任对方的理性，具有"共同的理性认知"。

理性投资者的假设条件十分严格，现实中投资者的实际表现不可能全部满足理性的条件要求，因此理性假设与现实存在一定的差距。不能满足理性投资者假设条件的投资者就称为非理性的投资者，可见所谓非理性是指其行为不满足上述理性假设四个条件中至少一个条件的投资者，即当事人不一定遵守偏好公理性，其偏好关系至少并不符合完备性、反身性、传递性这三个公理之一；或当事人在不确定的经济条件下，并不以期望效用最大化作为选择决策的标准；或当事人利用获得信息进行先验信念修正时并不遵循贝叶斯法则，而是基于自己的经验或直觉，更多基于近期发生的事件做出判断；或当事人不一定总是风险规避的，如在面临收益时表现为风险厌恶型，但是在面对损失时又变成了风险偏好者。由此可以看出这里的"非理性"只是一种偏离"理性"的相对情形，它并不表示通常字面意义上理解的个体思维和行为模式表现出的草率、鲁莽、冲动等。所谓投资者非理性只不过是表示投资者受主观认识和客观条件的限制，导致对事物认知和行为上的偏差，无法满足理性投资者假设条件的情形。

基于理性投资者假定，投资者拥有完备的处理信息的能力，对所获取的信息分析水平与判断能力随着决策技术与个体知识的丰富而不断提高，因此理性投资者基于后验信念的决策是吸收已有信息的无偏选择。然而，现实的投资者存在信息处理的偏差，投资者面临复杂多变的环境，其计算与分析能

---

① 卡尼曼和特韦尔斯基（Kahneman and Tversky，1979）提出前景理论（prospect theory），用价值函数度量相对损失和收益，以加权函数描述人们对风险的态度。认为人们是损失回避的，对损失和收益的态度是不对称的。损失回避意味着人们不是效用最大化的理性者。

力有限，给予选择的时间有限。即使借助超强计算能力的计算机也难以处理复杂多变的环境因素，实时作出合乎理性的判断，因此要求投资者在短时间内处理纷繁复杂的信息并作出理性判断是不可能的。不确定环境中的个体受限于时间和认知资源的制约，难以作出完全理性的最优决策，此时所谓的投资者理性是指投资者选择过程的理性，即在特定环境与有限认知条件下的理性。

鉴于人性弱点以及人们在信息处理能力方面的不足，经济学分析中出现了有限理性学说。有限理性的代表性人物西蒙[①]（Simon）认为，有限理性理论是考虑限制决策者信息处理能力的约束的理论，人的理性是介于"完全理性"与"非完全理性"之间的一种有限理性，并且给出了有限理性人的主要表现。迄今为止经济学家并未就有限理性形成统一的看法。不过西蒙提出的有限理性和满意准则这两个命题，使得理性选择的预设条件更加贴近现实情形。虽然投资者理性假设与现实存在一定偏差，但是不影响采用这一假设进行问题的研究与讨论。例如，包括合作博弈理论和非合作博弈理论在内，都假设参与人是完全理性的。

3. 不确定性

"信息"一词来源于拉丁文中的"information"，它原意是指一种陈述或一种解释。阿罗（1965）认为，信息就是根据条件概率原则能有效改变后验概率的任何可观察结果。由此可见，信息会使人们修正自己对事物的认识和看法。数学家香农（Shannon，1948）指出，信息是用来消除未来随机不确定性的东西。香农所谓的信息概念是从信息相关效用的角度来探讨信息的表现形式和作用，即信息的价值在于它减少甚至消除了信息使用者对事物认知上的不确定性，使得信息使用者对事件发展变化的趋势更加清晰甚至确定。卞玉君（2006）将信号与信息两个概念进行区分，认为由于信息在传递过程中会有失真，投资者实际接收到的是信号（即信号 = 信息 + 噪声），因此信号的精确性要比信息差一些。噪声影响投资者对公司真实经营状况的认知，增加了投资者对公司前景判断的不确定性，使投资者对公司发展变化

---

① 西蒙指出，经济行为人不可能具备完全知识，面对大量信息和瞬息万变的情况，人们对信息的注意和处理具有选择性，不同背景的人会对同一信息有不同解释。受价值取向、目标多元性、情绪和个性等因素的影响，人们的决策并非完全理性。实际上，人的决策大多可归于人的直觉思维能力，而这种直觉思维能力来自人类对图式（schema）的积累和再认知。

的趋势预测出现偏差或错误的几率增加。消除了信号中的噪声而传递真实信息，更加清晰地为投资者勾勒出真实的公司图像，减少投资者对公司价值判断的模糊性，才能有助于投资者认知公司经营状况与发展前景，有助于投资者的决策选择。

确定性和不确定性实际上反映了事物的对立统一。不确定性是绝对的，确定性是相对的。施祖辉（2001）认为，确定性是指有限制条件下的现象所呈现的未来发展的唯一性，以及这些现象间所存在的因果关系的对称性。不确定性是指无限制条件下现象所呈现的未来发展的多样性，以及这些现象间所存在的非对称性的因果关系。

在证券市场，虽然不确定性与风险是不相同的两个概念，但是它们常常表达相近的意义，有时甚至也不加以区分。如果一个事件无法预知其可能结果，或知道可能结果却不知其概率分布时，称该事件是不确定性事件。如果一个事件发生的可能结果及其概率分布都已提前知道，只是无法预期最后出现哪个特定结果时，称该事件是风险事件。从这两个概念的界定可以看出，不确定性事件的含义更加广泛，风险事件可以看成是一个特殊不确定性事件，即可以进行量化测量的不确定事件。投资者几乎无法预知其投资的未来收益与概率分布，这既有投资环境复杂多变的客观因素，也有投资者认知能力、所拥有的信息以及处理信息能力局限性的主观因素。在证券投资中人们谈论的投资风险是假定证券投资作为一个随机事件出现的结果及其概率分布已知，此时投资风险是指证券投资预期收益率的不确定性。如果证券投资未来收益出现的可能结果与概率分布都知道（或可以采用投资者的主观概率表述），则通过计算这个随机事件发生的数学期望值（均值）就可以得到证券投资的预期收益；不确定性是指随机事件的可能结果围绕在均值附近的偏离程度，可以用这个随机事件的方差或标准差进行测度。就理性投资者而言，如果风险水平确定，则投资者会选择较高预期收益率的证券投资；如果预期收益率水平确定，则投资者会选择较低风险的证券投资。即投资者是风险规避的，尽量减少不确定性带来的风险。

投资风险是由不确定性因素引发的，不确定性因素是信息缺陷（信息不完全和信息不对称）造成的。降低投资者与公司信息不对称程度，就能够减少投资者对公司发展前景的不确定性，也就降低了投资者的投资风险，因此投资风险与投资不确定性有时并不刻意加以区分。

4. 投资决策

投资决策是指投资者从多种可行的备选方案中作出选择。理性投资者的选择应当是这些可行方案中的最优方案。最优方案判断应遵循一定准则，即在不确定性条件下，投资者以冯·诺依曼－摩根斯坦效用函数的极大化作为决策依据。证券市场投资者对投资损益态度存在差异，不同的投资者投资风险态度存在差异，影响投资者对决策信息的需求偏好，反映到投资者对公司信息需求的个性化差异。

投资者对证券投资收益存在预期行为，一项投资预期是指对投资未来可能出现的各种情形与其出现可能性的综合计算结果。采用数学方法进行描述就是一个随机变量的数学期望。投资者根据预期判断投资行为的风险与收益选择最有利的投资决策。投资者从公司报告获得信息后通过贝叶斯法则调整先验概率得到后验概率，依此进行决策。决策选择是事前行为。虽然投资者面临的决策环境是不确定的，每个备选方案都有风险，但是方案实施的结果（收益或损失）是确定的。决策失误意味着投资损失，因此投资者对不同方案的评估是投资决策的关键。投资者对可选方案的价值和风险进行估计需要基于自身的主观信念，并结合获取的信息进行综合计算与判断。面对不确定性，要求投资者均能采用完全理性的方式对不确定性投资问题进行方案评估并据此进行最优方案选择并不符合实际。虽然完全理性的决策分析结果与现实的期望值存在差距，但是不可否认证券市场投资者追求自身最大利益期望值的心理是普遍的，并以此指导其选择决策。即这种选择行为是投资者在有限条件下的利己最大化，它体现了投资者自利的决策动机。

理性投资者具有理性经济人的选择能力，能够在既定的环境和约束条件下追求自身利益最大化而选择优化的行动方案。也就是说，投资者能对证券做出合理的价值评估并做出相应方案选择，在既定风险条件下追求收益最大化，或者在既定收益条件下寻求风险最小化。投资者会根据传统的预期效用理论来评估风险与选择决策，在做选择之前，投资决策者需要根据先验主观信念及其所获得的各种信息对备选的方案进行分析，权衡各个备选方案的风险、损失与收益，并从中选择符合其价值判断的最优方案进行投资决策。

完全理性的决策建立在完备的信息条件下，决策者已知所有备选方案和其准确的后果，此时投资者能对各个备选方案期望效用进行比较排序与理性选择。实际上，决策选择中投资者存在认知局限、信息有限（或超载）、时间有限、计算能力有限等方面复杂的影响因素，面对投资环境的不确定，选择最优化的决策往往不易。因此在高度复杂和高度不确定的情况下，对于证券市场上的投资者而言，其投资决策往往难以遵循固定模式或固定法则，决策选择更多会采用投资者的偏好、经验与直觉。

7.1.2 贝叶斯法则下的信念修正

人的信念不是固定的而是变化的（熊立文，2005a）。虽然决策者的主观信念相对稳定，但是当获得新信息后，决策者会调整原有的主观信念，并在新的主观信念下进行决策。后验概率是决策者获得新信息后通过一定法则修正先验概率得到的，因此若决策者对先验概率的置信程度越高，则新信息对决策者先验概率的修正程度就越低。先验概率修正可以采用贝叶斯法则等方法。

投资者是决策预期效用最大化的追求者，可以根据结果所出现的概率不同，选择效用最大的行为方式。任晓明和李章吕（2013）指出，贝叶斯决策理论是关于决策者在信息不确定的情况下如何作出判断和选择的理论，主要关注的问题是什么样的选择对决策者来说才是最好的，即执行哪种行动才可以得到最优的结果。因此它的主要目的是建立一种决策者理性选择的普遍原则，以指导投资者在不确定性的情况下作出合理决策，并采取相应行动。贝叶斯决策理论的基础是贝叶斯定理和期望效用最大化原则。贝叶斯定理为个体利用搜集到的信息对原有判断进行修正提供了有效手段。

贝叶斯决策理论假定决策者对事物已经有某种主观信念，通常采用先验概率分布来描述这种认识，无论投资者这种先验概率是否符合对象的客观实际。在获得对象的进一步信息后，决策者会用所获信息来修正已有先验概率得到后验概率，并会基于后验概率进行决策选择。因此新信息的作用是通过改变决策者的主观信念对决策者的选择产生影响。袁子甲（2010）指出，投资者（决策者）随着时间的向前推移和金融数据的增加可以获得越来越多的信息，并不断将新信息用于预测未来收益率分布的计算当中。不同报告模式信息披露的效果不同，公司采用更高透明度的报告模式进行信息披露会增强投资者对公司发展前景的清晰度，更大程度上影响投资者决策选择。熊立文（2005b）指出，萨维奇构建了贝叶斯决策理论的基本框架。基本结果是：对于任何满足公理的偏好"≿"，存在着一个概率函数和一个效用函数，使得对于任何行动方案 d_1 和 d_2，$d_1 \succsim d_2$ 当且仅当 $U(d_1) \geqslant U(d_2)$，其中，$U(d_1)$ 和 $U(d_2)$ 分别是 d_1 和 d_2 的期望效用。

事物总是处于一定的状态，对状态的主观信念是决策者选择决策的基础。决策者选择最优决策是按照决策的期望效用最大化准则（VNM）。如果决策者在进行决策选择时获得新的信息，则会修正先验概率并采用后验概率选择优化决策。

一般地，若决策者对状态集 $S = \{s_1, s_2, \cdots, s_n\}$ 中的状态 s_t 出现的先验概率 $p(s_t)$ $(t = 1, 2, \cdots, n)$。在进行决策时若未获得新信息，则决策者会基于先验概率在决策集 $D = \{d_1, d_2, \cdots, d_m\}$ 中选择最优决策。在进行决策时若获得信息集 $\Omega = \{g_1, g_2, \cdots, g_k\}$ 中的某一信息 g_i，且信息 g_i 出现的概率 $p(g_i)$ $(i = 1, 2, \cdots, k)$，新信息 g_i 将导致决策者修正先验概率 $p(s_t)$ 得到后验概率 $p(s_t | g_i)$，此时决策者将基于后验概率在决策集 D 中选择最优决策。贝叶斯法则是决策者利用新信息对先验概率进行修正得到后验概率的一种方法，其计算后验概率过程如下，若：

（1）$p(s_t)$ 为状态 s_t 出现的无条件（先验）概率，其中 $\sum p(s_t) = 1$；

（2）$p(g_i)$ 为信息 g_i 出现的无条件概率，其中 $\sum p(g_i) = 1$；

（3）$p(s_t g_i)$ 为状态 s_t 和信息 g_i 出现的联合概率，其中 $p(s_t) = \sum_{i=1}^{k} p(s_t g_i)$，$t = 1, 2, \cdots, n; p(g_i) = \sum_{t=1}^{n} p(s_t g_i)$，$i = 1, 2, \cdots, k$；

（4）$p(g_i | s_t)$ 为给定状态 s_t 的条件下信息 g_i 出现的条件概率；

（5）$p(s_t | g_i)$ 为给定信息 g_i 的条件下状态 s_t 出现的条件（后验）概率。

根据贝叶斯法则可以得到，在信息 g_i 出现的条件下，状态 s_t 出现的条件（后验）概率为：

$$p(s_t | g_i) = \frac{p(s_t g_i)}{p(g_i)} = \frac{p(s_t) p(g_i | s_t)}{\sum_t p(s_t) p(g_i | s_t)}$$

7.1.3　基于期望效用的决策选择

若 $u(s_t, d_j)$ $(t = 1, 2, \cdots, n; j = 1, 2, \cdots, m)$，表示在状态 s_t 下，投资者选择决策 d_j 的基本效用；$U(d)$ 表示投资者选择决策 d 的期望效用；$U(d | g_i)$ 表

示投资者在获得信息 g_i 条件下选择决策 d 的期望效用；$U(d\mid\Omega)$ 表示投资者在获得信息集 Ω 下选择决策 d 的期望效用。

1. 基于先验概率的决策选择

投资者选择决策 d_j 的期望效用 $U(d_j)$ 为：

$$U(d_j) = p(s_1)u(s_1,d_j) + p(s_2)u(s_2,d_j) + \cdots + p(s_n)u(s_n,d_j)$$
$$= \sum_{t=1}^{n} p(s_t)u(s_t,d_j)$$

因此，投资者基于先验概率在决策集 D 中选择的最优决策 d_α 满足：

$$U(d_\alpha) = \max_{1\leqslant j\leqslant m}\{U(d_j)\}$$

2. 基于后验概率的决策选择

公司通过一定的报告模式（如 GR 模式或 AR 模式等）向投资者提供信息服务，不同的报告模式可以看成向投资者提供不同的信息服务。因为不同信息服务透明度差异对投资者的后验概率修正程度不同，所以对投资者的决策选择产生的影响也就存在差异。若报告模式 Γ 的信息服务为投资者提供信息集 Ω，则投资者依据信息集 Ω 修正其对公司经营状态的先验概率，并按照后验概率进行决策选择。若后验概率有助于增加投资者对公司前景判断的确定性，就能够提高投资者决策的期望效用，那么报告模式 Γ 的信息服务对投资者就有价值增值。

若信息 $g_i\in\Omega$ 出现的概率为 $p(g_i)$，投资者获得信息 g_i 对状态 s_t 先验概率 $p(s_t)$ 进行修正得到后验概率 $p(s_t\mid g_i)$（$t=1,2,\cdots,n$）。那么在获得信息 g_i 的条件下投资者选择决策 d_j 的期望效用为：

$$U(d_j\mid g_i) = p(s_1\mid g_i)u(s_1,d_j) + p(s_2\mid g_i)u(s_2,d_j) + \cdots +$$
$$p(s_n\mid g_i)u(s_n,d_j)$$
$$= \sum_{t=1}^{n} p(s_t\mid g_i)u(s_t,d_j)$$

信息集 Ω 比信息 g_i 更加全面地揭示公司经营状态，投资者通过报告模式 Γ 获得公司的信息集 Ω，会充分利用信息集 Ω 进行投资决策选择。如果投资者仅仅使用其中的信息 $g_i(g_i\in\Omega)$ 进行决策选择，将造成有用信息 $\Omega - \{g_i\}$ 的损失。报告模式 Γ 对投资者决策的期望效用是信息集 Ω 中所有可能的信息影响与相应信息出现概率的加权。

在信息集 Ω 下，决策者选择决策 $d_j(j=1,2,\cdots,m)$ 的期望效用为：

$$U(d_j \mid \Omega) = \sum_{i=1}^{k} p(g_i) U(d_j \mid g_i) = \sum_{i=1}^{k} p(g_i) \sum_{t=1}^{n} p(s_t \mid g_i) u(s_t, d_j)$$

因此，在报告模式 Γ 下，投资者依据信息集 Ω 选择的最优决策 d_β 满足：

$$U(d_\beta \mid \Omega) = \max_{1 \leqslant j \leqslant m} \{ U(d_j \mid \Omega) \}$$

3. 信息服务的价值

报告模式 Γ 提供信息服务的价值也就是信息集 Ω 为投资者带来的决策效用增加 $\Delta U(\Gamma)$，即：

$$\Delta U(\Gamma) = U(d_\beta \mid \Omega) - U(d_\alpha) = \max_{1 \leqslant j \leqslant m} \{ U(d_j \mid \Omega) \} - \max_{1 \leqslant j \leqslant m} \{ U(d_j) \}$$

理性投资者的投资决策选择应当遵循期望效用最大化原则，因此投资者基于后验概率决策的期望效用不应低于基于先验概率决策的期望效用（假定不考虑获取新信息的成本等因素）。否则，投资者只会采取基于先验概率而不是基于后验概率选择决策，此时可以认为公司报告模式 Γ 提供的信息服务不增加投资者决策的期望效用。也就是说，在这种情形下投资者认为公司报告没有新信息。

7.2　AR 模式信息服务价值分析

7.2.1　报告模式价值评价模型

AR 模式通过向市场传递更加透明的信息在更大程度改变投资者对公司前景的预期，进而更大程度影响投资者的投资行为。杨海峰（2009）认为，对于财务报告改进的效果而言，是一种改进的报告方式与原有报告方式的效果比较。如果改进的报告方式相比原有的方式能提供对决策更有用的信息，那么这种改进行为便是有效的。而如果要定量衡量这种有效性，便涉及财务报告方式价值衡量问题。赫什莱佛和赖利（2000）指出，按照信息经济学的观点，如果改进的报告方式较原有报告方式能提供"信息丰富程度"更高的信息，那么使用改进的报告方式就会有价值增益，这种价值增益通常用期望效用来表示。

以下采用贝叶斯模型就报告模式对投资者的价值进行评价。假定在证券市场中，公司仅有两种经营状态，投资者仅有三种决策选择情形。

1. 贝叶斯模型的假设条件

假设条件1：公司经营状态集 $S = \{s_1, s_2\}$，其中，s_1 表示公司经营状态欠佳，s_2 表示公司经营状态良好。投资者对两种状态出现的先验概率分别为 $p(s_1)$、$p(s_2)$，满足 $p(s_1) + p(s_2) = 1$，称 $(p(s_1), p(s_2))$ 为先验概率向量。

假设条件2：投资者仅有三种可选择决策，即决策集 $D = \{d_0, d_1, d_2\}$，且这三种决策的含义分别为：

（1）决策 d_0 表示不论公司经营处于 s_1 状态还是处于 s_2 状态，投资者选择决策 d_0 获得收益的效用相同，即 $u(s_1, d_0) = u(s_2, d_0)$；

（2）决策 d_1 表示当公司经营状态处于 s_1 时，投资者选择决策 d_1 获得收益的效用大于选择决策 d_2 获得收益的效用，即 $u(s_1, d_1) > u(s_1, d_2)$；

（3）决策 d_2 表示当公司经营状态处于 s_2 时，投资者选择决策 d_2 获得收益的效用大于选择决策 d_1 获得收益的效用，即 $u(s_2, d_2) > u(s_2, d_1)$。

假设条件3：投资者是理性的经济人，其决策选择是基于决策的期望效用最大化准则。

假设条件4：投资者仅从公司信息披露中获得公司信息，并依据公司信息进行投资决策。

假设条件5：投资者依据贝叶斯法则修正先验概率得到后验概率。

2. 基于投资者效用的决策选择

在一个平面上 $OP \perp OU$ 建立直角坐标系 POU，P 轴表示投资者对公司经营状态判断的主观概率，U 轴表示投资者的决策效用（见图7-1）。不妨假设经营状态 s_1 位于坐标系原点，经营状态 s_2 在 OP 轴上，s_1 到 s_2 的距离满足 $|s_1 s_2| = 1$，这样线段 $s_1 s_2$ 的两个端点分别表示公司处于经营状态欠佳（s_1）与经营状态良好（s_2）的情形。$s_1 s_2$ 称为状态线段，$s_1 s_2$ 上的不同点（位置）可以表示投资者对公司经营状态判断的主观概率不同。按照假设条件得到：

（1）在状态 s_1 下，投资者选择决策 d_0、d_1、d_2 的基本效用满足：

$$u(s_1, d_1) > u(s_1, d_0) > u(s_1, d_2)$$

（2）在状态 s_2 下，投资者选择决策 d_0、d_1、d_2 的基本效用满足：

$$u(s_2,d_2) > u(s_2,d_0) > u(s_2,d_1)$$

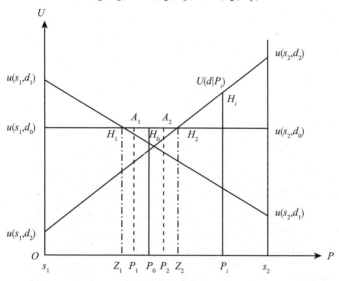

图 7－1　投资者基于效用的决策选择

若投资者从报告模式 Γ 的信息服务中获得信息 g_i，按照贝叶斯法则修正先验概率 $p(s_1)$、$p(s_2)$ 得到后验概率为 $p(s_1|g_i)$、$p(s_2|g_i)$，则称 $(p(s_1|g_i)$，$p(s_2|g_i))$ 为对应信息 g_i 的后验概率向量，满足 $p(s_1|g_i) + p(s_2|g_i) = 1$。投资者对公司经营状态的后验（或先验）概率向量是其决策选择的基础。为了便于讨论，设投资者对公司状态的判断位于状态线段 $s_1 s_2$ 上的点 P_i，令 $|s_1 P_i|$ 表示点 P_i 到 s_1 的距离，$|s_2 P_i|$ 表示点 P_i 到 s_2 的距离，则 $|s_1 P_i|$ + $|s_2 P_i| = 1$。构造状态线段 $s_1 s_2$ 上的点 P_i 的"坐标"为 $(1 - |s_1 P_i|, 1 - |s_2 P_i|)$，则投资者对公司经营状态的判断位于点 P_i，就可以知道相应的先验（或后验）概率向量 $(1 - |s_1 P_i|, 1 - |s_2 P_i|)$。如投资者对公司的先验概率向量位于点 P_0，在状态线段 $s_1 s_2$ 上点 P_0 的"坐标"为 $P_0 = (1 - |s_1 P_0|$，$1 - |s_2 P_0|) = (p(s_1), p(s_2))$，因此 P_i 的"坐标"也就表示投资者的先验（或后验）概率向量。若 g_i 使投资者对公司状态 s_1、s_2 的先验概率修正为后验概率 $p(s_1|g_i) = 1 - |s_1 P_i|$，$p(s_2|g_i) = 1 - |s_2 P_i|$，则点 P_i 表示为 $P_i = (p(s_1|g_i), p(s_2|g_i))$。这样点 P_i 就与后验概率向量 $(p(s_1|g_i), p(s_2|g_i))$ 构成一一对应。将投资者对公司经营状态的后验概率（或先验概率）向量直接表述为在状态线段 $s_1 s_2$ 上相应点 P_i 的"坐标"，有助于对报告模式 Γ

透明度与投资者决策效用问题的直观分析。端点 s_1 的位置表示公司经营状态欠佳，端点 s_2 的位置表示公司经营状态良好，其主观概率向量分别表示为 $(1，0)$ 与 $(0，1)$。

从图 7-1 可以看出，在 $s_1 s_2$ 上投资者决策的效用函数呈现"U"字型。主观概率向量相应点 P_i 的位置是投资者进行决策选择的依据，这样决策效用就与投资者对公司经营状态所处的位置判断相联系。点 Z_1 与 Z_2 将状态线段 $s_1 s_2$ 分成三个区间，分别是区间 $[s_1，Z_1)$、$[Z_1，Z_2]$、$(Z_2，s_2]$。投资者对公司经营状态判断位于不同区间，则其进行投资决策的期望效用不同。

若用 $U(d|P_i)$ 表示投资者对公司经营状态的判断位于 $s_1 s_2$ 上的点 P_i 时选择决策 d 的效用，从图 7-1 可以看出，为获得最大的决策效用，当 $P_i \in [s_1，Z_1)$ 时投资者选择决策 d_1，效用为 $U(d_1|P_i)$；当 $P_i \in [Z_1，Z_2]$ 时投资者选择决策 d_0，效用为 $U(d_0|P_i)$；当 $P_i \in (Z_2，s_2]$ 时投资者选择决策 d_2，效用为 $U(d_2|P_i)$。所以投资者依据主观概率向量进行决策的效用函数表示为：

$$U(d|P_i) = \begin{cases} U(d_1|P_i) & \text{当 } P_i \in [s_1，Z_1) \\ U(d_0|P_i) & \text{当 } P_i \in [Z_1，Z_2] \\ U(d_2|P_i) & \text{当 } P_i \in (Z_2，s_2] \end{cases}$$

7.2.2 公司报告模式的价值评价

投资者获得公司提供信息集 Ω，按照贝叶斯法则对先验概率向量进行修正得到后验概率向量。若报告模式 Γ 的信息服务提供了有价值的信息，则会减少投资者对公司未来前景判断的不确定性，从而提升投资者的决策效用。若 Γ 对公司出现两种经营状态 s_1 和 s_2 产生信息集 $\Omega = \{g_1, g_2\}$，信息 g_1、g_2 出现的概率分别记为 $c_1 = p(g_1)$、$c_2 = p(g_2)$，$c_1 > 0$，$c_2 > 0$，且 $c_1 + c_2 = 1$。在 g_1、g_2 下先验概率向量 $P_0 = (p(s_1), p(s_2))$ 分别修正为后验概率向量 $P_1 = (p(s_1|g_1), p(s_2|g_1))$，$P_2 = (p(s_1|g_2), p(s_2|g_2))$。以下就投资者基于后验概率向量 $P_i(i=1,2)$ 的决策效用变化进行分析。

情形 1，投资者的决策期望效用未改变。

虽然报告模式 Γ 提供信息集 Ω 修正投资者的先验概率向量，但是其影响不足以提高投资者决策的期望效用（见图 7-1）。若信息 g_1 使得投资者的先验概率向量位置 P_0 向 s_1 方向移动到后验概率向量位置 P_1，但其移动位置不超出点 Z_1 位置的左边，投资者决策效用为 $U(d_0|P_1) = P_1 A_1 = P_0 H_0$。

若信息 g_2 使得投资者的先验概率向量位置 P_0 向 s_2 方向移动到后验概率向量位置 P_2，但其移动位置不超出点 Z_2 位置的右边，投资者决策效用为 $U(d_0 \mid P_2) = P_2A_2 = P_0H_0$。这样报告模式 Γ 提供的信息 g_1、g_2 使得投资者对公司经营状态后验概率向量位置 P_1 与 P_2 变化落在 $[Z_1, Z_2]$ 范围之内，此时投资者基于信息集 Ω 进行决策的期望效用未发生改变，即：

$$U(d \mid \Omega) = p(g_1)\, U(d_0 \mid P_1) + p(g_2)\, U(d_0 \mid P_2)$$
$$= p(g_1)\, P_1A_1 + p(g_2)\, P_2A_2$$
$$= (p(g_1) + p(g_2))\, P_0H_0$$
$$= P_0H_0$$

情形 2，投资者的决策期望效用有改变。

报告模式 Γ 提供的信息服务导致投资者后验概率向量发生改变，且其影响程度能够提高决策的期望效用。若投资者获得信息 g_1、g_2 修正其先验概率向量得到后验概率向量，其中投资者对公司经营状态后验概率向量位置 P_1 或 P_2 至少其中之一落在 $[Z_1, Z_2]$ 范围之外。不妨假设 P_1、P_2 两者均落在 $[Z_1, Z_2]$ 范围之外。此时 Γ 提供的信息集 $\Omega = \{g_1, g_2\}$ 导致投资者对公司经营状态先验位置 P_0 改变，其中信息 g_1 使先验位置 P_0 向 s_1 方向移动到区间 $[s_1, Z_1)$ 上的后验概率向量位置 P_1，信息 g_2 使先验位置 P_0 向 s_2 方向移动到区间 $(Z_2, s_2]$ 上的后验概率向量位置 P_2（见图 7-2）。

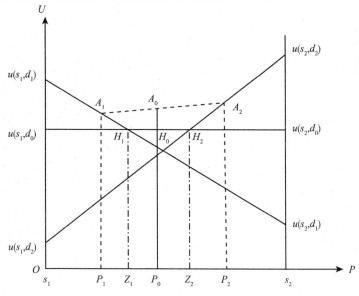

图 7-2　报告模式 Γ 的价值评价

投资者在获得信息 g_1 时，对公司经营状态出现的先验概率向量进行修正，导致投资者的先验概率向量位置 P_0 移动到后验概率向量位置 P_1，即 $P_0 \rightarrow P_1$，$P_1 \in [s_1, Z_1)$，此时投资者在决策集 $D = \{d_0, d_1, d_2\}$ 中应选择决策 d_1 效用最大。选择决策 d_1 的效用为：

$$U(d_1 \mid P_1) = p(s_1 | g_1) u(s_1, d_1) + p(s_2 | g_1) u(s_2, d_1) = P_1 A_1$$

投资者在获得信息 g_2 时，对公司经营状态出现的先验概率向量进行修正，导致投资者的先验概率向量位置 P_0 移动到后验概率向量位置 P_2，即 $P_0 \rightarrow P_2$，$P_2 \in (Z_2, s_2]$，此时投资者在决策集 $D = \{d_0, d_1, d_2\}$ 中应选择决策 d_2 效用最大。选择决策 d_2 的效用为：

$$U(d_2 \mid P_2) = p(s_1 | g_2) u(s_1, d_2) + p(s_2 | g_2) u(s_2, d_2) = P_2 A_2$$

在报告模式 Γ 下，投资者基于信息集 Ω 进行决策的期望效用为：

$$\begin{aligned} U(d \mid \Omega) &= p(g_1) U(d_1 \mid P_1) + p(g_2) U(d_2 \mid P_2) \\ &= p(g_1) P_1 A_1 + p(g_2) P_2 A_2 \\ &= P_0 A_0 \end{aligned}$$

因此在报告模式 Γ 的信息服务下，投资者进行决策的期望效用增加：

$$\Delta U(\Gamma) = U(d \mid \Omega) - U(d) = P_0 A_0 - P_0 H_0 = H_0 A_0 \geq 0$$

7.3 AR 模式信息服务增值分析

评价公司报告模式信息服务对投资者决策产生效用的基本思路是：在不确定状态下，如果投资者仅通过公司报告获取信息，由于不同报告模式的信息服务存在差异，基于贝叶斯法则计算投资者的主观信念修正程度不同，进而影响投资者决策效用。公司报告模式价值分析不是为了计算报告模式对投资者产生的具体决策效用与如何选择最优决策，而是分析比较不同报告模式信息披露对投资者决策效用影响的差异。AR 模式具有更高的透明度使它能更有效地向用户提供有用信息，减少投资者对公司发展前景判断的不确定性。若与 GR 模式相比，AR 模式信息服务能够更有效地提高投资者的决策效用，则表明 AR 模式的信息服务能为投资者提供更高价值。

7.3.1　GR 模式与 AR 模式价值比较

薛斐（2005）指出，当面对大量信息，投资者在进行信息处理时会对不同的信息给予不同的权重，根据信息的掌握程度不同，容易获得的信息给予的权重较高。AR 模式使得投资者更加及时、充分、便捷地获得公司信息，从而更大程度上影响投资者对公司的价值判断。

不同的报告模式以不同的信息服务方式向投资者披露公司信息。GR 模式就是目前证券市场上市公司采用的信息服务方式。由于 Γ^G 与 Γ^A 披露公司信息的透明度存在差异，公司信息透明度不同对投资者先验概率的修正程度不同，从而对投资者决策产生的影响就存在差异。一个信息服务比另一个信息服务提供更为丰富的信息是指对于一个有先验概率的投资者来讲，不管其偏好函数如何，投资者利用更为丰富的信息进行决策可以获得更大的效用增益。随着公司报告模式透明度的增加，其披露信息将越来越有助于投资者的决策判断与选择，因此更高透明度的报告模式提供的信息服务对投资者先验概率的修改更大，投资者基于后验概率的决策能够产生更高的期望效用。可见，公司报告模式更加透明能降低投资者基于后验概率条件下的决策失误，决策时所下的结论更加确定，从而提高投资者决策的期望效用，实现报告模式的价值增益。

1. Γ^G 与 Γ^A 报告模式的价值比较

作为一种公司报告模式，AR 模式必须遵循信息披露的有关要求，因此其披露信息集应当包含 GR 模式的全部信息，AR 模式与 GR 模式两种方式信息披露的信息集关系如下：

Ω^G 表示 GR 模式信息披露的信息集；Ω^A 表示 AR 模式信息披露的信息集，则 $\Omega^G \subseteq \Omega^A$，即 $\forall \omega \in \Omega^G \Rightarrow \omega \in \Omega^A$。令 $\Omega^V = \Omega^A - \Omega^G$，则 Ω^V 表示公司采用 Γ^A 信息披露增加的信息集。公司增加信息披露的目的是为了获得间接信息租金。因此 H 型与 L 型公司采用 AR 模式进行信息披露时需要权衡成本与收益的关系。也就是说，公司是否采用 AR 模式进行信息披露取决于信息集 Ω^V 信息传递的成本与收益的权衡。

不妨设 Γ^G 为投资者提供的信息集 Ω^G 对投资者决策的期望效用影响如上述情形 2（见图 7 - 2）。在 Γ^A 下对出现两种公司经营状态 s_1 和 s_2 产生新

信息 $\hat{g}_1$、$\hat{g}_2$，即 $\Omega^A = \{ \hat{g}_1, \hat{g}_2 \}$，新信息出现的无条件概率为 $\hat{c}_1 = p(\hat{g}_1)$、$\hat{c}_2 = p(\hat{g}_2)$，满足 $\hat{c}_1 + \hat{c}_2 = 1$。新信息 $\hat{g}_1$、$\hat{g}_2$ 能导致决策者先验概率的修正得到后验概率，依贝叶斯法则计算，投资者在信息 $\hat{g}_1$ 下的后验概率向量 $\hat{P}_1 = (\hat{p}(s_1 | \hat{g}_1), \hat{p}(s_2 | \hat{g}_1))$，在信息 $\hat{g}_2$ 下的后验概率向量 $\hat{P}_1 = (\hat{p}(s_1 | \hat{g}_2), \hat{p}(s_2 | \hat{g}_2))$。

决策者的先验概率向量总可以表示为后验概率向量的加权平均，其权数为获得信息概率（赫什莱佛和赖利，2000）。因此，一个信息服务比另一个信息服务提供的信息更为丰富表明，决策者基于前者相应的后验概率向量包容了基于后者的后验概率向量。具有更高透明度的报告模式能提供更为丰富的信息，它对投资者后验概率修正程度更大。由第 6 章的分析可知，Γ^A 比 Γ^G 提供的信息服务具有更高的透明度，因此 Γ^A 信息服务对投资者后验概率的修正程度要大于 Γ^G 信息服务对投资者后验概率的修正程度，即采用 Γ^A 信息服务对投资者所选择决策的确定性增加。

若信息 $\hat{g}_1$ 导致投资者对公司经营状态先验位置 P_0 向 s_1 方向移动，因为 Γ^A 比 Γ^G 的透明度更高，所以 Γ^A 对投资者后验概率的修正更大，因此投资者判断公司经营状态的后验位置移动幅度将超过 P_1 位置进一步向 s_1 的方向移动达到后验位置 $\hat{P}_1$，$P_1 \rightarrow \hat{P}_1$，即 $\hat{P}_1$ 在 P_1 的左侧，此时在决策集 $D = \{ d_0, d_1, d_2 \}$ 中投资者会选择决策 d_1（见图 7-3）。

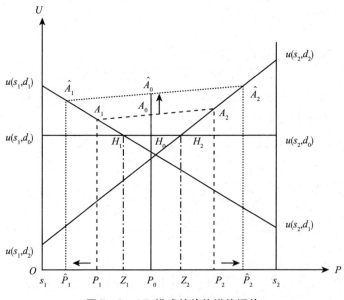

图 7-3 AR 模式的价值增值评价

在 Γ^A 的信息服务下，投资者获得信息 $\hat{g}_1$ 进行决策的期望效用为：

$$U(d_1 | \hat{P}_1) = \hat{p}(s_1 | \hat{g}_1)\ u(s_1, d_1) + \hat{p}(s_2 | \hat{g}_1)\ u(s_2, d_1) = \hat{P}_1 \hat{A}_1$$

若信息 $\hat{g}_2$ 导致投资者对公司经营状态先验位置 P_0 向 s_2 方向移动，因为 Γ^A 比 Γ^C 的透明度更高，所以 Γ^A 对投资者后验概率的修正更大，因此投资者判断公司经营状态后验位置的移动幅度将超过 P_2 位置进一步向 s_2 的方向移动，达到后验位置 $\hat{P}_2$，$P_2 \rightarrow \hat{P}_2$，即 $\hat{P}_2$ 在 P_2 的右侧，此时在决策集 $D = \{d_0, d_1, d_2\}$ 中投资者会选择决策 d_2（见图 7–3）。

在 Γ^A 的信息服务下，投资者获得信息 $\hat{g}_2$ 进行决策的期望效用为：

$$U(d_2 | \hat{P}_2) = \hat{p}(s_1 | \hat{g}_2)\ u(s_1, d_2) + \hat{p}(s_2 | \hat{g}_2)\ u(s_2, d_2) = \hat{P}_2 \hat{A}_2$$

从上述分析可以得到，公司报告模式的透明度越高对投资者先验信念修正越大。也就是说，若 Γ^A 的透明度越高于 Γ^C 的透明度，则导致 $\hat{P}_1$ 越偏离 P_1 的左侧，$\hat{P}_2$ 越偏离 P_2 的右侧，从图 7–3 可以看出，在此情况下将会使线段 $\hat{A}_1 \hat{A}_2$ 整体向上移动超越 $A_1 A_2$ 的位置，投资者决策的期望效用增加。

在 Γ^A 的信息服务下，投资者获得信息集 $\Omega^A = \{\hat{g}_1, \hat{g}_2\}$ 修正其先验概率向量，基于后验概率向量的决策期望效用为：

$$U(d | \Omega^A) = p(\hat{g}_1)\ U(d_1 | \hat{P}_1) + p(\hat{g}_2)\ U(d_2 | \hat{P}_2)$$
$$= p(\hat{g}_1)\ \hat{P}_1 \hat{A}_1 + p(\hat{g}_2)\ \hat{P}_2 \hat{A}_2$$
$$= P_0 \hat{A}_0$$

综上所述，报告模式 Γ^A 的信息服务比报告模式 Γ^C 的信息服务给投资者决策的期望效用增量为：

$$\Delta U(\Gamma^A | \Gamma^C) = U(\Gamma^A) - U(\Gamma^C)$$
$$= U(d | \Omega^A) - U(d | \Omega^C)$$
$$= P_0 \hat{A}_0 - P_0 A_0$$
$$= A_0 \hat{A}_0 \geqslant 0$$

运用贝叶斯模型进行报告模式 Γ^A 与 Γ^C 信息披露对投资者决策效用影响的比较分析表明：Γ^A 能够使投资者决策的期望效用增加，因此 AR 模式的信息服务能够实现价值增值。

2. 基于简化贝叶斯模型的 Γ^A 增值分析

因为报告模式 Γ^A 能够提供比报告模式 Γ^G 更加透明的信息，因此在其他条件相同的情况下，Γ^G 修正投资者后验概率向量均可表示为 Γ^A 修正投资者后验概率向量的凸组合，即：

$$\begin{bmatrix} p(s_1|g_1) \\ p(s_2|g_1) \end{bmatrix} = \begin{bmatrix} \hat{p}(s_1|\hat{g}_1) \\ \hat{p}(s_2|\hat{g}_1) \end{bmatrix} \lambda_{11} + \begin{bmatrix} \hat{p}(s_1|\hat{g}_2) \\ \hat{p}(s_2|\hat{g}_2) \end{bmatrix} \lambda_{21} \tag{7.1}$$

$$\begin{bmatrix} p(s_1|g_2) \\ p(s_2|g_2) \end{bmatrix} = \begin{bmatrix} \hat{p}(s_1|\hat{g}_1) \\ \hat{p}(s_2|\hat{g}_1) \end{bmatrix} \lambda_{12} + \begin{bmatrix} \hat{p}(s_1|\hat{g}_2) \\ \hat{p}(s_2|\hat{g}_2) \end{bmatrix} \lambda_{22} \tag{7.2}$$

其中：

$$\sum_{t=1}^{2} p(s_t | g_i) = 1, i = 1,2$$

$$\sum_{t=1}^{2} \hat{p}(s_t | \hat{g}_i) = 1, i = 1,2$$

由式（7.1），式（7.2）得：

$$p(s_1|g_1) = \hat{p}(s_1|\hat{g}_1)\lambda_{11} + \hat{p}(s_1|\hat{g}_2)\lambda_{21} \tag{7.3}$$

$$p(s_2|g_1) = \hat{p}(s_2|\hat{g}_1)\lambda_{11} + \hat{p}(s_2|\hat{g}_2)\lambda_{21} \tag{7.4}$$

$$p(s_1|g_2) = \hat{p}(s_1|\hat{g}_1)\lambda_{12} + \hat{p}(s_1|\hat{g}_2)\lambda_{22} \tag{7.5}$$

$$p(s_2|g_2) = \hat{p}(s_2|\hat{g}_1)\lambda_{12} + \hat{p}(s_2|\hat{g}_2)\lambda_{22} \tag{7.6}$$

其中，λ_{**} 是线性加权因子，满足 $\lambda_{**} \geq 0$，式（7.3）、式（7.4）、式（7.5）、式（7.6）可用矩阵形式表示为：

$$\begin{bmatrix} p(s_1|g_1) & p(s_1|g_2) \\ p(s_2|g_1) & p(s_2|g_2) \end{bmatrix} = \begin{bmatrix} \hat{p}(s_1|\hat{g}_1) & \hat{p}(s_1|\hat{g}_2) \\ \hat{p}(s_2|\hat{g}_1) & \hat{p}(s_2|\hat{g}_2) \end{bmatrix} \begin{bmatrix} \lambda_{11} & \lambda_{12} \\ \lambda_{21} & \lambda_{22} \end{bmatrix} \tag{7.7}$$

令：加权因子矩阵 $\Lambda = \begin{bmatrix} \lambda_{11} & \lambda_{12} \\ \lambda_{21} & \lambda_{22} \end{bmatrix}$

先验概率信息矩阵 $Q = \begin{bmatrix} p(s_1|g_1) & p(s_1|g_2) \\ p(s_2|g_1) & p(s_2|g_2) \end{bmatrix}$

后验概率信息矩阵 $\hat{Q} = \begin{bmatrix} \hat{p}(s_1|\hat{g}_1) & \hat{p}(s_1|\hat{g}_2) \\ \hat{p}(s_2|\hat{g}_1) & \hat{p}(s_2|\hat{g}_2) \end{bmatrix}$

因为矩阵 $\hat{Q}$ 为 2×2 的列向量和为 1 且不成比例,所以 $\hat{Q}^{-1}$ 存在,式 (7.7) 两边同乘以逆矩阵 $\hat{Q}^{-1}$ 得到:

$$\begin{bmatrix} \lambda_{11} & \lambda_{12} \\ \lambda_{21} & \lambda_{22} \end{bmatrix} = \begin{bmatrix} \hat{p}(s_1|\hat{g}_1) & \hat{p}(s_1|\hat{g}_2) \\ \hat{p}(s_2|\hat{g}_1) & \hat{p}(s_2|\hat{g}_2) \end{bmatrix}^{-1} \begin{bmatrix} p(s_1|g_1) & p(s_1|g_2) \\ p(s_2|g_1) & p(s_2|g_2) \end{bmatrix}$$

即:$\Lambda = \hat{Q}^{-1}Q$

投资者对公司经营状态的先验概率向量可以表示为后验概率向量的加权平均,其权数为获得信息概率,即:

$$\begin{bmatrix} p(s_1) \\ p(s_2) \end{bmatrix} = \begin{bmatrix} p(s_1|g_1) \\ p(s_2|g_1) \end{bmatrix} c_1 + \begin{bmatrix} p(s_1|g_2) \\ p(s_2|g_2) \end{bmatrix} c_2$$

$$= \begin{bmatrix} \hat{p}(s_1|\hat{g}_1) \\ \hat{p}(s_2|\hat{g}_1) \end{bmatrix} \hat{c}_1 + \begin{bmatrix} \hat{p}(s_1|\hat{g}_2) \\ \hat{p}(s_2|\hat{g}_2) \end{bmatrix} \hat{c}_2 \tag{7.8}$$

由式 (7.8) 可知:

$$\begin{bmatrix} \hat{p}(s_1|\hat{g}_1) & \hat{p}(s_1|\hat{g}_2) \\ \hat{p}(s_2|\hat{g}_1) & \hat{p}(s_2|\hat{g}_2) \end{bmatrix} \begin{bmatrix} \hat{c}_1 \\ \hat{c}_2 \end{bmatrix} = \begin{bmatrix} p(s_1|g_1) & p(s_1|g_2) \\ p(s_2|g_1) & p(s_2|g_2) \end{bmatrix} \begin{bmatrix} c_1 \\ c_2 \end{bmatrix} \tag{7.9}$$

由式 (7.9) 得到:

$$\begin{bmatrix} \hat{c}_1 \\ \hat{c}_2 \end{bmatrix} = \begin{bmatrix} \hat{p}(s_1|\hat{g}_1) & \hat{p}(s_1|\hat{g}_2) \\ \hat{p}(s_2|\hat{g}_1) & \hat{p}(s_2|\hat{g}_2) \end{bmatrix}^{-1} \begin{bmatrix} p(s_1|g_1) & p(s_1|g_2) \\ p(s_2|g_1) & p(s_2|g_2) \end{bmatrix} \begin{bmatrix} c_1 \\ c_2 \end{bmatrix}$$

$$= \begin{bmatrix} \lambda_{11} & \lambda_{12} \\ \lambda_{21} & \lambda_{22} \end{bmatrix} \begin{bmatrix} c_1 \\ c_2 \end{bmatrix}$$

所以:

$$\begin{cases} \hat{c}_1 = \lambda_{11}c_1 + \lambda_{12}c_2 \\ \hat{c}_2 = \lambda_{21}c_1 + \lambda_{22}c_2 \end{cases} \tag{7.10}$$

在 Γ^G 下,若投资者获得信息 g_1 时的最优决策为 d_α^1,最大期望效用为 U_{g_1}。在 Γ^A 下,若投资者获得信息 $\hat{g}_1$ 时的最优决策为 d_β^1,最大期望效用为 $\hat{U}_{\hat{g}_1}$。投资者基于 Γ^G 的信息 g_1 下的最优决策 d_α^1 未必就是基于 Γ^A 的信息 $\hat{g}_1$ 下的最优决策(但它是一个可行决策),由此可得:

$$\hat{p}(s_1|\hat{g}_1)u(s_1,d_\alpha^1) + \hat{p}(s_1|\hat{g}_1)u(s_2,d_\alpha^1) \leqslant \hat{p}(s_1|\hat{g}_1)u(s_1,d_\beta^1) + \hat{p}(s_2|\hat{g}_1)u(s_2,d_\beta^1)$$

$$= \hat{U}_{\hat{g}_1} \tag{7.11}$$

同理可得，在 Γ^G 下，若投资者获得信息 g_2 时的最优决策为 d_α^2，最大期望效用为 U_{g_2}。在 Γ^A 下，若投资者获得信息 $\hat{g}_2$ 时的最优决策为 d_β^2，最大期望效用为 $\hat{U}_{\hat{g}_2}$。投资者基于 Γ^G 的信息 g_2 下的最优决策 d_α^2 未必就是基于 Γ^A 的信息 $\hat{g}_2$ 下的最优决策（但它是一个可行决策），由此可得：

$$\hat{p}(s_1|\hat{g}_2)u(s_1,d_\alpha^2)+\hat{p}(s_1|\hat{g}_2)u(s_2,d_\alpha^2)\leqslant\hat{p}(s_1|\hat{g}_2)u(s_1,d_\beta^2)+\hat{p}(s_2|\hat{g}_2)u(s_2,d_\beta^2)$$
$$=\hat{U}_{\hat{g}_2} \tag{7.12}$$

由式（7.3）、式（7.4）、式（7.11）、式（7.12）可得投资者基于信息 g_1 进行决策的期望效用：

$$
\begin{aligned}
Ug_1 &= U(d_\alpha^1|g_1)\\
&= p(s_1|g_1)u(s_1,d_\alpha^1)+p(s_2|g_1)u(s_2,d_\alpha^1)\\
&= (\hat{p}(s_1|\hat{g}_1)\lambda_{11}+\hat{p}(s_1|\hat{g}_2)\lambda_{21})u(s_1,d_\alpha^1)+(\hat{p}(s_2|\hat{g}_1)\lambda_{11}+\hat{p}(s_2|\hat{g}_2)\\
&\quad \lambda_{21})u(s_2,d_\alpha^1)\\
&= \lambda_{11}(\hat{p}(s_1|\hat{g}_1)u(s_1,d_\alpha^1)+\hat{p}(s_2|\hat{g}_1)u(s_2,d_\alpha^1))+\lambda_{21}(\hat{p}(s_1|\hat{g}_2)u(s_1,\\
&\quad d_\alpha^1)+\hat{p}(s_2|\hat{g}_2)u(s_2,d_\alpha^1))\\
&\leqslant \lambda_{11}(\hat{p}(s_1|\hat{g}_1)u(s_1,d_\beta^1)+\hat{p}(s_2|\hat{g}_1)u(s_2,d_\beta^1))+\lambda_{21}(\hat{p}(s_1|\hat{g}_2)u(s_1,\\
&\quad d_\beta^2)+\hat{p}(s_2|\hat{g}_2)u(s_2,d_\beta^2))\\
&= \lambda_{11}\hat{U}_{\hat{g}_1}+\lambda_{21}\hat{U}_{\hat{g}_2} \tag{7.13}
\end{aligned}
$$

由式（7.5）、式（7.6）、式（7.11）、式（7.12）可得投资者基于信息 g_2 进行决策的期望效用：

$$
\begin{aligned}
U_{g_2} &= U(d_\alpha^2|g_2)\\
&= p(s_1|g_2)u(s_1,d_\alpha^2)+p(s_2|g_2)u(s_2,d_\alpha^2)\\
&= (\hat{p}(s_1|\hat{g}_1)\lambda_{12}+\hat{p}(s_1|\hat{g}_2)\lambda_{22})u(s_1,d_\alpha^2)+(\hat{p}(s_2|\hat{g}_1)\lambda_{12}+\hat{p}(s_2|\hat{g}_2)\\
&\quad \lambda_{22})u(s_2,d_\alpha^2)\\
&= \lambda_{12}(\hat{p}(s_1|\hat{g}_1)u(s_1,d_\alpha^2)+\hat{p}(s_2|\hat{g}_1)u(s_2,d_\alpha^2))+\lambda_{22}(\hat{p}(s_1|\hat{g}_2)u(s_1,\\
&\quad d_\alpha^2)+\hat{p}(s_2|\hat{g}_2)u(s_2,d_\alpha^2))\\
&\leqslant \lambda_{12}(\hat{p}(s_1|\hat{g}_1)u(s_1,d_\beta^1)+\hat{p}(s_2|\hat{g}_1)u(s_2,d_\beta^1))+\lambda_{22}(\hat{p}(s_1|\hat{g}_2)u(s_1,\\
&\quad d_\beta^2)+\hat{p}(s_2|\hat{g}_2)u(s_2,d_\beta^2))\\
&= \lambda_{12}\hat{U}_{\hat{g}_1}+\lambda_{22}\hat{U}_{\hat{g}_2} \tag{7.14}
\end{aligned}
$$

在 Γ^{G} 下投资者获得信息集 Ω^{G} 进行决策的效用期望 $U(\Omega^{G})$，与在 Γ^{A} 下投资者获得信息集 Ω^{A} 进行决策的效用期望 $\hat{U}(\Omega^{A})$ 进行比较。由式 (7.13)、式 (7.14)，利用式 (7.10) 可得投资者基于信息集 Ω^{G} 进行决策的期望效用与基于信息集 Ω^{A} 进行决策的期望效用比较结果。

$$
\begin{aligned}
U(\Omega^{G}) &= c_1 U_{g_1} + c_2 U_{g_2} \\
&\leqslant c_1(\lambda_{11}\hat{U}_{\hat{g}_1} + \lambda_{21}\hat{U}_{\hat{g}_2}) + c_2(\lambda_{12}\hat{U}_{\hat{g}_1} + \lambda_{22}\hat{U}_{\hat{g}_2}) \\
&= (\lambda_{11}c_1 + \lambda_{12}c_2)\hat{U}_{\hat{g}_1} + (\lambda_{21}c_1 + \lambda_{22}c_2)\hat{U}_{\hat{g}_2} \\
&= \hat{c}_1\hat{U}_{\hat{g}_1} + \hat{c}_2\hat{U}_{\hat{g}_2} \\
&= \hat{U}(\Omega^{A})
\end{aligned}
\tag{7.15}
$$

由式 (7.15) 可知：

$$
U(\Omega^{G}) \leqslant \hat{U}(\Omega^{A})
$$

可见，在 Γ^{G} 下，投资者获得信息集 Ω^{G} 进行决策的期望效用 $U(\Omega^{G})$ 不超过 Γ^{A} 下投资者获得信息集 Ω^{A} 进行决策的期望效用 $\hat{U}(\Omega^{A})$。因此，与 Γ^{G} 的信息服务比较，Γ^{A} 的信息服务实现了价值增加。

7.3.2　AR 模式信息服务增值

一般地，若投资者对公司经营状态集 $S = \{s_1, s_2, \cdots, s_n\}$ 中的状态 s_t 出现有一先验概率为 $p(s_t)$，在状态 s_t 下，决策集 $D = \{d_1, d_2, \cdots, d_m\}$ 中决策 d_j 的基本效用为 $u(s_t, d_j)$ $(t = 1, 2, \cdots, n; j = 1, 2, \cdots, m)$。若公司采用报告模式 Γ^{G} 的信息服务为投资者提供信息集 $\Omega^{G} = \{g_1, g_2, \cdots, g_k\}$，且信息 g_i 出现的概率为 $c_i = p(g_i)$ $(i = 1, 2, \cdots, k)$；公司采用报告模式 Γ^{A} 的信息服务为投资者提供信息集 $\Omega^{A} = \{\hat{g}_1, \hat{g}_2, \cdots, \hat{g}_k\}$，且信息 $\hat{g}_i$ 出现的概率为 $\hat{c}_i = p(\hat{g}_i)$ $(i = 1, 2, \cdots, k)$。

由贝叶斯法则得投资者基于 g_i，$\hat{g}_i$ 的后验概率分别满足：

$$
\sum_{t=1}^{n} p(s_t \mid g_i) = 1, \quad i = 1, 2, \cdots, k
$$

$$
\sum_{t=1}^{n} \hat{p}(s_t \mid \hat{g}_i) = 1, \quad i = 1, 2, \cdots, k
$$

按照上述分析，投资者对公司经营状态的先验概率向量可以表示为其后验概率向量的加权平均，其权数为获得信息概率，即：

$$\begin{bmatrix} p(s_1) \\ p(s_2) \\ \vdots \\ p(s_n) \end{bmatrix} = \begin{bmatrix} p(s_1|g_1) \\ p(s_2|g_1) \\ \vdots \\ p(s_n|g_1) \end{bmatrix} c_1 + \begin{bmatrix} p(s_1|g_2) \\ p(s_2|g_2) \\ \vdots \\ p(s_n|g_2) \end{bmatrix} c_2 + \cdots + \begin{bmatrix} p(s_1|g_k) \\ p(s_2|g_k) \\ \vdots \\ p(s_n|g_k) \end{bmatrix} c_k$$

$$= \begin{bmatrix} \hat{p}(s_1|\hat{g}_1) \\ \hat{p}(s_2|\hat{g}_1) \\ \vdots \\ \hat{p}(s_n|\hat{g}_1) \end{bmatrix} \hat{c}_1 + \begin{bmatrix} \hat{p}(s_1|\hat{g}_2) \\ \hat{p}(s_2|\hat{g}_2) \\ \vdots \\ \hat{p}(s_n|\hat{g}_2) \end{bmatrix} \hat{c}_2 + \cdots + \begin{bmatrix} \hat{p}(s_1|\hat{g}_k) \\ \hat{p}(s_2|\hat{g}_k) \\ \vdots \\ \hat{p}(s_n|\hat{g}_k) \end{bmatrix} \hat{c}_k \quad (7.16)$$

令：$Q = \begin{bmatrix} p(s_1|g_1) & p(s_1|g_2) & p(s_1|g_k) \\ p(s_2|g_1) & p(s_2|g_2) & p(s_2|g_k) \\ \vdots & \vdots & \cdots & \vdots \\ p(s_n|g_1) & p(s_n|g_2) & p(s_n|g_k) \end{bmatrix}_{n \times k}, C = \begin{bmatrix} c_1 \\ c_2 \\ \vdots \\ c_k \end{bmatrix}_{k \times 1}$

$\hat{Q} = \begin{bmatrix} \hat{p}(s_1|\hat{g}_1) & \hat{p}(s_1|\hat{g}_2) & \hat{p}(s_1|\hat{g}_k) \\ \hat{p}(s_2|\hat{g}_1) & \hat{p}(s_2|\hat{g}_2) & \hat{p}(s_2|\hat{g}_k) \\ \vdots & \vdots & \cdots & \vdots \\ \hat{p}(s_n|\hat{g}_1) & \hat{p}(s_n|\hat{g}_2) & \hat{p}(s_n|\hat{g}_k) \end{bmatrix}_{n \times k}, \hat{C} = \begin{bmatrix} \hat{c}_1 \\ \hat{c}_2 \\ \vdots \\ \hat{c}_k \end{bmatrix}_{k \times 1}$

则有：$QC = \hat{Q}\hat{C}$，若 $\hat{Q}$ 满秩，则其逆矩阵 $\hat{Q}^{-1}$ 存在，那么：

$$\hat{C} = \hat{Q}^{-1}QC \quad (7.17)$$

在其他条件相同的情况下，由于 Γ^A 具有更高的透明度。Γ^G 提供的信息服务修正投资者的后验概率向量均可表示为 Γ^A 提供的信息服务修正投资者后验概率向量的凸组合，即有：

$$\begin{bmatrix} p(s_1|g_i) \\ p(s_2|g_i) \\ \cdots \\ p(s_n|g_i) \end{bmatrix} = \begin{bmatrix} \hat{p}(s_1|\hat{g}_1) \\ \hat{p}(s_2|\hat{g}_1) \\ \vdots \\ \hat{p}(s_n|\hat{g}_1) \end{bmatrix} \lambda_{1i} + \begin{bmatrix} \hat{p}(s_1|\hat{g}_2) \\ \hat{p}(s_2|\hat{g}_2) \\ \vdots \\ \hat{p}(s_n|\hat{g}_2) \end{bmatrix} \lambda_{2i} + \cdots + \begin{bmatrix} \hat{p}(s_1|\hat{g}_k) \\ \hat{p}(s_2|\hat{g}_k) \\ \vdots \\ \hat{p}(s_n|\hat{g}_k) \end{bmatrix} \lambda_{ki}$$

$$i = 1, 2, \cdots, k. \quad (7.18)$$

其中，$\lambda_{**} \geqslant 0$ 是线性加权因子：

$$令：\Lambda = \begin{bmatrix} \lambda_{11} & \lambda_{12} & \cdots & \lambda_{1k} \\ \lambda_{21} & \lambda_{22} & \cdots & \lambda_{2k} \\ \cdots & \cdots & \cdots & \cdots \\ \lambda_{k1} & \lambda_{k2} & \cdots & \lambda_{kk} \end{bmatrix}_{k \times k}$$

式（7.18）表示为：

$$Q = \hat{Q}\Lambda \tag{7.19}$$

由于矩阵 Q 列向量是矩阵 $\hat{Q}$ 列向量的凸组合，矩阵 Λ 是非负矩阵，且每列元素加总一定等于 1。假设每一个报告模式提供的信息服务都有一个客观的可计算的似然矩阵。布莱克威尔（Blackwell，1953）指出一个似然矩阵 $\hat{E}$ 比另一个似然矩阵 E 信息更丰富，如果存在一个非负矩阵 B（每列元素和为 1），使得 $E = \hat{E}B$。

由此可见，Γ^A 的信息服务相应的似然矩阵 $\hat{Q}$ 比 Γ^G 的信息服务相应的似然矩阵 Q 提供的信息更加丰富。

式（7.19）两边同乘以 $\hat{Q}$ 的逆矩阵得到：

$$\Lambda = \hat{Q}^{-1}Q \tag{7.20}$$

由式（7.17）、式（7.20）可知：

$$\hat{C} = \Lambda C$$

由上式可以得到：

$$\hat{c}_i = \sum_{w=1}^{k} \lambda_{iw} c_w \tag{7.21}$$

由式（7.18）可知：

$$p(s_t \mid g_i) = \sum_{w=1}^{k} \hat{p}(s_t \mid \hat{g}_w)\lambda_{wi}, \quad t = 1, 2, \cdots, n; i = 1, 2, \cdots, k. \tag{7.22}$$

在 Γ^G 下，若投资者获得信息 g_i 时的最优决策为 d_α^i，最大期望效用为 Ug_i；在 Γ^A 下，若投资者获得信息 $\hat{g}_i$ 时的最优决策为 d_β^i，最大期望效用为 $\hat{U}\hat{g}_i$。由于投资者在基于 Γ^G 的信息 g_i 下的最优决策 d_α^i 未必就是基于 Γ^A 的信息 $\hat{g}_i$ 下的最优决策（但它是一个可行决策），因此可以得到：

$$\sum_{t=1}^{n} \hat{p}(s_t \mid \hat{g}_i) u(s_t, d_\alpha^i) \leqslant \sum_{t=1}^{n} \hat{p}(s_t \mid \hat{g}_i) u(s_t, d_\beta^i) = \hat{U}_{\hat{g}_i},$$

$$i = 1, 2, \cdots, k. \tag{7.23}$$

由式（7.22）、式（7.23）可得，投资者基于信息 g_i 决策的期望效用为：

$$
\begin{aligned}
U_{g_i} &= U(d_\alpha^i \mid g_i) \\
&= \sum_{t=1}^{n} p(s_t \mid g_i) u(s_t, d_\alpha^i) \\
&= \sum_{t=1}^{n} \sum_{w=1}^{k} \hat{p}(s_t \mid \hat{g}_w) \lambda_{wi} u(s_t, d_\alpha^i) \\
&= \sum_{w=1}^{k} \lambda_{wi} \sum_{t=1}^{n} \hat{p}(s_t \mid \hat{g}_w) u(s_t, d_\alpha^i) \\
&\leqslant \sum_{w=1}^{k} \lambda_{wi} \sum_{t=1}^{n} \hat{p}(s_t \mid \hat{g}_w) u(s_t, d_\beta^i) \\
&= \sum_{w=1}^{k} \lambda_{wi} \hat{U}_{\hat{g}_w}
\end{aligned}
\tag{7.24}
$$

综合考虑投资者获得新信息 g_i 的权数 c_i 与 $\hat{g}_i$ 的权数 $\hat{c}_i (i = 1, 2, \cdots, k)$，比较投资者在 Γ^G 下获得信息集 $\Omega^G = \{g_1, g_2, \cdots, g_k\}$ 进行决策的期望效用 $U(\Omega^G)$，与在 Γ^A 下获得信息集 $\Omega^A = \{\hat{g}_1, \hat{g}_2, \cdots, \hat{g}_k\}$ 进行决策的期望效用 $\hat{U}(\Omega^A)$。由式（7.24）同乘以 c_i 相加，应用式（7.21）得：

$$
\begin{aligned}
U(\Omega^G) &= \sum_{i=1}^{k} c_i U_{g_i} \\
&\leqslant \sum_{i=1}^{k} c_i \left(\sum_{w=1}^{k} \lambda_{wi} \hat{U}_{\hat{g}_w} \right) \\
&= \sum_{w=1}^{k} \left(\sum_{i=1}^{k} \lambda_{wi} c_i \right) \hat{U}_{\hat{g}_w} \\
&= \sum_{w=1}^{k} \hat{c}_w \hat{U}_{\hat{g}_w} \\
&= \hat{U}(\Omega^A)
\end{aligned}
\tag{7.25}
$$

由式（7.25）可知：

$$U(\Omega^G) \leqslant \hat{U}(\Omega^A)$$

由此可见，与 Γ^G 的信息服务比较，Γ^A 信息服务能够产生更大的期望效用，因此 Γ^A 能够实现价值增值。

7.4　本章小结

本章包含三个部分，第一部分分析主观信念与决策之间的关系，主要涉及主观信念、理性假设、不确定性与投资决策，以及贝叶斯法则下的信念修正问题与基于期望效用最大化的决策选择问题的讨论。第二部分分析 AR 模式信息服务价值，构建简化贝叶斯模型评价公司报告模式，以投资者决策的期望效用最大化为准则，探讨基于投资者主观信念的决策选择，利用贝叶斯法则进行先验概率修正，分析投资者基于后验概率进行决策的期望效用变化。第三部分分析 AR 模式信息服务增值，进行不同报告模式的价值比较。采用公司信息改变或未改变投资者决策期望效用两种情况进行公司报告模式价值评价。通过贝叶斯模型讨论报告模式价值评价，比较 AR 模式与 GR 模式对投资者决策期望效用的影响，讨论 AR 模式实现价值增值。

第 8 章

结论与展望

8.1 主要结论

上市公司财务报告模式不是固定不变的，它会随着经济与社会的发展、信息技术的进步不断演进。工业经济时代财务报告的目标是实现受托责任解脱，知识经济时代财务报告的目标逐步从受托责任观向决策有用观转变，即公司报告目标从"计量观"向"信息观"转变。信息观使得投资者能够通过财务报告更加全面及时了解公司经营业绩、投资风险与发展前景，从而做出更好的投资决策。

财务报告作为上市公司与利益相关者之间信息传递的桥梁，其改革涉及公司与各个利益相关方的博弈。公司报告模式改革的目的是更好保护投资者利益，更好发挥其在证券市场中资源配置的作用。知识经济时代 GR 模式局限性越来越凸显，国内外研究机构与学者提出了在新型信息技术环境下改革 GR 模式的一些构想。然而现有的公司财务报告改革构想更多体现公司被动信息服务的理念，同时缺乏对所构想的报告模式进行理论基础分析与技术可行性论证。本书围绕知识经济时代公司财务报告改革这一重要命题开展研究。运用"大智移云"等技术在公司数据收集、处理、传输与数据挖掘等方面的优势、结合 XBRL 在公司财务报告模式改革的研究成果，构建主动财务报告模式并对它的个性化信息定制、财务风险实时监控、财务报告改进与价值增值等方面进行系统讨论，主要结论如下：

（1）XBRL 将有力推进公司财务报告模式改革。采用 XBRL 对公司财务数据统一分类，实现财务信息标准化，为进一步推进财务报告改革奠定基础。公司财务共享服务中心实时收集公司数据并基于 XBRL 统一封装集成，数据中心实现公司数据最大程度的共享为公司报告个性化奠定基础。基于 XBRL 公司财务报告数据具有可追溯性，便于用户向上或向下钻取，便于数据核查与监管，提高财务报告的可靠性；公司报告编制模块化与实时发送提高信息披露的及时性；个性化报告提升了信息的相关性；公司信息分类标准化与智能检索提高了公司报告的横向与纵向可比性。

（2）AR 模式能够扩展公司报告的财务风险监控功能。基于 XBRL 统一数据模型构建公司实时动态数据仓库便于 IDM 技术施行自治持续的增量数据挖掘，以达到财务风险智能监控的目标。在大数据环境下，公司通过"大智移云"技术手段进行实时财务风险智能监控，为公司管理者与外部利益相关者提供财务风险预警，有助于投资者的投资风险防范，能够更好实现投资者保护；有助于公司管理者及时发现经营过程中的财务问题；有助于职能部门对上市公司财务异常的监控。

（3）AR 模式能够实现公司报告的个性化定制。证券市场不同投资者信息需求偏好存在差异，财务报告个性化定制是解决投资者信息需求差异的有效方法。数据同源分流、XBRL 统一数据模型与共享是公司个性化报告定制的基础，个性化报告数据源头审计是关键。AR 模式能够对用户使用公司信息的行为进行自动归纳、分类与预测，并提供满足用户个性化信息需求的主动服务。同时能够通过投资者前期的财务信息使用情况，自动识别其信息使用偏好类型，自动推送与投资者个性化需求相近的信息，体现信息服务的个性化人文关怀，实现公司报告个性化服务。

（4）AR 模式能够提升证券市场资源配置效率。GR 模式信息披露时效性滞后，在报告公布时"可供投资者决策参考的有价值信息所剩无几"，因此 GR 模式信息披露局限性导致证券市场资源配置低效率。在满足"收益大于成本"的条件下，AR 模式自动向用户实时精准发送定制信息，实现高效的信息传播，信息披露的充分性与及时性得到加强。同时 AR 模式增加公司报告信息透明度从而减少公司与投资者之间的信息不对称程度，也减少公司控股股东、机构投资者与中小投资者之间的信息不对称程度。AR 模式一方面能够实现证券市场不同类型公司的分离均衡，从而提升绩优公司价值；另一方面也为投资者提供增值服务，提升证券市场资源配置效率，达到证券市场信息披露的帕累托改进。

（5）AR 模式更好实现投资者保护的目标。AR 模式采用业财一体化的设计思想，基于事项法会计收集公司业财数据为公司报告改革奠定了基础。公司财务共享服务中心实现了数据的整合集成，在环境网络化、信息标准化、应用集成化、信息处理智能化的条件下，网络已经能够实现公司数据"不落地"的在网络上流动，公司财务共享服务中心能够按照业务流程实时进行数据传输与处理，外部能够对公司报告进行实时审计。AR 模式信息披露能够使公司信息在投资者之间分布更为公平，降低中小投资者的投资风险。与 GR 模式比较，AR 模式的个性化报告定制与财务风险监控更好地实现了投资者保护的目标。

8.2　创新之处

虽然人们已经提出了 GR 模式的一些改革构想，但是迄今鲜见对所提出的公司报告模式进行比较完整的理论分析与技术可行性论证，也缺乏对所构想的公司报告模式的财务风险监控，以及有效性改进与价值增值等进行系统分析与讨论。本书围绕"大智移云"背景下 GR 模式改革这一重要命题进行研究，主要创新方面如下：

（1）提出新型公司报告模式——主动财务报告模式。就 AR 模式与 GR 模式在信息服务理念、报告方式、报告内容、报告时效、供需互动、个性需求、功能拓展、信息共享、实现手段、实现目标等进行比较。运用积极代理理论、信息寻租理论与博弈论阐述 AR 模式的基本理论问题；讨论了 AR 模式能够降低公司与投资者之间的信息不对称程度，降低代理人机会主义倾向，降低证券市场投资者逆向选择的程度，提升证券市场资源配置效率，达到证券市场不同类型公司的分离均衡，同时进行 AR 模式个性化报告按需定制实时发送的原型实验。

（2）构建 AR 模式个性化报告定制功能模块，进行财务风险监控实证分析。构建 AR 模式运行机制的三个功能模块。财务数据 XBRL 统一封装与实时集成模块——公司财务数据的共享、个性化报告"数出同源"与审计。财务数据智能挖掘与知识发现功能模块——构建 AR 模式财务风险实时监控机制的增量数据挖掘过程模型、财务风险监控模型的遗传神经网络算法。以深交所和上交所上市公司的 ST 公司与非 ST 公司为样本进行公司财务风险智能监控模型的实证研究。定制个性报告自动生成与及时发送信息模块——进行公司财务风险预警信息实时推送的实证研究。

（3）AR 模式的有效性分析。讨论会计信息透明度，公司报告模式透明度。构建公司报告模式透明度函数、透明度评价指标体系。讨论 AR 模式透明度评价指标的可靠性、相关性、及时性、可比性与充分性的特点。通过报告模式透明度评价指标的用户选择偏好调查，采用符号检验逐一比较两种报告模式相应指标差异的显著性。讨论两种报告模式透明度差异的显著性。讨论 AR 模式透明度改进与公司价值的相关性。

（4）AR 模式的信息服务增值评价。分析不同报告模式信息服务差异影响投资者先验概率的修正，从而影响投资者的决策选择。讨论不同报告模式的透明度差异对投资者决策效用的影响。构建贝叶斯模型比较 GR 模式与 AR 模式两者信息服务对投资者决策效用的差异，讨论 AR 模式为投资者提供更高的决策效用而实现价值增值。

8.3 研究展望

信息观下，GR 模式面临巨大的挑战。信息时代公司财务报告个性化和财务风险实时预警的重要性日益凸显，成为公司财务报告模式改革的重要方面。"大智移云"背景下，事项法会计得到更充分的技术支持，业财一体化使得公司原始业务和交易数据能够得到实时采集并整合集成到公司业财大数据事项库，为 AR 模式个性化报告与财务智能监控奠定基础。AR 模式的个性化报告定制与实时推送更好地满足了用户的信息需求，智能财务预测与分析更好地实现财务风险智能监控的目标。因此，后续可以进一步研究 AR 模式的功能拓展问题："大智移云"背景下个性化报告更好地提升了用户的决策水平，开展公司财务风险智能预警与监控，为投资者提供更好的保护，也为公司管理者及时发现公司财务异常提供重要的信息。可以进一步分析基于理性人假设在投资者决策选择中存在的局限性，探讨有限理性下的投资者决策问题。

1. 加强大数据下公司财务监控系统指标体系与智能风险监控模型的研究，进一步完善财务风险智能监控模型的动态训练机制

本书构建监控模型把样本划分为训练集与测试集两部分，对于训练达到要求的模型进行测试集样品的实证分析。然而财务风险智能监控模型的权值不是固定不变的,而是动态变化的。在实际应用中,财务风险监控模型网络权值可以在新增加训练样品后不断变化,以适应环境动态变化要求。因此应构建智能监控模型网络权值的动态训练机制,使智能监控模型在不断学习中逐步完善,提高财务风险智能监控模型的预警准确率。

2. 运用大数据技术增加非财务指标在公司财务风险监控中的应用研究

构建的公司财务风险监控模型是以公司财务比率指标为风险监控模型的输入,而公司非财务指标尚未在该模型中得到体现,因此财务风险监控模型带有一定的局限性。信息时代公司经营环境复杂多变,非财务指标(如政治、政策、法律等)的变化对公司经营状况的影响越来越凸显。一些非财务指标变化甚至关系到公司的生存。因此,在公司财务风险监控模型的进一步研究中,可增加非财务因素的影响分析,综合运用大数据技术对公司财务风险的内外因素进行讨论,有助于提升公司财务风险监控。通过综合分析公司财务风险状况,更好地为投资者提供财务风险信息,加强投资者保护。

3. 加强有限理性下投资者决策选择的研究

无论是经济学中的"经济人"假设条件,还是金融理论中的完全理性投资者的假设条件。这些理论研究的假设情形与现实中投资者的实际行为表现存在或多或少的差异,现实中投资者很难满足这些假设条件的要求。在不确定经济条件下,投资者实际决策选择可能并不以期望效用最大化作为标准,主观概率的修正往往并不一定遵循贝叶斯法则,"有限理性"进行投资决策选择更具普遍性,因此需要进一步探讨投资者在有限理性条件下的投资决策问题。

参 考 文 献

[1] 艾博思、克鲁斯：《统一报告：企业可持续发展战略整合报告体系》（赵伟韬译），格致出版社 2010 年版。

[2] 卞玉君：《交易制度、投资者行为和信息对证券价格的影响分析》，上海交通大学博士学位论文，2006 年。

[3] 布赖恩·伯杰伦：《XBRL 语言精要——21 世纪的财务报告》（廉小红等译），中国人民大学出版社 2004 年版。

[4] 曹和平、翁翕：《信息租问题探析》，载于《北京大学学报（哲学社会科学版）》2005 年第 3 期。

[5] 陈静：《上市公司财务恶化预测的实证分析》，载于《会计研究》1999 年第 4 期。

[6] 陈少华、葛家澍：《公司财务报告问题研究》，厦门大学出版社 2006 年版。

[7] 陈向民、陈斌：《确定"虚假陈述行为"的赔偿标准——事件研究法的司法运用》，载于《证券市场导报》2002 年第 7 期。

[8] 崔学刚：《公司治理机制对公司透明度的影响——来自中国上市公司的经验数据》，载于《会计研究》2004 年第 8 期。

[9] 董一鸿：《动态数据库增量式挖掘算法及其应用研究》，浙江大学博士学位论文，2007 年。

[10] 付仲良、陈楠：《一种序列模式增量式挖掘算法》，载于《武汉大学学报（信息科学版）》2010 年第 7 期。

[11] 葛家澍：《未来财务会计和财务报告的模式——兼论会计信息的可靠性与相关性》，载于《南京经济学院学报》1999 年第 1 期。

[12] 葛家澍：《纵论财务报表模式的改革》，载于《财会月刊》1998 年第 6 期。

[13] 葛家澍、陈守德：《财务报告质量评估的探讨》，载于《会计研究》2001 第 11 期。

［14］葛家澍、窦家春、陈朝琳：《双重计量财务会计计量模式的必然选择》，载于《会计研究》2010年第2期。

［15］葛家澍、杜兴强：《现行财务会计与报告的缺陷及改进（上）》，载于《财会通讯》2004a年第5期。

［16］葛家澍、杜兴强：《现行财务会计与报告的缺陷及改进（下）》，载于《财会通讯》2004b年第6期。

［17］葛家澍、杜兴强：《知识经济下财务会计理论与财务报告问题研究》，中国财政经济出版社2004年版。

［18］葛家澍、王亚男：《论会计信息的可理解性——国际比较、影响因素与对策》，载于《厦门大学学报》（哲学社会科学版）2011年第5期。

［19］谷祺、刘淑莲：《财务危机企业投资行为分析与对策》，载于《会计研究》1999年第10期。

［20］顾宁、刘家茂、柴晓路：《Web Services原理与研发实践》，机械工业出版社2007年版。

［21］郭彬、张世英：《企业所有者与经理人委托代理关系中最优激励机制研究》，载于《中国管理科学》2004年第5期。

［22］韩家炜、堪博：《数据挖掘：概念与技术（第二版）》（范明等译），机械工业出版社2007年版。

［23］何玉：《网络财务报告研究》，中国物资出版社2010年版。

［24］焦李成、刘芳、缑水平等：《智能数据挖掘与知识发现》，西安电子科技大学出版社2006年版。

［25］杰克·赫什莱佛、约翰·G. 赖利：《不确定性与信息分析》（刘广灵等译），中国社会科学出版社2000年版。

［26］李秉成：《企业财务困境研究——上市公司财务困境实证分析》，中国财政经济出版社2004年版。

［27］李春、朱珍民、叶剑等：《个性化服务研究综述》，载于《计算机应用研究》2009年第11期。

［28］李端生、续慧泓：《论网络环境下的会计报告模式》，载于《会计研究》2004年第1期。

［29］李进营：《财务报告透明度与投资者保护——基于会计盈余与企业价值的检验》，南开大学博士学位论文，2010年。

［30］李进营、周晓苏：《上市公司财务报告透明度的形成和评价研

究》，载于《山西财经大学学报》2010 年第 2 期。

[31] 李娟博：《上市公司会计信息透明度问题研究——基于 A 股市场的理论与实证分析》，财政部财政科学研究所博士学位论文，2010 年。

[32] 李敏强、寇纪淞、林丹等：《遗传算法的基本理论与应用》，科学出版社 2003 年版。

[33] 李晓峰、徐玖平：《企业财务危机预警 Rough—ANN 模型的建立及其应用》，载于《系统工程理论与实践》2004 年第 10 期。

[34] 李心丹、肖斌卿、张兵等：《投资者关系管理能提升上市公司价值吗？——基于中国 A 股上市公司投资者关系管理调查的实证研究》，载于《管理世界》2007 年第 9 期。

[35] 林琳：《持续审计：梦想与现实》，载于《审计与经济研究》2005 年第 3 期。

[36] 罗伯特·E. 延森、肖泽忠：《论互联网条件下的按需报告模式》，载于《南开管理评论》2004 年第 7 期。

[37] 刘永泽、傅荣、梁爽：《财务呈报研究》，东北财经大学出版社 2009 年版。

[38] 马德林、杨英：《论上市公司财务数据异常初步判断》，载于《现代管理科学》2007 年第 4 期。

[39] 南开大学公司治理研究中心公司治理评价课题组：《中国公司治理指数绩效的实证分析》，载于《管理世界》2004 年第 2 期。

[40] 潘定：《持续时态数据挖掘及其实现机制》，经济科学出版社 2008 年版。

[41] 潘晓江：《会计经济学概论——资本会计论概念框架研究》，经济科学出版社 2013 年版。

[42] 潘琰：《互联网上的公司财务报告——中国上市公司财务信息网上披露情况调查》，载于《会计研究》2000 年第 9 期。

[43] 潘琰：《因特网财务报告若干问题研究》，厦门大学博士学位论文，2002 年。

[44] 潘琰、林琳：《公司报告模式再造：基于 XBRL 与 Web 服务的柔性报告模式》，载于《会计研究》2007 年第 5 期。

[45] 潘琰、林琳：《互联网公司报告的近期发展：中美百强之比较》，载于《福州大学学报（哲学社会科学版)》2011 年第 4 期。

[46] 曲吉林：《信息技术与会计变革》，中国财政经济出版社 2010 年版。

[47] 任海芝、邵良杉：《智能化财务报告模式研究——基于数据挖掘技术的思考》，载于《辽宁工程技大学学报（社会科学版）》2011 年第 2 期。

[48] 任晓明、李章吕：《贝叶斯决策理论的发展概况和研究动态》，载于《科学技术哲学研究》2013 年第 2 期。

[49] 沈颖玲：《XBRL：存取网络财务报告的创新》，载于《财经论丛》2002 年第 4 期。

[50] 沈颖玲：《会计全球化的技术视角——利用 XBRL 构建国际财务报告准则分类体系》，载于《会计研究》2004 年第 4 期。

[51] 沈颖玲：《网络时代财务报告编报模式的变革》，载于《财经论丛》2007 年第 5 期。

[52] 施祖辉：《传统经济学与混沌经济学的比较研究》，载于《外国经济与管理》2001 年第 10 期。

[53] 宋献中：《论企业核心能力信息的自愿披露》，载于《会计研究》2006 年第 2 期。

[54] 孙燕东：《基于投资者保护的会计信息披露问题研究》，立信会计出版社 2009 年版。

[55] 特班、阿伦森、梁定澎：《决策支持系统与智能系统》（杨东涛等译），机械工业出版社 2009 年版。

[56] 涂建明：《上市公司财务信息网上披露方式研究》，载于《会计研究》1999 年第 12 期。

[57] 汪炜、蒋高峰：《信息披露、透明度与资本成本》，载于《经济研究》2004 年第 7 期。

[58] 王松年、沈颖玲：《网络财务报告的技术问题研究》，载于《财经研究》2001 年第 8 期。

[59] 王兴山：《数字化转型中的财务共享》，电子工业出版社 2018 年版。

[60] 王雄元：《上市公司信息披露策略研究》，中国财政经济出版社 2008 年版。

[61] 王雄元：《上市公司信息披露与商业秘密保护》，载于《财会月刊

（会计版）》2006 年第 4 期。

[62] 王雄元：《自愿性信息披露：信息租金与管制》，载于《会计研究》2005 年第 4 期。

[63] 王咏梅：《上市公司财务信息自愿披露指数实证研究》，载于《证券市场导报》2003 年第 9 期。

[64] 威廉·H. 比弗：《财务呈报：会计革命（第 3 版，英文版）》，中国人民大学出版社 2009 年版。

[65] 魏海丽：《现行财务报告：缺陷及改进》，载于《财会通讯》2005 年第 12 期。

[66] 魏明海、刘峰、施鲲翔：《论会计透明度》，载于《会计研究》2001 年第 9 期。

[67] 闻新、周露、李翔等：《MATLAB 神经网络仿真与应用》，科学出版社 2003 年版。

[68] 吴世农、卢贤义：《我国上市公司财务困境的预测模型研究》，载于《经济研究》2001 年第 6 期。

[69] 吴锡皓：《稳健性与上市公司财务信息透明度》，南开大学博士学位论文，2013 年。

[70] 吴玉督、吴江：《不确定下决策理论的发展：主观概率研究综述》，载于《江汉论坛》2007 年第 7 期。

[71] 向凯、陈胜蓝：《财务会计信息、公司治理与投资者保护》，经济科学出版社 2008 年版。

[72] 肖泽忠：《大规模按需报告的公司财务报告模式》，载于《会计研究》2000 年第 1 期。

[73] 肖泽忠：《信息技术与未来会计报告模式》，载于《会计研究》1996 年第 1 期。

[74] 谢海涛、孟祥武：《适应用户需求进化的个性化信息服务模型》，载于《电子学报》2011 年第 3 期。

[75] 熊立文：《贝叶斯决策理论与归纳逻辑》，载于《北京师范大学学报（社会科学版）》2005a 年第 2 期。

[76] 熊立文：《信念修正的 AGM 理论》，载于《现代哲学》2005b 年第 1 期。

[77] 徐国君、张丰艺：《试论互动式会计信息披露模式》，载于《青岛

海洋大学学报》2000 年第 4 期。

[78] 徐署华、江文：《基于 Web Service 的企业信息集成平台设计》，载于《计算机工程与设计》2007 年第 24 期。

[79] 薛斐：《基于情绪的投资者行为研究》，复旦大学博士学位论文，2005 年。

[80] 薛云奎：《网络时代的财务与会计：管理集成与会计频道》，载于《会计研究》1999 年第 11 期。

[81] 杨德明：《信息披露、投资者行为与市场回报——针对盈余惯性与价格惯性的研究》，经济科学出版社 2009 年版。

[82] 杨海峰：《基于 XBRL 的网络财务报告改进的有效性研究》，中国财政经济出版社 2009 年版。

[83] 杨俊、兰宏勇：《基于 RSS 的信息推送系统的设计和实现》，载于《计算机系统应用》2008 年第 10 期。

[84] 杨淑娥、王乐平：《基于 BP 神经网络和面板数据的上市公司财务危机预警》，载于《系统工程理论与实践》2007 年第 2 期。

[85] 袁子甲、李仲飞：《参数不确定性和效用最大化下的动态投资组合选择》，载于《中国管理科学》2010 年第 5 期。

[86] 曾颖、陆正飞：《信息披露质量与股权融资成本》，载于《经济研究》2006 年第 2 期。

[87] 张纯、吕伟：《信息披露、市场关注与融资约束》，载于《会计研究》2007 年第 11 期。

[88] 张华伦、孙毅：《企业财务危机预警 Rough – Fuzzy – ANN 模型的建立及应用》，载于《运筹与管理》2006 年第 2 期。

[89] 张继德、刘向芸、姜鹏：《从阅读模式演进看财务报告发展趋势》，载于《会计之友》2014 年第 29 期。

[90] 张加乐：《网络的决策驱动报告模型探究》，载于《制造业自动化》2010 年第 12 期。

[91] 张圣平：《偏好、信念、信息与证券价格》，上海三联书店、上海人民出版社 2002 年版。

[92] 张天西、李晓荣、吴忠生等：《XBRL 财务报告：理论、规范及应用》，经济科学出版社 2010 年版。

[93] 张天西、薛许军、林进安：《信息技术环境下的财务报告及信息

披露研究》，载于《会计研究》2003 年第 3 期。

［94］张天西等：《网络财务报告——论 XBRL 的理论框架及技术》，复旦大学出版社 2006 年版。

［95］张维迎：《博弈论与信息经济学》，上海人民出版社 2004 年版。

［96］张维迎：《产权、政府与信誉》，上海三联书店 2001 年版。

［97］张志强：《考虑全部风险的资本市场定价模型》，载于《管理世界》2010 年第 4 期。

［98］张宗新、杨飞、袁庆海：《上市公司信息披露质量提升能否改进公司绩效？——基于 2002～2005 年深市上市公司的经验证据》，载于《会计研究》2007 年第 10 期。

［99］赵选民、薛婷：《基于决策导向的 XBRL 网络财务报告模式再造》，载于《会计之友》2011 年第 12 期。

［100］仲伟周、王斌：《寻租行为的理论研究及其实证分析》，科学出版社 2010 年版。

［101］周首华、杨济华、王平：《论财务危机的预警分析——F 分数模型》，载于《会计研究》1996 年第 8 期。

［102］周晓苏、李进营：《从高质量到高透明度——财务报告评价的演进及启示》，载于《上海立信会计学院学报》2009 年第 3 期。

［103］周中胜、陈汉文：《会计信息透明度与资源配置效率》，载于《会计研究》2008 年第 12 期。

［104］朱发根、刘拓、傅毓维：《基于非线性 SVM 的上市公司财务危机预警模型研究》，载于《统计与信息论坛》2009 年第 6 期。

［105］朱军、顾为东、史致远：《代理人信息租抽取的贝叶斯优化与配置效率均衡分析》，载于《中国管理科学》2012 年第 4 期。

［106］朱群雄、赵春、冯磊等：《关联规则的动态维护及其在财务数据中的应用》，载于《清华大学学报（自然科学版）》2012 年第 5 期。

［107］Abdelsalam, O. H., Bryant, S. M., Street, D. L., "An examination of the comprehensiveness of corporate internet reporting provided by London-listed companies", *Accounting Horizons*, 2007, (2): 1 – 33.

［108］Aerts, W., Cormier, D., Magnan, M., "The association between web-based corporate performance disclosure and financial analyst behavior under different governance regimes", *Corporate Governance*, 2007, 15 (6): 1301 – 1329.

［109］Aghion, P., Tirole, J., "Formal and real authority in organizations", *Journal of Political Economy*, 1997, 105 (1): 1 – 29.

［110］Agrawal, R., Psaila, G., "Active data mining", Proc. of KDD'95, California: AAAI Press, 1995: 3 – 8.

［111］Akerlof, G. A., "The market for lemons: quality uncertainty and the market mechanism", *The Quarterly Journal of Economics*, 1970, 84 (3): 488 – 500.

［112］Allam, A., Lymer, A., "Developments in internet financial reporting: review and analysis across five developed countries", *The International Journal of Digital Accounting Research*, 2003, 3 (6): 165 – 199.

［113］Alles, M., Debreceny, R., "The evolution and future of XBRL research", *International Journal of Accounting Information Systems*, 2012, 13 (2): 83 – 90.

［114］Alles, M., Piechocki, M., "Will XBRL improve corporate governance? A framework for enhancing governance decision making using interactive data", *International Journal of Accounting Information Systems*, 2012, 13 (2): 91 – 108.

［115］Altman, E. I., Marco, G., Varetto, F., "Corporate distress diagnosis: comparisons using linear discriminant analysis and neural networks (the Italian experience)", *Journal of Banking & Finance*, 1994, 18 (3): 505 – 529.

［116］Altman, E. I., "Financial ratios, discriminant analysis and the prediction of corporate bankruptcy", *The Journal of Finance*, 1968, 23 (4): 589 – 609.

［117］Amrhein, D. G., Farewell, S., Pinsker, R., "REA and XBRL GL: synergies for the 21st century business reporting system", *The International Journal of Digital Accounting Research*, 2009, (9): 127 – 152.

［118］Amrhein, D. G., "Integrating REA and XBRL GL to facilitate modern business reporting", *International Journal of Business and Social Science*, 2011, 2 (24): 1 – 11.

［119］Anderson, G. M., Rowley, C. K., Tollison, R. D., "Rent-seeking and the restriction of human exchange", *The Journal of Legal Studies*,

1988, 17 (1): 83 – 100.

[120] Argenti, J., "Corporate collapse: the causes and symptoms", New York: McGraw-Hill Book Co Ltd., 1976: 137 – 147.

[121] Ashbaugh, H., Johnstone, K. M., Warfield, T. D., "Corporate reporting on the internet", *Accounting Horizons*, 1999, 13 (3): 241 – 257.

[122] Back, B., Laitinen, T., Sere, K., et al., "Choosing bankruptcy predictors using discriminant analysis, logit analysis, and genetic algorithms", Technical Report No 40, Turku Centre for Computer Science, 1996, Available at www. textbiz. org, April, 2013.

[123] Baginski, S., Hassell, J., Waymire, G., "Some evidence on news content of preliminary earnings estimates", *The Accounting Review*, 1994, 69 (1): 265 – 273.

[124] Bagnoli, M., Watts, S. G., "The effect of relative performance evaluation on earnings management: a game-theoretic approach", *Journal of Accounting and Public Policy*, 2000, 19 (4): 377 – 397.

[125] Baldwin, A. A., Brown, C. E., Trinkle, B. S., "XBRL: an impacts framework and research challenge", *Journal of Emerging Technologies in Accounting*, 2006, 3 (1): 97 – 116.

[126] Baldwin, A. A., Trinkle, B. S., "The impact of XBRL: a Delphi investigation", *The International Journal of Digital Accounting Research*, 2011, 11 (11): 1 – 24.

[127] Barth, M. E., Schipper, K., "Financial reporting transparency", *Journal of Accounting Auditing & Finance*, 2008, 23 (2): 173 – 190.

[128] Beattie, V., "The future of corporate reporting: a review article", *Irish Acconting Review*, 2000, 7 (1): 1 – 36.

[129] Beaudry, P., "Why an informed principal may leave rents to an agent", *International Economic Review*, 1994, 35 (4): 821 – 832.

[130] Beaver, W. H., "Financial ratios as predictors of failure", *Journal of Accounting Review*, 1966, 4 (1): 71 – 111.

[131] Benbasat, I., Dexter, A. S., "Value and events approaches to accounting: an experimental evaluation", *The Accounting Review*, 1979, 54 (4): 735 – 749.

[132] Benston, G. J., "Required disclosure and the stock market: an evaluation of the Securities Exchange Act of 1934", *American Economic Review*, 1973, 63 (1): 132 – 155.

[133] Bentahar, J., Khosravifar, B., Serhani, M. A., et al., "On the analysis of reputation for agent-based web services", *Expert Systems with Applications An International Journal*, 2012, 39 (16): 12438 – 12450.

[134] Blackwell, D., "Equivalent comparisons of experiments", *The Annals of Mathematical Statistics*, 1953, 24: 265 – 272.

[135] Blanchet, J., "Global standards offer opportunity", *Financial Executive*, 2002, 18 (2): 28 – 30.

[136] Bonsón, E., Cortijo, V., Escobar, T., "A Delphi investigation to explain the voluntary adoption of XBRL", *The International Journal of Digital Accounting Research*, 2009, 9 (9): 193 – 205.

[137] Bonsón, E., Flores, F., "Social media and corporate dialogue: the response of global financial institutions", *Online Information Review*, 2011, 35 (1): 34 – 49.

[138] Botosan, C. A., "Disclosure level and the cost of equity capital", *The Accounting Review*, 1997, 72 (3): 323 – 349.

[139] Boubaker, S., Lakhal, F., Nekhili, M., "The determinants of web-based corporate reporting in France", *Managerial Auditing Journal*, 2011, 27 (2): 126 – 155.

[140] Boukayoua, F., Vossaert, J., Decker, B. D., et al., "Using a smartphone to access personalized web services on a workstation", In: Camenisch J., Crispo B., Fischer-Hübner S., et al., (eds), Privacy and Identity Management for Life, IFIP Advances in Information and Communication Technology, vol 375, Springer, Berlin, Heidelberg, 2011: 144 – 156.

[141] Box, G. E. P., Jenkins, G. M., "Some recent advances in forecasting and control", *Journal of the Royal Statistical Society*, 1968, 17 (2): 91 – 109.

[142] Buder, J., Koschtial, C., Felden, C., "Formalization of REA ontology", In: Proceedings of the 15th Americas Conference on Information Systems 2009, AMCIS 2009, 6, 3619 – 3629.

［143］Bushman, R. M. , Piotroski, J. D. , Smith, A. J. , "What determines corporate transparency?", *Journal of Accounting Research*, 2004, 42 (2): 207 – 252.

［144］Bushman, R. M. , Smith, A. J. , "Transparency, financial accounting information, and corporate governance", *Economic Policy Review*, 2003, 9 (4): 65 – 87.

［145］Buskirk, A. V. , "Disclosure frequency and information asymmetry", *Review of Quantitative Finance and Accounting*, 2012, 38 (4): 411 – 440.

［146］Campbell, D. , Craven, B. , Shrives, P. , "Voluntary social reporting in three FTSE sectors: a comment on perception and legitimacy", *Accounting, Auditing & Accountability Journal*, 2003, 16 (4): 558 – 581.

［147］Casey, C. , Bartczak, N. , "Using operating cash flow data to predict financial distress: some extensions", *Journal of Accounting Research*, 1985, 23 (1): 384 – 401.

［148］Chan, W. K. , Wickramasinghe, N. , "Using the internet for financial disclosures: the Australian experience", *International Journal of Electronic Finance*, 2006, 1 (1): 118 – 150.

［149］Chen, K. C. W. , Wei, K. C. J. , Chen, Z. , "Disclosure, corporate governance, and the cost of equity capital: evidence from Asia's emerging markets", *Ssrn Electronic Journal*, 2003.

［150］Chen, Y. , Zhou, L. , Zhang, D. , et al. , "Ontology-supported web service composition: an approach to service-oriented knowledge management in corporate financial services", *Journal of Database Management*, 2006, 17 (1): 67 – 84.

［151］Chou, C. , Chang, C. J. , "Continuous auditing for web-released financial information", *Review of Accounting & Finance*, 2010, 9 (9): 4 – 32.

［152］Chou, C. C. , Hwang, N. C. R. , Wang, T. , et al. , "The topical link model-integrating topic-centric information in XBRL-formatted reports", *International Journal of Accounting Information Systems*, 2018, (29): 16 – 36.

［153］Chou, C. C. , Hwang, N. C. R. , Wang, T. W. , et al. , "The topical link model-integrating topic-centric information in XBRL-formatted reports", *International Journal of Accounting Information Systems*, 2018, (29): 16 – 36.

[154] Chou, S. C., Lin, F. Y., Kuo, Y. H., "Web information disclosure and reliance on financial service industry", In: Proceedings – 2009 International Conference on Information and Financial Engineering, ICIFE 2009: 17 – 21.

[155] Clarkson, P. M., Kao, J. L., Richardson, G. D., "The voluntary inclusion of forecasts in the MD & A section of annual reports", *Contemporary Accounting Research*, 1994, 11 (1): 423 – 450.

[156] Clements, B., Schwieger, D., Surendran, K., "Development of an evaluation model for XBRL-enabled tools intended for investors", *Journal of Information Systems Applied Research*, 2011, 4 (1): 17 – 29.

[157] Coats, P. K., Fant, L. F., "Recognizing financial distress patterns using a neural network tool", *Financial Management*, 1993, 22 (3): 142 – 155.

[158] Coffin, Z., "The top 10 effects of XBRL", *Strategic Finance*, 2001, 82 (12): 64 – 67.

[159] Colantoni, C. S., Manes, R. P., Whinston, A., "A unified approach to the theory of accounting and information systems", *The Accounting Review*, 1971, 46 (1): 90 – 102.

[160] Cormier, D., Ledoux, M. J., Magnan, M., "The use of web sites as a disclosure platform for corporate performance", *International Journal of Accounting Information Systems*, 2009, 10 (1): 1 – 24.

[161] Craven, B. M., Marston, C. L., "Financial reporting on the internet by leading UK companies", *European Accounting Review*, 1999, 8 (2): 321 – 333.

[162] Deakin, E. B., "A discriminant analysis of predictors of business failure", *Journal of Accounting Research*, 1972, 10 (1): 167 – 179.

[163] Debreceny, R. S., Chandra, A., Cheh, J. J., et al., "Financial reporting in XBRL on the SEC's EDGAR system: a critique and evaluation", *Journal of Information Systems*, 2005a, 19 (2): 191 – 210.

[164] Debreceny, R. S., Farewell, S., Piechocki, M., et al., "Flex

or break? extensions in XBRL disclosures to the SEC", *Accounting Horizons*, 2011, 25 (4): 631 – 657.

[165] Debreceny, R. , Rahman, A. , "Firm-specific determinants of continuous corporate disclosures", *The International Journal of Accounting*, 2005b, 40 (3): 249 – 278.

[166] Deller, D. , Stubenrath, M. , Weber, C. , "A survey on the use of the internet for investor relations in the USA, the UK and Germany", *European Accounting Review*, 1999, 8 (2): 351 – 364.

[167] Diamond, D. W. , Verrecchia, R. E. , "Disclosure, liquidity and the cost of capital", *The Journal of Finance*, 1991, 46 (4): 1325 – 1359.

[168] Dimitras, A. I. , Slowinski, R. , Susmaga, R. , et al. , "Business failure prediction using rough sets", *European Journal of Operational Research*, 1999, 114 (2): 263 – 280.

[169] Dipiazza, S. A. , Eccles, R. G. , "Building public trust: the future of corporate reporting", New York: John Wiley & Sons, Inc. , 2002.

[170] Dye, R. A. , "An evaluation of 'essays on disclosure' and the disclosure literature in accounting", *Journal of Accounting and Economics*, 2001, 32 (1 – 3): 181 – 235.

[171] Easley, D. , O'hara, M. , "Information and the cost of capital", *The Journal of Finance*, 2004, 59 (4): 1553 – 1584.

[172] Edmister, R. O. , "An empirical test of financial ratio analysis for small business failure prediction", *Journal of Financial and Quantitative Analysis*, 1972, 7 (2): 1477 – 1493.

[173] Efendi, J. , Mulig, E. V. , Smith, L. , "Information technology and systems research published in major accounting academic and professional journals", *Journal of Emerging Technologies in Accounting*, 2006, (1): 117 – 128.

[174] Elliott, R. K. , "The third wave breaks on the shores of accounting", *Accounting Horizons*, 1992, (6): 61 – 85.

[175] Ettredge, M. , Richardson, V. J. , Scholz, S. , "The presentation of financial information at corporate web sites", *International Journal of Accounting Information Systems*, 2001, 2 (3): 149 – 168.

[176] Everest, G. C., Weber, R., "A relational approach to accounting models", *The Accounting Review*, 1977, 52 (2): 340 –359.

[177] Fama, E. F., "Agency problems and the theory of the firm", *Journal of Political Economy*, 1980, 88 (2): 288 –307.

[178] Farewell, S. M., "An introduction to XBRL through the use of research and technical assignments", *Journal of Information Systems*, 2006, 20 (1): 161 –185.

[179] Francis, J., Nanda, D., Olsson, P., "Voluntary disclosure, earnings quality, and cost of capital", *Journal of Accounting Research*, 2008, 46 (1): 53 –99.

[180] Gakhar, D. V., "Perception of stakeholders on web-based corporate reporting practices", *Journal of Advances in Management Research*, 2012, 9 (1): 64 –76.

[181] Gallhofer, S., Haslam, J., Roberts, C., et al., "The emancipatory potential of online reporting: the case of counter accounting", *Accounting, Auditing & Accountability Journal*, 2006, 19 (5): 681 –718.

[182] Gandia, J. L., "Determinants of internet-based corporate governance disclosure by Spanish listed companies", *Online Information Review*, 2008, 32 (6): 791 –817.

[183] Garbellotto, G., "Broaden your view on XBRL's representational capabilities", *Strategic Finance*, 2006a, 88 (4): 59 –61.

[184] Garbellotto, G., "The global ledger for financial services", *Strategic Finance*, 2007, 88 (10): 59 –60.

[185] Garbellotto, G., "XBRL is to XML as lemonade is to lemons", *Strategic Finance*, 2006b, 88 (6): 59 –60.

[186] Garbellotto, G., "XBRL implementation strategies: the deeply embedded approach", *Strategic Finance*, 2009, 91 (5): 56 –61.

[187] Glassman, C. A., "Opening remarks before the symposium on enhancing financial transparency", Securities and Exchange Commission Policy Roundtable Symposium on Enhancing Financial Transparency Federal Deposit Insurance Corp. Symposium, 2002.

[188] Gottlieb, M., Stavrovski, B., "Financial reporting: an internet

clearinghouse", In: Proceedings of the Sixth International Conference on Enterprise Information Systems, Porto, Portugal 2004: 397 – 402.

[189] Gowthorpe, C. , "Corporate reporting on the internet: developing opportunities for research", *Journal of Applied Accounting Research*, 2000, 5 (3): 3 – 28.

[190] Grabski, S. V. , Leech, S. A. , Schmidt, P. J. , "A review of ERP research: a future agenda for accounting information systems", *Journal of Information Systems*, 2011, 25 (1): 37 – 78.

[191] Grant, G. H. , Miller, K. C. , Alali, F. , "The effect of IT controls on financial reporting", *Management Auditing Journal*, 2008, 23 (8): 803 – 823.

[192] Groomer, S. M. , Murthy, U. S. , "Continuous auditing of database applications: an embedded audit module approach", *Journal of Information Systems*, 1989, 3 (2): 53 – 69.

[193] Grossman, S. J. , Hart, O. D. , "An analysis of the principal-agent problem", *Econometrica*, 1983, 51 (1): 7 – 45.

[194] Grossman, S. J. , Hart, O. D. , "Disclosure laws and takeover bids", *The Journal of Finance*, 1980, 35 (2): 323 – 334.

[195] Gunn, J. , "XBRL: opportunities and challenges in enhancing financial reporting and assurance processes", *Current Issues in Auditing*, 2007, 1 (1): 36 – 43.

[196] Hannon, N. J. , "XBRL GL: the general ledger gets its groove", *Strategic Finance*, 2005, 87 (3): 57 – 58.

[197] Hannon, N. , "Accounting scandals: can XBRL help?", *Strategic Finance*, 2002, 84 (2): 61 – 62.

[198] Hansen, M. , Madnick, S. E. , Siegel, M. , "Data integration using web services", *Working Papers*, 2003, 2590 (35): 165 – 182.

[199] Haseman, W. D. , Whinston, A. B. , "Design of a multidimensional accounting system", *The Accounting Review*, 1976, 51 (1): 65 – 79.

[200] Healy, P. M. , Palepu, K. G. , "Information asymmetry, corporate disclosure, and the capital markets: a review of the empirical disclosure literature", *Journal of Accounting and Economics*, 2001, 31 (1 – 3): 405 – 440.

- [201] Henderson, D., Sheetz, S. D., Trinkle, B. S., "The determinants of inter-organizational and internal in-house adoption of XBRL: a structural equation model", *International Journal of Accounting Information Systems*, 2012, 13 (2): 109 – 140.

[202] Higgins, L. N., Harrell, H. W., "XBRL: don't lag behind the digital information revolution", *Journal of Corporate Accounting & Finance*, 2003, 14 (5): 13 – 21.

[203] Hodge, F. D., Kennedy, J. J., Maines, L. A., "Does search-facilitating technology improve the transparency of financial reporting?", *The Accounting Review*, 2004, 79 (3): 687 – 703.

[204] Hoffman, C., Strand, C., "XBRL Essentials", AICPA, New York NY, 2001.

[205] Huang, D. Y., Huang, W. T., Tsai, R. L., "The investment integration framework based on XBRL and web services", *International Journal of Electronic Business Management*, 2006, 4 (2): 173 – 180.

[206] Hunton, J. E., Wright, A. M., Wright, S., "The potential impact of more frequent financial reporting and assureance: user, prepare, and auditor assements", *Journal of Emerging Technologies in Accounting*, 2007, 4 (1): 47 – 67.

[207] Janvrin, D. J., Pinsker, R. E., Mascha, M., "XBRL, Excel or PDF? The effects of technology choice on the analysis of financial information", CAAA Annual Conference, 2011.

[208] Jeng, J. J., Chang, H., Chung, J. Y., "A policy framework for web-service based business activity management (BAM)", *Information Systems and e-Business Management*, 2004, 2 (1): 59 – 87.

[209] Jensen, M. C., Meckling, W. H., "Theory of the firm: management behavior, agency cost and ownership structure", *Journal of Financial Economics*, 1976, 3 (4): 305 – 360.

[210] Johnson, O., "Toward an 'events' theory of accounting", *The Accounting Review*, 1970, 45 (4): 641 – 653.

[211] Jones, A., Willis, M., "The challenge of XBRL: business reporting for the investor", *Balance Sheet*, 2003, 11 (3): 29 – 37.

- · 204 ·

[212] Jones, M. J. , Xiao, Z. Z. , "Financial reporting on the internet by 2010: a consensus view", *Accounting Forum*, 2004, 28 (3): 237 – 263.

[213] Kaplan, R. S. , Norton, D. P. , "The balanced scorecard-measures that drive performance", *Harvard Business Review*, 1996, 74 (1): 71 – 79.

[214] Kasznik, R. , Lev, B. , "To warn or not to warn: management disclosures in the face of an earnings surprise", *The Accounting Review*, 1995, 70 (1): 113 – 134.

[215] Kelton, A. S. , Yang, Y. W. , "The impact of corporate governance on internet financial reporting", *Journal of Accounting and Public Policy*, 2008, 27 (1): 62 – 87.

[216] Kloptchenko, A. , Eklund, T. , Karlsson, J. , et al. , "Combining data and text mining techniques for analyzing financial reports", *Intelligent Systems in Accounting, Finance & Management*, 2004, 12 (1): 29 – 41.

[217] Koyuncugil, A. S. , Ozgulbas, N. , "An intelligent financial early warning system model based on data mining for SMEs", In: Proceedings of the International Conference on Future Computer and Communication (ICFCC), 2009: 662 – 666.

[218] Kulzick, R. S. , "Sarbanes-Oxley: effects on financial transparency", *SAM Advanced Management Journal*, 2004, 69 (1): 43 – 49.

[219] Lai, S. C. , Lin, C. , Lee, H. C. , et al. , "An empirical study of the impact of internet financial reporting on stock prices", *The International Journal of Digital Accounting Research*, 2010, 10 (3): 1 – 26.

[220] Lam, M. , "Neural network techniques for financial performance prediction: integrating fundamental and technical analysis", *Decision Support Systems*, 2004, 37 (4): 567 – 581.

[221] Lang, M. H. , Lundholm, R. J. , "Voluntary disclosure and equity offerings: reducing information asymmetry or hyping the stock?", *Contemporary Accounting Research*, 2000, 17 (4): 623 – 662.

[222] Lester, W. F. , "XBRL: the new language of corporate financial reporting", *Business Communication Quarterly*, 2007, 70 (2): 226 – 231.

[223] Levitt, A. , "The importance of high quality accounting standards", *Accounting Horizons*, 1998, 12 (1): 79 – 82.

［224］Li, B., Koveos, P., Liu, M., "Applying an ontology-augmenting XBRL model to accounting information system for business integration", *Asia-Pacific Journal of Accounting & Economics*, 2018, (25): 75 – 97.

［225］Li, J., Song, B., "Web services integration on data mining based on SOA", In: Proceedings 2010 International Symposium on Intelligence Information Processing and Trusted Computing (IPTC), 2010: 532 – 534.

［226］Lieberman, A. Z., Whinston, A. B., "A structuring of an events-accounting information system", *The Accounting Review*, 1975, 50 (2): 246 – 258.

［227］Lin, C. W., Hong, T. P., Lu, W. H., "The Pre-FUFP algorithm for incremental mining", *Expert Systems with Applications*, 2009, 36 (5): 9498 – 9505.

［228］Lin, C. W., Lan, G. C., Hong, T. P., "An incremental mining algorithm for high utility itemsets", *Expert Systems with Applications*, 2012, 39 (8): 7173 – 7180.

［229］Lin, F. Y., Olivia, R. L. S., Wu, S. S., "An integrated framework for eChain bank accounting systems", *Industrial Management & Data Systems*, 2005, 105 (3): 291 – 306.

［230］Lymer, A., "The internet and the future of corporate reporting in Europe", *European Accounting Review*, 1999, 8 (2): 289 – 301.

［231］Marshall, B., Mortenson, K., Bourne, A., "Visualizing basic accounting flows, does XBRL + model + animation = understanding?", *The International Journal of Digital Accounting Research*, 2010, 10: 27 – 54.

［232］Martin, D., "Early warning of bank failure: a logit regression approach", *Journal of Banking & Finance*, 1977, 1 (3): 249 – 276.

［233］McCarthy, W. E., "An entity-relationship view of accounting models", *The Accounting Review*, 1979, 54 (4): 667 – 686.

［234］McCarthy, W. E., "The REA accounting model: a generalized framework for accounting systems in a shared data environment", *The Accounting Review*, 1982, 57 (3): 554 – 578.

［235］McGuire, B. L., Okesson, S. J., Watson, L. A., "Second-wave benefits of XBRL", *Strategic Finance*, 2006, 88 (6): 43 – 47.

[236] Meek, G. K. , Roberts, C. B. , Gray, S. J. , "Factors influencing voluntary annual report disclosures by U. S. , U. K. and continental European multinational corporations", *Journal of International Business Studies*, 1995, 26 (3): 555 – 572.

[237] Mei, Y. , Zhu, L. S. , "Risk analysis of the association rules in the incremental mining based on the weighted model", In: Proceedings of the 2008 International Conference on Computer Science and Information Technology (ICCSIT), 2008: 662 – 664.

[238] Merton, R. C. , "A simple model of capital market equilibrium with incomplete information", *The Journal of Finance*, 1987, 42 (3): 483 – 510.

[239] Miller, P. B. W. , Bahnson, P. R. , "Quality financial reporting", NewYork: McGraw-Hill companies, 2002: 18 – 25.

[240] Min, J. H. , Lee, Y. C. , "Bankruptcy prediction using support vector machine with optimal choice of kernel function parameters", *Expert Systems with Applications*, 2005, 28 (4): 603 – 614.

[241] Moitra, D. , Ganesh, J. , "Web services and flexible business processes: towards the adaptive enterprise", *Information and Management*, 2005, 42 (7): 921 – 933.

[242] Montaner, M. , López, B. , De La Rosa J. L. , "A taxonomy of recommender agents on the internet", *Articifical Intelligence Review*, 2003, 19 (4): 285 – 330.

[243] Naumann, J. W. , "Tap into XBRL's power the easy way: the microsoft office tool for XBRL benefits all financial reporting participants", *Journal of Accountancy*, 2004, 197 (5): 32 – 39.

[244] Odom, D. M. , Sharda, R. , "A neural network model for bankruptcy prediction", In: Proceeding of the IEEE International Conference on Neural Networks, San Diego, CA, 1990: 163 – 168.

[245] Ohlson, J. A. , "Financial ratios and the probabilistic prediction of bankruptcy", *Journal of Accounting Research*, 1980, 18 (1): 109 – 131.

[246] Paisey, C. , Paisey, N. J. , "And they all lived happily ever after?: exploring the possibilities of mobilising the internet to promote a more enabling accounting for occupational pension schemes", *Accounting, Auditing & Ac-*

countability Journal, 2006, 19 (5): 719 –758.

[247] Park, C. S., Han, I., "A case-based reasoning with the feature weights derived by analytic hierarchy process for bankruptcy prediction", Expert Systems with Applications, 2002, 23 (3): 255 –264.

[248] Petravick, S., Gillett, J., "Financial reporting on the World Wide Web", Management Accounting, 1996, 78: 26 –29.

[249] Piechocki, M., Felden, C., Gräning, A., et al., "Design and standardisation of XBRL solutions for governance and transparency", International Journal of Disclosure and Governance, 2009, 6 (3): 224 –240.

[250] Pinsker, R., "XBRL awareness in auditing: a sleeping giant?", Managerial Auditing Journal, 2003, 18 (9): 732 –736.

[251] Pinsker, R., Li, S., "Costs and benefits of XBRL adoption: early evidence", Communications of the ACM, 2008, 51 (3): 47 –50.

[252] Pinsker, R., Wheeler, P., "Nonprofessional investors' perceptions of the efficiency and effectiveness of XBRL-enabled financial statement analysis and of firms providing XBRL-formatted information", International Journal of Disclosure and Governance, 2009, 6 (3): 241 –261.

[253] Pinsker, R., "A theoretical framework for examining the corporate adoption decision involving XBRL as a continuous disclosure reporting technology", In: Debreceny R, Felden C and Piechocki M (eds). New Dimensions of Business Reporting and XBRL, Wiesbaden: Deutscher Universitats-Verlag, 2007.

[254] Pompe, P. P. M., Feelders, A. J., "Using machine learning, neural networks, and statistics to predict corporate bankruptcy", Computer-Aided Civil and Infrastructure Engineering, 1997, 12 (4): 267 –276.

[255] Praditya, D., Sulastri, R., Bharosa, N., et al., "Exploring XBRL-based reporting system: a conceptual framework for system adoption and implementation", Social Media: The Good, the Bad, and the Ugly, 2016, 98 (44): 305 –316.

[256] Prencipe, A., "Proprietary costs and determinants of voluntary segment disclosure: evidence from Italian listed companies", European Accounting Review, 2004, 13 (2): 319 –340.

[257] Prichard, J. J., Roohani, S., "Development of a prototype public file repository for XBRL documents: challenges and opportunities", *The International Journal of Digital Accounting Research*, 2004, 4 (7): 57 – 79.

[258] Rashed, S., Omar, B., Jérôme, D., "Active XML-based web data integration", *Information Systems Frontiers*, 2013, 15 (3): 371 – 398.

[259] Rezaee, Z., Elam, R., Sharbatoghlie, A., "Continuous auditing: the audit of the future", *Managerial Auditing Journal*, 2001, 16 (3): 150 – 158.

[260] Rezaee, Z., Turner, J. L., "XBRL-based financial reporting: challenges and opportunities for government accountants", *Journal of Government Financial Management*, 2002, 51 (2): 16 – 22.

[261] Hussey, R., Gulliford, J., "Regulating financial reporting on the internet", *Journal of Financial Regulation and Compliance*, 1998, 6 (1): 21 – 25.

[262] Rowbottom, N., Lymer, A., "Exploring the use of online corporate sustainability information", *Accounting Forum*, 2009, 33 (2): 176 – 186.

[263] Rubin, A., Rubin, E., "Informed investors and the internet", *Journal of Business Finance & Accounting*, 2010, 37 (7 – 8): 841 – 865.

[264] Rutledge, G. P., "The internet and US financial markets", *Journal of Financial Crime*, 1998, 6 (2): 129 – 141.

[265] Raza, S., Haider, S., "Suspicious activity reporting using dynamic Bayesian networks", *Procedia Computer Science*, 2011, 3: 987 – 991.

[266] Savage, L. J., "The foundations of statistics", New York: John Wiley and Sons, Inc., 1954, 10 – 15.

[267] Saxton, G. D., "New media and external accounting information: a critical review", *Australian Accounting Review*, 2012, 22 (3): 286 – 302.

[268] Schneider, U. M., "Toward real-time financial reporting: how to reduce investors' information gap and the cost of capital", *Journal of Applied Corporate Finance*, 2012, 24 (3): 55 – 59.

[269] Searcy, D. L., Woodroof, J. B., "Continuous auditing: Leveraging technology", *The CPA Journal*, 2003, 73 (5): 46 – 48.

[270] Shannon, C. E., "A mathematical theory of communication", *Bell*

System Technical Journal, 1948, 27: 379 – 423, 623 – 656.

[271] Shin, K. S., Lee, T. S., Kim, H. J., "An application of support vector machines in bankruptcy prediction model", *Expert Systems with Applications*, 2005, 28 (1): 127 – 135.

[272] Shin, K. S., Lee, Y. J., "A genetic algorithm application in bankruptcy prediction modeling", *Expert Systems with Applications*, 2002, 23 (3): 321 – 328.

[273] Sicilia, M., Ruiz, S., "The effect of web-based information availability on consumers' processing and attitudes", *Journal of Interactive Marketing*, 2010, 24 (1): 31 – 41.

[274] Simon, S. M. H., Wong, K. S., "A study of corporate disclosure practice and effectiveness in Hong Kong", *Journal of International Financial Management & Accounting*, 2001, 12 (1): 75 – 102.

[275] Skinner, D. J., "Why firms voluntarily disclose bad news", *Journal of Accounting Research*, 1994, 32 (1): 38 – 60.

[276] Sorter, G. H., "An 'events' approach to basic accounting theory", *The Accounting Review*, 1969, 44 (1): 12 – 19.

[277] Spence, M., "Job market signaling", *The Quarterly Journal of Economics*, 1973, 87 (3): 355 – 374.

[278] Strader, T. J., "XBRL capabilities and limitations", *The CPA Journal*, 2007, 77 (12): 68 – 71.

[279] Tay, F. E. H., Shen, L., "Economic and financial prediction using rough sets model", *European Journal of Operational Research*, 2002, 141 (3): 641 – 659.

[280] AICPA Special Committee on Business Reporting formed to enhance business reporting model, *The CPA Letter*, 2003, 83 (4): 2.

[281] THE FUTURIST, "Technologies benefiting business", *The Futurist*, 2003, 37 (2): 7.

[282] Theodossiou, P. T., "Predicting shifts in the mean of a multivariate time series process: an application in predicting business failures", *Journal of the American Statistical Association*, 1993, 88 (422): 441 – 449.

[283] Thomson, J. C., Iyer, U., "XBRL and ERM: increasing organi-

zational effectiveness", *Strategic Finance*, 2011, 92 (11): 64 - 69.

[284] Titman, S., Trueman, B., "Information quality and the valuation of new issues", *Journal of Accounting and Economics*, 1986, 8 (2): 159 - 172.

[285] Upton, W. S., "Business and financial reporting, challenges from the new economy", Financial Accounting Series-Special Report FASB USA, April, 2001: 1 - 118.

[286] Varetto, F., "Genetic algorithms applications in the analysis of insolvency risk", *Journal of Banking & Finance*, 1998, 22 (10 - 11): 1421 - 1439.

[287] Vasarhelyi, M. A. (ed.), "Artificial intelligence in accounting and auditing: using expert systems", Vol. I, Markus Werner Publishers, New York, 1989.

[288] Vasarhelyi, M. A., Chan, D. Y., Krahel, J. P., "Consequences of XBRL standardization on financial statement data", *Journal of Information Systems*, 2012, 26 (1): 155 - 167.

[289] Virili, F., Sorrentino, M., "The enabling role of web services in information system development practices: a grounded theory study", *Information Systems and e-Business Management*, 2010, 8 (3): 207 - 233.

[290] Vishwanath, T., Kaufmann, D., "Toward transparency: new approaches and their application to financial markets", *The World Bank Research Observer*, 2001, 16 (1): 41 - 57.

[291] Wallace, R. S. O., Naser, K., "Firm-specific determinants of the comprehensiveness of mandatory disclosure in the corporate annual reports of firms listed on the stock exchange of Hong Kong", *Journal of Accounting and Public Policy*, 1995, 14 (4): 311 - 368.

[292] Wallman, S. M. H., "The future of accounting and disclosure in an evolving world: the need for dramatic change", *Accounting Horizons*, 1995, 9 (3): 81 - 91.

[293] Wallman, S. M. H., "The future of accounting and financial reporting, part II: the colorized approach", *Accounting Horizons*, 1996, 10 (2): 138 - 148.

[294] Wallman, S. M. H. , "The Future of accounting and financial reporting, part Ⅳ: 'access' accounting", *Accounting Horizons*, 1997, 11 (2): 103 – 116.

[295] Weber, R. A. , "XML, XBRL, and the future of business and business reporting", In: Roohani S J (ed.), Trust and data assurances in capital markets: the role of technology solutions, Smithfield, Rhode Island, Bryant College, USA, 2003.

[296] Santos, I. , Castro, E. , Velasco, M. , "XBRL formula specification in the multidimensional data model", *Information Systems*, 2016, (57): 20 – 37.

[297] Seele, P. , "Digitally unified reporting: how XBRL-based real-time transparency helps in combining integrated sustainability reporting and performance control", *Journal of Cleaner Production*, 2016, (136): 65 –77.

[298] Silva, W. M. , Alves, L. A. , "The voluntary disclosure of financial information on the internet and the firm value effect in companies across Latin America", Social Science Electronic Publishing, Inc. , 2004.

[299] Willis, M. , Hannon, N. J. , "Combating everyday data problems with XBRL", *Strategic Finance*, 2005, 87 (1): 57 –59.

[300] Xiao, Z. Z. , Dyson, J. R. , Powell, P. L. , "The impact of information technology on corporate financial reporting: a contingency perspective", *The British Accounting Review*, 1996, 28 (3): 203 –227.

[301] Xiao, Z. Z. , Jones, M. J. , Lymer, A. , "Immediate trends in internet reporting", *European Accounting Review*, 2002, 11 (2): 245 –275.

[302] Yang, Z. R. , Platt, M. B. , Platt, H. D. , "Probabilistic neural networks in bankruptcy prediction", *Journal of Business Research*, 1999, 44 (2): 67 –74.

[303] Yao, Y. , Palmer, J. , Dresner, M. , "An interorganizational perspective on the use of electronically-enabled supply chains", *Decision Support Systems*, 2007, 43 (3): 884 –896.

[304] Yoon, H. , Zo, H. , Ciganek, A. P. , "Does XBRL adoption reduce information asymmetry?", *Journal of Business Research*, 2011, 64 (2): 157 –63.

[305] Yu, S. , Rijia, D. , "Comparison of internet financial reporting be-

tween China and the United States", In: Proceedings of the 2009 International Conference on Information Management, Innovation Management and Industrial Engineering, IEEE Computer Society, USA, 2009.

[306] Zhou, Q. H. , Huang, T. , Wang, T. , "Analysis of business intelligence and its derivative-financial intelligence", In: Proceedings of the 2008 International Symposium on Electronic Commerce and Security, IEEE Computer Society Washington, DC, USA, 2008.

[307] Zmijewski, M. E. , "Methodological issues related to the estimation of financial distress prediction models", *Journal of Accounting Research*, 1984, 22 (1): 59 – 82.

[308] Zorrilla, M. , Diego, G. S. , "A service oriented architecture to provide data mining services for non-expert data miners", *Decision Support Systems*, 2013, 55 (1): 399 – 411.

后　记

　　本书是在我博士论文的基础上修改而成，主要围绕大数据、智能化、移动互联网和云计算背景，结合可扩展商业报告语言和财务共享服务中心等探讨公司财务报告模式改革问题。

　　本书能够顺利完成，心中充满对培养、关心、帮助和支持我的所有人的真诚谢意！

　　感谢我的导师潘琰教授。我博士论文选题得益于导师主持的国家自然科学基金项目，论文的立题、撰写、修改、定稿的整个过程都得到了导师的悉心指导与关怀，倾注了导师大量心血。在她的指导与帮助下，我进入了一个多学科交叉的领域进行学习与研究，克服了跨专业学习的许多困难，向着既定目标前进。潘琰教授认真严谨的治学态度、朴实无华的工作作风、平易近人的人格魅力，不但对于我今后治学与研究，而且对于我今后做事与做人都产生了深刻影响。

　　感谢陈国龙教授、洪伟教授给予我的鼓励与帮助。感谢黄志刚教授、陈国宏教授、张岐山教授、周小亮教授、李登峰教授、吴秋明教授、唐振鹏教授、林迎星教授以及陈明森教授等在我论文开题、期中检查、论文预答辩中提出的宝贵意见。

　　感谢父母给予的关心与厚爱，感谢儿子甘代伟，尤其感谢妻子吴梅女士的大力支持与辛勤付出。

　　本书撰写虽然告一段落，但是学无止境，只有今后不断地努力学习与工作，才能更好地答谢老师、家人给予的教诲、关心、支持与厚爱。

甘健胜

2019 年 5 月

图书在版编目（CIP）数据

"大智移云"背景下的主动财务报告模式研究/甘健胜著.
—北京：经济科学出版社，2019.9
（福建省社会科学研究基地财务与会计研究中心系列丛书）
ISBN 978 - 7 - 5218 - 1036 - 3

Ⅰ.①大⋯　Ⅱ.①甘⋯　Ⅲ.①公司 - 会计报表 - 会计分析
Ⅳ.①F276.6

中国版本图书馆 CIP 数据核字（2019）第 221019 号

责任编辑：赵　蕾
责任校对：王苗苗
责任印制：李　鹏　范　艳

"大智移云"背景下的主动财务报告模式研究
甘健胜／著
经济科学出版社出版、发行　新华书店经销
社址：北京市海淀区阜成路甲 28 号　邮编：100142
总编部电话：010 - 88191217　发行部电话：010 - 88191540
网址：www.esp.com.cn
电子邮箱：esp@esp.com.cn
天猫网店：经济科学出版社旗舰店
网址：http://jjkxcbs.tmall.com
北京季蜂印刷有限公司印装
710 × 1000　16 开　13.75 印张　230000 字
2020 年 10 月第 1 版　2020 年 10 月第 1 次印刷
ISBN 978 - 7 - 5218 - 1036 - 3　定价：61.00 元
（图书出现印装问题，本社负责调换。电话：010 - 88191510）
（版权所有　侵权必究　打击盗版　举报热线：010 - 88191661
QQ：2242791300　营销中心电话：010 - 88191537
电子邮箱：dbts@esp.com.cn）